談景美軍法看守所

謝聰敏〔著〕

↑ 日本大正十五年，二林蔗農事件審判後合照。
（該事件對作者的影響，參見本書附錄八。）

↑ 作者（右一）全家合影。

↑ 景美軍法看守所外觀

↑ 軍法看守所前的「公正廉明」牌

↑ 作者寫作本書期間的全家合影。

↑ 返鄉運動在東京機場舉行記者會（作者正在發言）。

↑ 作者返國前在西南
　密蘇里州立大學演
　講「新台灣人」。

↑ 作者與卡露女士訪問美國民主黨參議員 Dick Durbin。

↑ 作者參加廢除刑法一百條運動。

↑ 迎接彭明敏返台。1964 年，這三人（由右至左：作者、彭明
　 敏、魏廷朝）共同發表了〈台灣人民自救宣言〉。
↓ 作者（左二）與南非總統曼德拉（左三）談政治監獄。

↑ 支持日本籍新娘為移民法立法（右二作者）。

← 支援白色恐怖補償的抗議
活動（作者正在演說）。

↑ 政治受難者聯誼會的請願遊行隊伍。

↑ 作者與政治受難人黃紀男（右二）及文化醫師林衡哲（右三）合影。

↑ 作者（右一）訪問林肯總統的「律師辦公室」。
→ 作者訪問日本國會。

↑ 作者在國會要求平反政治案件。

第三版序

台灣的苦難、信仰與救贖

四月二十日，從台大醫學院退休的張寬敏教授邀我參加明星咖啡屋的讀書會「蘆葦會」。張教授已經八十高齡，從大學時代，他就組織讀書會。一些會員在白色恐怖中入獄，他也繼續舉辦他的活動。許多在座會員都是八十以上高齡的醫生或老師。前輩風範，讓我深深體會到台灣公民社會基礎的雄厚。

讀書會的林彥卿醫師贈送我一本六百頁的著作，《無情的山地》。這本書是一部偏重山地的台灣人民近代史。他在前言中指出：終戰讓台灣陷入苦難。他說：

> 日本雖然遭到兩顆原子彈的摧毀，一下子死了二十萬平民，但是麥克阿瑟卻將蔣介石這顆壞蛋丟到台灣來，讓台灣人長期承受塗炭之苦。

二次大戰結束，盟軍統帥麥克阿瑟指令蔣介石從日軍手中接收台灣。蔣介石派遣陳儀為台灣占領軍。在國際法上，占領未取得主權，人民也沒有效忠的義務，和約未簽訂以

前，台灣還是日本領土。但是國民黨政府已在國際間宣佈：台灣是中華民國領土，台灣人民具有中華民國國籍。一九〇七年的海牙公約規定，占領軍只是在尊重現行法律之下獲得合法的管轄權，維護現狀。我的同學紐約 Fordam 大學江永芳教授屢次著文申論。占領軍取得和使用公共或私人財產應有限制。陳儀的占領軍和國民黨黨官將日本人留下來的二三七家公私企業，六百餘個單位統統納入長官公署的二十七家公司經營，或列為「黨營事業」，或恣意支配日本人私產，將「接收」變為「劫收」，與民爭利，營私舞弊，壟斷工業與貿易，已違背國際占領法的規定。

違反國際法的行為也就是一種犯罪行為。二次大戰結束，盟軍組織兩個國際法庭——歐洲紐倫堡法庭和遠東東京法庭。中華民國派遣梅汝璈出任東京法庭中國法官。梅汝璈在《遠東國際軍事法庭》回憶錄中指出：《遠東軍事法庭憲章》將違反戰爭法規及戰爭慣例之犯罪行為稱為「普通戰爭罪」。殺人、放火、姦淫、虐行俘虜、殘害平民等暴行是普通戰爭罪。紐倫堡和東京審判提出「違反人道罪」新罪名，懲罰毀滅性的集體屠殺，或基於種族、政治、宗教的理由集體迫害的行為。一九四六年一月二十九日，盟軍統帥頒佈《遠東國際軍事法庭憲章》。國民黨政府占領軍的二二八事件和白色恐怖都發生在憲章頒佈之後。二二八事件發生在陳儀占領軍時期，白色恐怖也在中日和約簽訂之前的占領軍統治中開始。兩次屠殺行為都是違反國際法的犯罪行為。梅汝

璈卸任東京法庭法官後，拒絕就任中華民國司法部長。他曾經說：我相信，忘記過去的苦難，可能招致未來的災禍。

違反人道罪是震怒國際社會的極端迫害行為，被稱為「國家的墮落」或「國家的恥辱」。所有的文明國家都公認為侵權行為，必須受到處罰。中華民國在尚未離開聯合國之前，一九六八年的聯合國大會通過「戰爭罪及危害人類罪不適用法定時效公約」。一九五〇年的「歐洲保護人權及基本自由公約」也在第七條第二款規定，無論有無立法，不受溯及既往的限制。二二八事件和白色恐怖是殘害所有人類的罪行，即使年代久遠，繼承政權也應該繼續追蹤，尋求真相，且對受害人或遺族給予道德上和物質上的賠償。

《談景美軍法看守所》是我在八十年代流亡美國期間為政治受難者出版的。當時僅憑記憶，穿插背景故事所寫。前衛三版也未曾修改，以保存海外人士共同努力的成果。書中附上有關研究文章以充實內容。在此也要感謝李敖先生授權本書再版。

往事已經隨風而逝，許多提供資料的受難人已經不在人間。我們遇難期間，受盡欺凌陷害，幸蒙各方行俠仗義之士伸出救援之手，我們才能藉特務機關的鬥爭說出其中真相，略盡知識份子的一份責任，種種費神，一併致謝。

謝聰敏

修訂版序

　　一九七九年高雄美麗島事件前，我以商業考察名義赴歐美各地訪問，曾經以「台灣的特務」、「台灣政治監獄」、「蔣經國的奪權」等等題目在各大學和同鄉會演說。經過大逮捕，我停留美國，遂在紐約結婚。美麗島周報在洛杉磯刊行，我受邀參與創刊。大逮捕的政治受難人大部分囚禁景美軍法看守所，我乃以「談景美軍法看守所」為題，為政治受難人呼籲，敘述政治監獄的故事。所收編的案件則不以景美軍法看守所為限，凡國府在台灣所製造的政治迫害皆包括在內。

　　我的資料來源，多數來自被告的訴訟文件——起訴書、答辯書和判決書。因權力鬥爭下獄的調查局的官員呈送軍事法庭和法庭所分發訴訟文件，皆須由外役經手——包括押房的外役和辦公室的外役。在第三十一章，我曾經描寫在政工辦公室工作的外役。囚犯所有的文件都由他們經手。他們常常在飯後休息時間和我聊天，告訴我政治受難人的動態。另一個重要資料來源是被告接見家屬與律師的談話。負責記錄接見談話的也是外役。這些落難的特務的一舉一動，我們都瞭若指掌。

　　我在牢裏也和一些政治鬥爭中犧牲的官員同囚一房，其中包括國民黨台北市黨部主任委員羅衡，調查局曾任文書科長、檔案科長和交際科長的朱慰孺，國防部派遣大陸游擊隊司令留在香港活動的何中民中將，警務處督察×××等人。天天見面的官員有國大代表旅居香港的福建軍統頭子江秀清，調查局官員史與為和一些違法的警總官員。看守所也經常調動押房囚犯。每一次調動押房，也帶給我們其他押房中政治受難人的案情。監獄是密閉的社會，許多消息都靠謠言流傳。

　　我在安坑看守所分所曾經擔任外役，在圖書館工作。當時台北市被稱為「青島大飯店」的青島東路「東所」「西所」所址出售給商人，興建「來來大飯店」。「東所」和「西所」歷年所收藏的政治受難人信件收發紀錄和接見紀錄都送到安坑分所圖書室保管。我翻閱每一份文件，了解每一個政治受難人的社會關係。

　　雖然我有這些消息來源，有些故事由於傳說錯誤，有些故事由於記憶不清，原來所引用的故事與事實有所出入。調查局因內部鬥爭下獄的第一處副處長李世傑曾經為這一本書寫了一份評論。我從美國回來，約他在台北市東方大飯店和中山堂前山西飯館討論書中情節和調查局內幕。因此李敖建議我，修訂《談景美軍法看守所》交給他出版。

　　原來這一本書是以「梁山」的筆名出版的。我第一次被捕，關在台北西門町的東本願寺警備總司令部保安處——現

在來來百貨公司所在地。有一個一度被捕的香港僑生，因為釋放以後談論獄中見聞，被人檢舉而再度入獄。我已經知道特務機關是一種黑社會。我被移送軍法處前，保安處官員要求我簽署一張「同意書」。「同意書」上說，「不得洩漏在所中所見所聞，如有違背，願意受任何處分。」於是我打聽「受任何處分」是指那一種處分？我所聽到的有被亂刀砍死的洪國式，被不明車輛撞死的黃啟明，有被強姦妻子的×××等，當然還有在國外被槍擊的江南。國民黨是以「黑道得天下」──青幫和洪門，且以「黑道治天下」──特務與竹聯幫。因此，我以「梁山」的筆名寫《談景美軍法看守所》。

但是李敖告訴我，他看到這本書就判斷作者就是我。主辦我的案件的是警備總司令部保安處。但是調查局屢次搶辦案件，不但逮捕我的弟弟，而且將我移送調查局三張犂留置室。我在三張犂學到了「調查局經驗」。於是我以調查局的案件為中心，寫下《談景美軍法看守所》，以轉移目標。實際上，我瞞不了李敖，也騙不過特務。第一章到第三章的胡道元就是出獄以後，我在台北的生活寫照。我曾經到景美新店溪──在行政上屬於新店市──的橋上拍下軍法看守所的照片。我從國外回來，已經找不到舊照片。至於同行的女孩也不知去向。我開始寫作的時候住在洛杉磯阿罕布拉市。有一個下午，我蹲在白色車下洗車，抬頭看到三個台灣情報人員模樣的人走向我的公寓樓梯。樓梯上只有兩戶，一戶是美

國警察夫婦，一戶是我。這三個人看過我的公寓以後，走下樓梯，張望鄰舍的籬笆。我站起來詢問他們，有何貴幹？其中一個回答：他們正在尋找 ×× 路。另一個提出門牌號碼。路名不對，號碼也不對。鄰舍已有人在整理庭院。他們見狀匆匆離去。但是從那個時候，我的公寓對面已經常常可以看到一部坐著東方人的車輛在監視。當時台灣權傾一時的王昇有一棟給兒子的住屋被炸毀。許多朋友列入可疑對象，被人監視。於是我決定搬到佛羅里達州，在奧蘭度的一棟湖邊農舍完成這本書。

我曾經兩度坐牢。第一次是在一九六四年。我寫了一篇〈台灣自救運動宣言〉，分析台灣所面臨的種種危機和應對之策。這一篇文章未曾發表。但是我竟為一篇未曾發表的文章判十年徒刑。

在第一次入獄中，我所經過的羈押場所有：警務處北投保安大隊、有閻羅殿之稱的保安處東本願寺與六張犁看守所、軍法處的青島東路東所、安坑分所（軍人監獄）等等。我在安坑分所擔任外役，遇到綠島移送來台的一批五〇年代政治受難者。每天，我找他們個別談話，包括他們的個人遭遇和所見所聞。我知道我已經在黑獄中找到了國府數十年來政治迫害和人民反抗的紀錄。我非常興奮。我歡呼我已經發現了埋葬已久的金礦。我像考古學家一樣，一塊一塊發掘，不放棄任何小案件。我用英文密碼將這些發現紀錄留下來。

第一次出獄以後，我從老同學李敖的書庫中找到國防部

情報局出版的特務文獻。於是，我援引特務的原始文件，根據我的獄中見聞寫下兩份報告。一為「民主櫥窗中的特務制度」，一為「技巧的謀殺」。這兩份報告經由我的交通路線轉送旅居美國的彭明敏教授。但是彭明敏教授顧慮我遭受特務報復，未曾刊出。我出國以後，彭教授清理舊物，歸還原稿，我才在洛杉磯的台灣民報刊出。

我第二次被捕，是在一九七一年。特務偽稱美國新聞處及美國銀行爆炸案，攜帶一些傳單，以栽贓的方式逮捕我。我被送到警備總司令部博愛路和六張犁押房以及調查局三張犁留置室和政戰部反情報大隊。台灣警備總司令部、調查局、警務處、台北市警察局等單位所組織的聯合小組刑求逼供，各顯神通，肆無忌憚。因此我對各情治機關的刑求手段、逼供方式、談話技巧等有更深刻的認識。我在獄中聽過種種逃獄故事，遂以身試法，親自嘗試。特務立刻移送軍法處以秘密審判，判處十五年有期徒刑。我沒有上訴，檢察官反而以刑期過輕，上訴覆判庭要求判處重刑。我的雙腳也繫帶腳鐐，囚禁黑牢。我以生命不多，立即根據監獄生活經驗在昏暗的黑牢中寫下十二篇短篇小說。我在景美軍法處看守所另闢一條交通路線，陸續將我的答辯書類和文章寄出。

先是，我在保安處逃獄之前，曾經將這一次政治冤獄的製造經過，以英文書信託囚禁鄰室的日本商人小林正成攜帶出國。這是一九七一年九月間在保安處發生的事。我的英文信在一九七二年四月二十五日輾轉送到紐約時報登出。當時

我已經被移送軍法處看守所。我的答辯狀和文章卻在軍法處寄出。這個時候，我的交通路線遭受破壞。有人將答辯狀和文章賣給參謀總長賴名湯，賴名湯下令調查我的交通路線。這個任務交給政戰部的反情報組織。於是我又帶著腳鐐，被移送政戰部反情報組織逼供：是誰帶走我的文件？

政戰部反情報組織沒有查出我的交通路線。這個單位釋放一個受冤枉的班長，將過失推給從保安處釋放的日本人小林正成。實際上小林帶走的只是一封英文信，不是被出賣的答辯狀。

我就在這樣惡劣的環境中，以小說體寫下獄中生活，命名「爛泥坑中」，以喻受盡迫害的政治受難人如在爛泥坑中掙扎，一腳拔起，另一腳又陷入。但是這一本稿件竟因交通路線發生意外事件，又落入特務機關的手裏。

我沒有攜帶任何資料出境。與獄中所寫的「爛泥坑中」一樣，我僅憑記憶描寫獄中生活。書中所舉案件，偏重調查局官員的內部鬥爭，以子之矛攻子之盾，襯托政治冤獄的遺害。調查局官員蔣海溶、范子文和李世傑是抓「匪諜」的特務，一旦下獄，照樣可以鍛鍊成罪，變為「匪諜」。落難的特務各自求生，「優勝劣敗」。當范子文獲釋出獄，李世傑在囚房央求他呼冤，范子文置之不理。范子文告訴官員，他不會「幫忙」他們。

我描寫落難的特務，已經把他們「美化」，我也面告李世傑，我已將政爭失敗的特務「英雄化」。當然他們也有人

性的弱點。

　　我出獄以後，遇到五〇年代著名政治犯劉明。他的兄弟為救他出獄，不惜降身為調查局工作。我告訴劉明，我在獄中遇到調查局第一處副處長李世傑，劉明才說：「李世傑家中子女的求學、留學與許多費用，常由我內人支付。李世傑久未上門，原來也變成『匪諜』。不過，李世傑也常常給我帶來一些消息。」

　　政治監獄是國府專制統治的一個象徵。國府解除戒嚴以後，仍然不願意捨棄它。四十多年來，它像一個難於馴服的怪物，吞噬了許多英雄豪傑，不分地域與黨派。在戒嚴中，它所處理的政治案件，據李敖的資料，有兩萬九千四百零七件，入獄的政治犯，據友人的計算，共十四多萬人。戒嚴解除，依照戒嚴法，人民在戒嚴中受軍事法庭審判的案件得向普通法院要求重新審判。但是國府違背戒嚴的原則，以《國安法》堵塞了人民訴訟的權利。我們要馴服一隻怪物，首先必須了解怪物的三頭六臂。同理，我們要解救政治監獄所吞沒的政治受難人，制止政治監獄繼續為害人間，必須認識政治監獄的真相。《談景美軍法看守所》提供認識政治監獄的一個途徑。

　　我也為這本書受過特務機關的報復。我在佛羅里達州的黛多娜海灘經營旅館。一九八二年我的旅館半夜遭受縱火，被住在旅館的多明尼加棒球隊發現而踩熄。一九八三年七月四日我的旅館被裝置炸藥、炸燬辦公室的大片玻璃。我不斷

受到騷擾。於是我趕緊出售，搬出海灘。

　　《談景美軍法看守所》第一集是在美國出版的。初版刊行以後，被台灣警備總部列為禁書。但是台灣出現兩種盜印本——一種來自鄭南榕的時代週刊社，一種來自許榮淑服務處。香港也有一種翻印本，而且賣到美國。這三種盜印本也絕版。現在台灣已經解除戒嚴，我修改原著，更正傳說與事實不符部分，附上修正版序言，交給李敖出版社正式在台灣發行。封面照片是一九九一年八月十九日我從新店溪橋上所拍景美軍法看守所照片。現在政治案件已移送台北監獄執行。

目　次

一

　　胡道元的細長的身影從紅色的公寓大門內閃出來，擠進市場的人群裏，市場充滿了腥味。魚販正在嘶啞的叫賣，偶爾夾雜著粗野的謾罵。一個矮小的魚販右手抓起一條紅色的魚尾，左手輕拍著魚身，嘴裏叫喊著：

　　「你看，這一條比白嘉莉還要美！」

　　白嘉莉是一個台北紅歌星的名字。

　　兩個負責監視的便衣警察從公寓外面一直跟蹤他的影子，一個身材高大的便衣警察走到魚販的背後，目不轉睛地注視他的蒼白而瘦削的臉。「又是一雙仇恨的眼睛。」他在嘴裏詛咒著。由於長期囚禁監獄，他的臉上布滿了細碎的皺紋，細長的鼻梁上架著一副金絲眼鏡，背上彎曲，身上穿著白色的襯衣，領口敞開，袖子捲到手臂上。另一個肥胖臃腫的便衣警察則緊跟在他的背後。他瞥見兩個常來監視的便衣警察盯住他，便悄悄地溜出魚攤子，走進市場後面的巷子。

　　那是初夏晴朗的早晨。他約好人權組織的人，拍政治監獄的照片，他必須擺脫這些監視的便衣警察。一部紅色的計程車停在巷口，一個胖太太正從車子裏走出來，他趕緊擠進

這部紅色的計程車。車廂裏還遺留著胖太太的濃郁的脂粉氣味。由於失業人口的增加，計程車變成最容易謀生的工具。過剩的計程車充斥了台北街頭。

「往中山北路。」他對司機說，右手從口袋掏出手帕擦拭頸上的汗水。

便衣警察氣喘呼呼地跑到路邊攔住一部藍色的計程車，亮出證件，把車裏的客人趕下來，要求司機追趕那部紅色的計程車，客人無可奈何地站在路邊埋怨。

他頻頻回頭察看背後橫衝直撞的藍色計程車，紅色計程車的司機從鏡子裏觀察他的舉動，好奇地問：

「你遇到什麼麻煩嗎？」

「對。兩個便衣人員跟蹤我。」

「你一定是國民黨討厭的人，這一陣子國民黨派了許多便衣人員跟蹤反對的人，大家都說，國民黨瘋了，大概又要抓人，那部藍色的計程車在跟蹤我們，我把它甩掉。」

紅色計程車利用黃燈越過十字路口，藍色計程車闖過紅燈，緊緊尾隨不捨，雖然他在監獄受過痛苦和折磨，特務仍然不斷地監視他，「政治犯是終身職。」只要特務制度存在，他是不可能得到自由。

「幹你娘，不要命了。」緊急剎車的卡車司機正在破口辱罵。

紅色計程車徐徐插入另外一條車道，藍色計程車也不顧一切闖入同一條車道。車子過了南京東路以後，一部大型公

共汽車開進鄰近的車道，紅色計程車搶入大型公共汽車的前面，向右轉入一條橫街。藍色計程車被大型公共汽車擋住去路，失去了紅色計程車的影子，紅色計程車繞了幾條街，停在一個巷口，讓他下車。

「謝謝！」他熱情地閃動著眼睛向司機輕聲說。

「這是我們應該做的事。」司機驕傲地答。

他走進一條巷子，繞了幾個彎，然後選了一條行人較少的巷子折回來。如果有人跟蹤他，他一定會正面踫到，他沒有遇到跟蹤的便衣人員，他證實他已經擺脫了跟蹤，他匆匆走向約定的地方。經過十餘年的監獄生活，他已經看慣了特務的仇恨的眼光和親友的冷酷的表情。政治犯沒有收入，即使出獄，政治犯也很難找到適當的工作，他不但要維持自己的生存，協助受難的政治犯，還要抗拒特務的迫害和親友的破壞。重重的屈辱折彎了他的腰，他藉種種的機會介紹政治犯的遭遇，從人們的反應尋求受難的意義。

二

　　嫩黃的新店溪滔滔地流經景美的南端，寬闊的河邊上堆積著一片山洪遺留下來的岩石，一條石砌的圍牆沿著河岸建立在防波堤的邊緣，牆角上雜草叢生，圍牆的上層沿著牆上的鐵柱纏繞著鐵絲網，一座座的瞭望台突出在圍牆的中間，瞭望台上值班的年輕衛兵在炎熱的陽光下端槍呆然站立著。

　　一九四九從中國大陸撤退台灣的國民黨士兵，經過三十年，早已老朽不堪。警衛的部隊改由從台灣徵召的年輕人代替，他們服役的期間是兩年或三年，期間一到他們就可以退伍，每天早晨軍隊配給一個饅頭給他們吃，他們就可以計算饅頭的數目，幻想退伍的生活。

　　離開圍牆約兩百公尺的地方有一座鋼筋水泥建造的大橋，像一道彩虹橫跨新店溪，橋上可以行駛四輛並行的汽車，橋的兩端都有崗亭。戴著鋼盔、全副武裝的士兵站在崗亭上，手上緊抓著裝上刺刀的步槍。橋的東端坡度較大，哨兵看不到橋上的情況，聽任車輛飛馳。

　　橋上來往的車輛川流不息。從橋的東端馳來一部黃色的計程車，停靠在橋梁的中間，一個年輕的小姐和胡道元從計

程車上走下來，計程車隨即離開，這個小姐梳著兩條烏黑的髮辮，微翹的鼻子長在玫瑰色的臉上，穿著薄薄的粉紅色的襯衣和藍色的牛仔褲，肩上掛著一架照相機，他們站在欄杆的旁邊瞭望寬闊的河面，他舉手遙指河邊的圍牆。

圍牆之內還有圍牆，內牆之內才是一座兩層的四方形建築物。從外面看，這是一座沒有窗口的樓房，一片片的花磚點綴著醜陋的牆壁，磚石和磚石之間保留一些空隙，讓建築物裏的生物呼吸，建築物本身又是一道隔絕外界的圍牆。內部是兩個大院子，由一條兩層的走廊隔開，成為「中」字型的建築物，走廊的中間有一個三層的監視塔。它是這座四方形建築物的中心，端槍的衛兵在塔上和走廊上巡邏著。

「婷婷，這就是景美軍法看守所。我在牢裏度過十幾年。其中五年關在那棟醜陋的建築物裏，現在那些參加高雄人權日遊行而被捕的黨外領導人就是關在這裏。」

建築物右側的屋頂上掛滿一排排的大型郵袋，迎風搖擺。她問：

「屋頂上掛滿布袋的地方嗎？」

「那是外役工作的洗衣工廠，掛的是郵政局的郵袋，現在著名的人權律師姚嘉文正在洗衣工廠操縱洗衣機，他挺身爭取人權，卻失去自己的自由，在獨裁國家裏爭取人權是要付出相當的代價。」

「他好像主張合法的鬥爭。」

「對。他主張根據法律爭取人權，不違法就不至於坐

牢，但是國民黨抓人，只看有沒有需要，不管是不是違法。
我曾經告訴姚太太，如果人權運動對國民黨構成威脅，特務
就要下手抓人。從人權運動積極推動以後，特務逮捕異己，
不斷鎮壓，姚律師已經了解國民黨逼害的箭頭已經指向他，
他不但不退縮，而且運用群眾活動積極爭取人權，他的被捕
可以說是求仁得仁。」

「那麼一般未在工廠當外役的囚犯關在那裏？」她又
問。

「建築物有兩個大院子，由一條大走廊隔開。大走廊的
右側是工廠區，有洗衣工廠、縫衣工廠和手工藝工廠。大走
廊的左側是押區，關了未曾工作的囚犯。其他的黨外領導人
和救助政治犯而入獄的基督教長老會領導人就關在押區。」

她垂下深色的長睫毛，張著潮潤的嘴唇。「在殘暴的政
權統治下，監獄所囚禁的人往往就是社會上最優秀的人。」

監獄的圍牆前面是一座高大的禮堂，禮堂前面是一棟棟
綠色的木造房子，這些平房原來都是軍法學校的校舍，現在
軍法學校已由警總軍法處和國防部軍法局共同辦公。警總軍
法處位於右邊的兩層建築物，樓上分別是處長、副處長、審
判組和檢察組的辦事處，樓下則為第一法庭。第一法庭可以
容納五、六十人，軍事審判難得公開，但是公開審判常常在
第一法庭舉行。近年的余登發案和美麗島事件，就在第一法
庭審判。第一法庭後邊另有一棟新建的鋼筋水泥平房，分設
四個較小的法庭。

　　新店溪的河水不息地奔流，屹立河裏的岩石激起一朵朵的水花。在空中盤旋的海鷗撲向滾滾的河水，掠過水花，飛往對岸，對岸是一座綠樹層層的小山，微風吹過茂盛的枝葉，像是起伏的波浪。

　　紫色的遠山浮在空曠的河牀上，沿著河邊的羊腸小徑可以走到遊客喜愛的碧潭。炎熱的太陽直射他的頭上，他的眼裏浮出一層層的紅色的光圈，他還不能適應陽光。他打開婷婷帶來的照相機，對準軍法看守所連續拍下幾張照片，在瞭望台上值班的年輕衛兵困惑地注視橋上的遊客，雖然期間一到就可以退伍，在期間未到以前衛兵卻不願意發生事端，他轉過身來攔住一部路過橋上的計程車，匆匆馳向橋的西端。頭戴鋼盔的哨兵提著手槍若無其事地站在西端的崗亭裏，他們路經崗亭，沿著小山馳行。

　　一座三層的樓房建立在青翠的山坡下，旁邊另有一棟綠色的營房。穿著綠色軍裝的軍官在營區走動，營區的外面以鐵絲網圍繞，兩個端槍的士兵在門口守衛，門口沒有任何標誌。他們的計程車慢慢馳過軍營的門口。

　　「這就是『反情報大隊』。」他說。

　　「什麼叫做反情報大隊？」她問。

　　「這是政工系統直接控制的特務組織，送往反情報大隊的囚犯都要蒙住眼睛，因此一般市民幾乎不知道這個單位的活動情形。」

　　他叫司機右轉，馳向安坑，從大路上折入一條小路，周

圍種植著稠密的樹木，路邊圍著欄柵，一條水泥路繞著一片草地，水泥路的旁邊有一間小房子。路上站著穿白襯衣黃色長褲的警衛人員，他讓計程車飛快駛過，不敢停留。

「這就是調查局的安坑留置室。許多被捕的黨外人士就在這裏編造罪名，」他壓低聲音說：「自白書和口供編造以後，政治犯才移送景美軍法看守所。拘留在留置室的期間大約從兩個月到兩年，平常都是四個月。」

「法律規定二十四小時之內必須移送看守所。」她強調說。

「可是蔣介石規定特務機關可以拘留被告兩年，在台灣蔣介石的命令高於憲法，憲法的規定牴觸蔣黨的命令便是無效，兩年期間也夠編造一個罪名。」

計程車又折回大路，路邊並排著蒼老多結的樹幹，大路由樹枝拱環著。

「南邊還有安坑軍人監獄和情報局的大陸通訊機構。以前安坑軍人監獄還設置景美軍法看守所的分所。」他以手勢向她解釋，「過了板橋則有台北看守所、龜山監獄、管理流氓的板橋職訓大隊和洗腦的土城生教所。調查局又在新店的十二張犁興建八層的辦公大廈。警備總部和調查局都在青潭設置特務人員訓練班。這一帶特務機關林立，彼此可以呼應和支援。」

三

夕陽西下，三重埔一家開在地下室的海鮮店裏已經來了許多客人。大部分的客人都是太陽曬黑的工人，有些黑油油的臉上還流著汗水，蠅糞沾污的光裸的電燈，照著桌上廉價的魯肉飯、米粉湯和炒沙魚。

一個禿頭的工人光裸著上身坐著板凳，他的右腿縮起、光裸的腳踩住另一個板凳、手臂擱在彎曲的膝頭上，他的面前放著一杯酒精成分較高而價錢較低的紅牌米酒，他時時伸手向背後搔癢，又不斷和鄰近不同桌子的工人大聲談話，一個少婦背負著幼兒，走到這個工人的身邊。

「家裏還有很多工作，你又躲到這裏吃酒。」。少婦責咎地說，困憊的眼睛瞪著他。

「阿呆對黨部的人講，工人代表的選舉要公平，勞動英雄是工廠推薦的人，不是工人選出來的人，不能代表工人。上禮拜警察半夜來抓他，以後就沒有回來，伊牽手哭不停，我的心情真壞。」

「你在家裏也可以吃酒，為什麼要跑到這裏來，吃酒也不是好事。」

「唉！酒太貴了，百分之一百的稅金。我發現講話比吃酒會解愁，所以我來找人講話，用講話來代替吃酒。你要知道，如果我不吃酒，你也找不到我，大家笑我酒桶，若不是酒桶我也被人抓去。」

胡道元和婷婷坐在海鮮店的角落上，傾聽工人詼諧地吐露苦惱，他們叫了一盤鱔魚麵和一碗魷魚羹，開了一瓶啤酒。

「那個失蹤的工人就要被送到軍法看守所判刑。當然，對軍法官來說從事勞工運動就是叛亂，那個工人就要在監獄裏埋沒他的半生。」他肯定地說。

只要喝一點酒，她就會臉紅。一點點的酒已經足夠燃燒她的纖弱的身體，她感到興奮。

「一般人似乎不太知道這些政治監獄。」她說。

他用鼻子靠近酒杯的邊緣，閉著眼睛沈思。「有些監獄是以國防機密的名義建造，即使立法院國防委員會的立法委員也不知道什麼時候興建。譬如說景美附近的山區還有一所囚禁政治犯的秘密監獄，所有送往該所秘密監獄的囚犯沒有一個能夠倖存。」

「哦！原來還有這樣的地方……。」

「這個消息是由一個被解送軍法處作證的囚犯透露的，他為一個重要案件作證以後，就羈押在軍法處看守所，他是單獨關閉，特務不讓其他的政治犯和他談話，可是送飯的軍事犯已經參加政治犯的地下組織，他藉送飯的機會打聽單獨

囚禁的原因。」

「好！」她感情流露地說。

海鮮店裏已經客滿。禿頭的工人已經離開。道元環顧喧嘩的客人的眼光，發覺沒有人在注意他，他啜了一口酒，他的臉色更為蒼白。

「一個冬天的深夜，這個人被警察敲開公館單身宿舍的門。」他繼續說下去，特務把他送上一部黑色的轎車，轎車往景美方向馳行。在車裏特務掏出一條黑布蒙住他的眼睛，在他的後腦打了一個結，離開公館不久，轎車開始爬上山坡，到達一個樹林環繞的庭院。經過一連串的審問，他被單獨關進一間鋪著地板的囚房，周圍像曠野一般的寂靜，他聽到的只是樹林裏淅瀝的雨聲。過了一段期間，薄薄的牆常常傳來抽搐的哭泣和掙扎的呻吟，有時還迴響著尖銳的呼聲。

「後來他被移到另一間囚房，房間還有兩條生命。他們在這裏接受各種醫藥實驗——包括打針、吃藥和手術。每次他們都要橫過庭院到對面的辦公室接受醫學實驗。現在他們在庭院裏不必蒙住眼睛，樹林是黑暗而稠密，除了一條通道以外，所有的方向都是交織的樹枝和濃密的樹葉，看不出逃亡的途徑。根據他們判斷，這個山莊是在景美附近。」

「所有接受醫學實驗的人都是隻身在台的大陸人，沒有人為這些人喊冤。大部分的大陸人認為特務捕人是在維持他們的統治地位。他們把特務制度當做他們的政治制度的最重要的部分，他們恐懼台灣人爭取政治權力，因而支持特務的

恐怖活動。這些受到『人體實驗』的人，已經像飽受虐待的野獸一樣陷入絕望。」

「有一次，他的同伴打針以後喘不過氣來，倒在地板上抽搐，長滿鬍鬚的臉不斷地抽動，終於斷絕呼吸。屍體僵硬以後，憤怒的眼睛仍然灼灼地瞪著天花板，嘴巴張開，……另一個同伴接受一次手術以後不再回到囚房。經過一段期間，特務才到囚房搬走遺留的衣服。」

「這個送到軍法處作證的囚犯不久就被槍決。」

他仰靠在白色的牆上，先看看舉杯相碰的客人，再看看她的微翹的鼻子。

她聽到政治犯受難的故事就要引出滿眶的眼淚。「受蔣黨迫害的人不一定是台灣人。」

「對。許多大陸人看到特務逮捕台灣人便沾沾自喜，認為特務正在維護他們的利益。實際上監獄裏邊有一半的人是大陸人，他們被埋沒在暗室裏邊，沒有辯白的機會，任何人都可能成為殘暴政權的受害人。」

胡道元喝光了他的酒，迷惘地瞪著空白的杯子。幾隻疏離的前齒咬著下唇，激動的情緒更使他的臉色顯出囚犯的蒼白，她已經從他的面貌發現他的內心的掙扎，長期怏怏的牢獄生活使他的性格發生變化，他正在和命運搏鬥，他不肯屈服，憂鬱的心理籠罩了他。

「你最好把你的見聞寫下來。」她熱心地建議。

「這是對的，」他非常真摯地說。「那些正在黑獄裏呻吟

的幽魂令人難以忘懷，我的眼裏出現的，盡是那些飽受蹂躪的瘦削而慘白的臉孔，和在窺視孔裏出現的獄卒的眼睛；我的耳朵所聽到的，盡是那些囚犯的呻吟和特務的咆哮。他們的事件受到嚴重的歪曲，我必須為這些申訴無門的受難的人說話，政治監獄就像一隻怪物不斷地吞沒這些受難的人。」

政治犯的災難使她心痛如割，她一直主張以行動代替夢想。「道元，夢想必須和實踐結合。你應該採取行動，立刻實現，現在你就從你的故事開始。」

經過十幾年的牢獄生活，他看盡特務的逼害、同伴的鬥爭、世態的炎涼和人間的冷暖。他的眼淚已經流光。他已經沒有剩下的眼淚。

「挺身反抗暴政必須付出相當的代價，」他說。「許多政治犯猶豫不決就是：當你和敵人搏鬥的時候，有些人就會趁隙打擊、從中破壞，你就要前後受敵。破壞的原因很多，有的出於思想的歧異、有的出於派系的鬥爭、有的出於個人的猜疑、有的出於個人的嫉妒、有的出於地域的偏見。無論動機如何，這些人都會提出堂皇的理由，當然真正做事的人不能顧慮太多，我還是願意付出一切代價寫下政治犯的遭遇。不過我要描寫的不是我的故事，個人的憂患究竟還是小事，我要講的是景美軍法看守所這個怪物、有關的特務機構、受難的政治犯和冷酷的現實社會。」

四

　　台北市議員林水泉所監禁的小囚房是在東廂的北端，看
守所列為樓下區，它只有兩公尺寬、三公尺長。靠走廊的一
邊是一扇綠色的門，經常緊閉著，四面都是牆壁，門邊留著
一個小名片一樣大的窺視孔，窺視孔口上嵌著玻璃，玻璃外
面又有小銅片經常覆蓋著，門邊的牆壁下端有一個送飯的小
洞口，只夠容納一個菜盆，小洞外還有一扇鐵門，也經常緊
閉著。

　　窺視孔上的小銅片被輕輕地拉開。一對黑色的眼睛塞在
窺視孔外的玻璃片上，值夜班的榮班長正在偷看睡眠的林水
泉。林水泉的體態還是像往日一樣結實，可是他的受傷的腰
已經不能挺直，他的一部分的頭髮已經灰白。雖然這樣，惡
劣的環境和無情的歲月改變不了他的狂放不羈的性格。

　　林水泉盤算黎明前四至六點的夜班是由榮班長值班。手
錶早就在移入軍法看守所的時候，由管理人員扣留保管，他
可以從房門上端、天花板下的一個小鐵窗觀看日夜的消逝，
可是他難於從漆黑的窗外判斷時間的轉移，從半夜以後，他
就躺在地板上等待榮班長的值班，不敢熟睡。

　　兩公尺寬、三公尺長的斗室可以容納一人或兩人，他是單獨監禁。室內鋪著地板。地板離地只有一個紅磚的高度，地板和地基之間沒有通風的設備，天花板和牆壁又時常龜裂而漏水。他整日使用裝置在室內的馬桶和自來水，排泄洗滌，這是他唯一生存的空間。

　　一隻四公分長的蜈蚣從陰溝裏邊爬出來，一寸一寸地移向他的頭部。或許由於本能的反應，他已經發覺地板上的異物。他立即拿著書本打斷地板上的蜈蚣，它分做兩節，仍在地板上移動，「百尺之蟲，雖死不僵」，他用衛生紙把它包起來，昨天他還從手臂上抓下一隻從陰溝裏爬出來的水蛭。

　　監獄建造十年，木板已經腐爛，水泥已經剝落。老鼠、蟑螂、水蛭、蚯蚓、蜈蚣和許多不知名的小生物，還會從磚石的裂隙和腐爛的地板中爬出來，滲透囚犯唯一的生活空間。囚犯必須在黑暗、污濁、沈悶而潮溼的斗室裏掙扎。

　　他輕輕地推動送飯的小洞口上的小鐵門，想把蜈蚣丟到走廊上。他發現一雙穿著軍裝的腳站在小洞口的外面，他抬頭瞥見窺視孔上有一雙熟悉的眼睛。啊！榮班長正在等待他，榮班長在窺視孔的玻璃上輕敲了兩下，這是賣煙的信號。他趕快把放在衛生紙裏邊的百元新台幣塞到送飯小洞口，榮班長也從送飯的小洞口丟進一包香煙，平常一包香煙是新台幣十塊錢，這是十倍的利潤，有時候榮班長的香煙要賣兩百元，林議員是可靠的顧客，半價優待。

　　黑市的交易已經完畢，榮班長踏著輕快的步子離開走廊。

五

　　一九六四年台北市長的選舉是林水泉案的導火線。

　　特務頭子蔣經國決心由屬他派系的周百鍊以選舉的方式奪取台北市長，向台灣人民證實他的實力。當時現任的市長是屬於副總統陳誠派的黃啟瑞，陳誠預定等黃市長任期期滿後派任省主席，特務頭子蔣經國命令警備總部，以貪污控訴黃市長，阻止黃市長控制省政，黃市長停職以後，派任周百鍊代理市長，布置親信、控制選舉。

　　當時和國民黨的周百鍊競選的是黨外的領導人高玉樹。這是特務頭子親自主持的選舉，由於特務的恐怖政策，大多數地方上稍有影響力的人都不敢為高玉樹助選。所有小學生都受學校老師警告：學生家長不得支持高玉樹。當周百鍊的競選車輛經過的時候，滿街的店鋪都燃燒鞭炮歡迎，砲聲如雷。高玉樹的競選車輛經過的時候，路上卻是靜悄悄的，難得有人聲援。不過，高玉樹發表競選演說的時候，聽眾卻是人山人海，特務無法阻攔。

　　台北市議員之中敢於挺身支持高玉樹的人卻是寥寥無幾，林水泉就是其中出力最多的議員。特務頭子唆使存有芥

蒂的黨外人士郭國基趁機抨擊高玉樹。林水泉公開維護高玉樹，要求群眾主持正義，破除特務頭子的陽謀。台北市民以選票支持高玉樹，即使大陸人也厭惡特務頭子，不願意投票給周百鍊。高玉樹當選。特務頭子自認丟臉，遂下令調查局布置陷阱逮捕林水泉。

六

　　小囚房的鐵窗高懸在天花板下，林水泉伸手也不能碰
到，它只有二十公分寬、一公尺長，窗上還有玻璃，鐵窗外
面是一公尺半寬的走廊，從走廊上密閉的窗子可以看到院
子，院子的四周都是樓房，空氣相當沈悶。院子裏的空氣必
須經過兩層鐵窗才能透入緊閉的斗室。

　　這是一個炎熱的夏天，熱氣已經逐漸上升。走廊上巡邏
的士兵猶如進入蒸汽房裏，忍受囚房裏溢出來的熱烘烘的污
濁呼吸。斗室裏的囚犯，更像熱鍋上的螞蟻，脫光衣服，讓
滿身的汗水沾污地板，伸出舌頭喘氣，囚犯就在斗室裏「煎
熬」。據報紙記載，監禁的立法委員黃信介曾經脫下衣服忍
不住謾罵。

　　炎熱的囚房使他想到早年被移送小琉球的職訓大隊受勞
動改造的日子。在職訓大隊的集中營裏，他帶著鋤頭到曠野
裏挖掘，雙手已經磨破，雙腳已經浮腫，肌肉的疼痛不斷地
折磨他。釋放以後，他就以管訓三年做號召競選台北市議
員，台北市民以選票支持他的奮鬥。

　　天下竟有難於相信的巧合，當時和他同隊受到勞動改造

的馬正海現在也關到他的鄰室，馬正海也和他一樣關到密閉的小囚房煎熬。

　　一九五二年，特務頭子蔣經國在台灣成立「中國青年救國團」，自稱主任，控制青年學生。他向軍中徵求各中學的教官。軍官馬正海以第一名入選，派任建國中學管理組長。許多建國中學畢業的學生都還記得這個身材高大、肩膀寬闊、鼻子隆起、性格硬朗的馬教官。穿上軍裝的馬教官彷彿是由銅鑄成的典型的軍人。他和學生生活在一起，談笑風生，得到學生的好評。

　　巡邏的士官不能忍受囚房溢出來的污濁的空氣，已經走進院子的陰影裏聊天，馬正海輕輕地敲著鄰室的牆。

　　「老林，我告訴你一個故事，」馬正海伏在送飯的洞口說。「當初蔣經國成立『中國青年救國團』，目的就在黨化所有的學生，他要鼓勵學生『自動』集體參加國民黨，他希望學生集體入黨計畫，由台灣最好的中學建國中學開始，這個任務就交給我執行。」

　　「你還是特務頭子的親信。」林水泉隔牆嘲笑說。

　　「不是親信。對於蔣經國來說，我們大陸人只是家奴。」馬正海矯正說。「學生集體入黨計畫是蔣經國交辦的。但是如果遭受反對，都和蔣經國無關，蔣經國會斥責家奴推卸責任。」

　　當時，馬組長穿著整齊的軍禮服、佩著閃閃發光的金屬勳章，挺胸踏進校長室，校長正在閱讀馬組長呈送的公文。

「馬組長，你應該知道許多學生的家長都是黨團要人和中央民意代表，他們希望學生能以學業為重，不要參加政治活動。」校長說。

「校長，誤國誤民的都是這些大官。他們要讓他們的子弟考進大學，留學美國，獲得美國的綠卡，不得意就回來做官，得意就居留美國，蔣主任最痛心的就是這些自私自利的大官，他要學生集體入黨。」馬組長說。

「現在學生家長已經開始抵制學生集體入黨計畫。」

「我知道這些大官會抬出副總統陳誠來反對蔣主任的計畫，但是蔣主任絕不會放棄他的偉大的理想。」馬組長大叫大嚷。

「馬組長，我再找學生家長談一談，你還是回去休息。」

馬正海還為實施學生集體入黨計畫忙碌了一陣。蔣主任派遣秘書召見他，告訴他這項計畫暫緩實施。蔣主任擋不住家長的抗議，據秘書分析，副總統陳誠正在進行卑鄙齷齪的陰謀破壞蔣主任的理想，馬正海不能對外洩漏這是蔣主任提出來的計畫。

「我要參加這次市議員的選舉，」他憤憤地說，「我要揭發這些官僚的陰謀。內人是國民大會代表。我懂得怎樣爭取選票。」

「政府舉辦選舉是在對付台灣人參政的要求，台灣人要利用選舉攻擊本黨，如果我們也利用選舉批評本黨將要攪亂

全局，蔣主任不會贊成。」秘書說。

　　他還是參加台北市議員的選舉。他在松山租了一部牛車，站在牛車的上面，揮動掃把，雄姿英發，大呼「掃除貪官污吏」。市民好奇地圍觀這個身材高大的大陸人批評以大陸人為基礎的國民黨。

　　「各位市民，今天台灣最嚴重的問題不是大陸人在統治台灣人，」他舉起一隻拳頭說。「最嚴重的問題是一個受財閥支持的官僚集團在壓榨我們，台灣人和大陸人一樣都是受害人，如果我當選議員，一定全力掃除這些壓榨人民的貪官污吏。」

　　馬正海落選以後，國民黨中央黨部彙集馬正海的選舉言論呈送給副總統陳誠，指出「軍事教官參加選舉、譁眾取寵、攻擊本黨」。陳副總統看是特務頭子蔣經國的部下，就批示送交「青年救國團」辦理。

　　「誰讓馬正海去搞選舉，打著國民黨的旗幟罵國民黨？」蔣經國在團務會議說。「台灣人利用選舉爭取權力，我們已經難於應付。如果我們自己人也放砲，我們就要前後受敵，這是我們最忌諱的事情，你看，陳誠把懲罰的責任推給我，我不能不辦。」

　　於是蔣經國在公文上批示：依往例辦理。根據往例，處理攻擊國民黨的候選人較重的可以援引叛亂條例判刑，次重的可以援用其他刑事案件判刑，最輕的可以用「流氓」的名義交付勞動改造。秘書就是執行最輕的處罰。

　　對於被列入「流氓」的人，警備總部隨時可以逮捕，送到外島的職訓總隊管訓，不必經過審判。警察局各分局的分局長有權將任何人列入「流氓」名冊，通常以「流氓」的名義被逮捕的政治犯有「文化流氓」和「政治流氓」兩種。教師和記者是地方上的主要知識分子，他們最容易被警察列入「文化流氓」，參加選舉的候選人和助選人則最容易列為「政治流氓」，這些「流氓」的人數都是以「萬」來計算，其中究竟多少人是由於政治原因列入，難於估計。

　　警備總部以「流氓」名義逮捕他，不經審判，送到小琉球管訓。馬正海就從支配學生思想行為的管理組長，淪為勞動改造的流氓。

七

「流氓」管訓期滿，馬正海的名字仍然不能從黑名單剔除。離開勞動營的「流氓」還是受警察局「列管」，小琉球的勞動改造沒有減少馬正海豪放的性格，從此作威作福的警察和不拘小節的列管流氓馬正海不斷摩擦。他的太太是國民大會代表，他被列入流氓以後，她不勝警察的糾纏，精神失常。

他又在準備選舉，經過勞動改造，他對民主運動的興趣更為濃厚。警察局的安全室派人告訴他，大陸人不能反對政府。

「為什麼台灣人才能反對政府，大陸人就不能反對政府？如果台灣人是被統治者，大陸人便是家奴，家奴才沒有插嘴的餘地。」他大叫大嚷，引來許多的聽眾。

安全室主任通知分局長以違警的名義逮捕他。根據違警罰法，警察有權以違警的名義拘留人民七天。警察局翻閱他的紀錄，發現他曾經以太太的中央民意代表的低利貸款購買冰箱發生財務糾紛，這就構成逮捕他的理由。

警察在一個黑夜裏敲他的門，他拒絕非法逮捕、主張正

當防衛的權利。兩個衝進大廳的警察，被他的女兒潑上滾燙的熱水，警察知難而退。他的家已經和其他的家庭一樣，早就裝置防盜設備。圍牆加高，兩窗口都裝上鐵條，他就以家為堡壘抗拒警察的侵入，警察調動大隊包圍馬家，馬家的樓房黑黝黝地屹立在他們的前面。

從窗口噴出來的熱鍋裏的油衝破警察的封鎖線，他的前妻留下來的兩個女兒小玲和小玉正在趕煮另一鍋的油，初次上陣的警察都受灼傷，他們重整軍容再度上陣，伏在圍牆裏邊的是小玲、小玉和國大代表所生下來的男孩，一包一包紙袋裝的石灰從圍牆裏丟出來，摔到警察的臉上，北風把石灰颳向警察的隊伍，白色的灰土向奔跑的警察滾過來。

分局長做了一個手勢，三個勇敢的警察開始爬行，發出窸窣的聲音。他們停在圍牆的下端，靠在牆上緊張地等待著。馬家只是普通的樓房，由於裏邊埋伏拒捕的人，顯得特別陰森，三個勇敢的警察聽不到屋裏的反應，靈活地爬上光禿的圍牆，伏在牆內的馬家子女一躍而起，揮動帶柄的刀子，刺進一個警察軟軟的下腹，受傷的警察倒下牆角，其他兩人也躍下圍牆，分局長朝上鳴槍，下令救走受傷的警察。

警察和馬家對峙兩天。屋裏經常飛出玻璃杯子、碗盤、甚至於糞便，使警察難於走近，警察無法估計馬家究竟埋伏多少人，馬正海又是軍人，難於忖度使用的戰術，分局長頻頻請示上級。

第三天，分局長下令攻擊。警察的主力分配在馬家的正

門，馬家的樓房更為陰沈可怕。一隻瓶子噓噓地從圍牆裏飛出來，在警察的陣中爆炸而燃燒起來。

「啊，這是什麼玩藝兒？」分局長說。「我們無法了解馬家究竟儲藏什麼武器。」

分局長暫停攻擊，又向上級報告。到了黃昏，上級指示必須活捉馬正海。分局長正式下令攻擊。轟隆一聲，馬家的大門被砲火打開，慘白色的火光照亮了馬家的樓房，催淚彈連續射進窗口，馬家的子女喊叫著，從門口走出來，屋裏傳出馬太太淒切的驚駭的聲音，搜索的警察救出歇斯底里地狂呼的馬太太，馬正海卻神祕地失蹤，探照燈照出騎在樹幹上兩腿下伸的馬正海，他跨過窗檻，用一隻手抓住裏邊的窗框，騎到樹上。

他終於束手就擒。

風雨飄搖的蘭嶼，風也大霧也濃，樹梢被風吹得東倒西歪。馬正海沿著一條狹窄的石徑散步，左側是高聳的石壁、右側是直落的深壑，一隻在風中搖擺的兀鷹飛到樹梢休息，伸出一隻翅膀抵禦強勁的風，「我被困在孤島就像風中掙扎的兀鷹」，他想。每天早上，他沿著石徑散步，維持體力。越過這一座山就是一片海灘。低矮的沙丘後面躺著一些被颱風吹倒的樹，沙灘上擱置一條竹筏，海水跟著太陽的轉移變換顏色，一群海鳥在海上隨波飄流，衛兵踏著沙灘巡邏。

在回營舍的路上他遇到一隊帶著鋤頭的「流氓」，他們要到山上敲鑿岩石，帶隊官像驅趕牛馬一樣，把他們送到工作場所。馬正海雖然被流放蘭嶼的職訓總隊改造，卻不必勞動，被他傷害的警察也不能控訴，家有家法，蔣經國處理家奴和對付人民的手段不同。

「友仔，要忍耐。」他舉手招呼勞動的隊員。

「老馬，艱苦無人知。」一個隊員說。

他們在這個外海中的孤島上，像西西佛一樣搬動石頭，受盡折磨，沒有放下的日子。一九四六年，保安司令部和警

務處曾經逮捕六百名「流氓」，以軍艦運送火燒島。到了台東的海面，押送的軍警將這六百人推進海浪，然後開槍掃射；鯊魚在海裏襲擊，機槍在海面掃射，人在波濤中掙扎，只有少數被海浪捲走、流向海岸或被過路船隻救起的人能夠倖存。受勞動改造的「流氓」認識他們的命運，讓海風吹乾他們的眼淚和吐在他們臉上的唾沫。

高金鐘坐在營舍的前面，他是出名的飛賊。他的身體靈巧，屢次逃獄，成為民間傳奇人物。警察局無從監視，三年未就業的人民就是「流氓」，警察局把他列入「流氓名冊」，送到小琉球的職訓大隊管訓，又被逃亡，警察局老羞成怒，全力逮捕；他落網後，刑警人員以手槍槍擊他兩膝洩恨。根據規定，警察攜槍枝時，只能自衛，不得擊傷逃亡的人民，換句話說，警察開槍不能擊傷人民的背後，只能擊傷人民的正面。因此刑警逮捕他以後，才以「反抗」的名義射擊他的膝蓋，他的行動已經十分不便，他留在大隊的營舍修理鋤頭。

「老高，你所付出的代價太大了，作戰要靠組織和戰略，憑你的膽識，你還可以做很多事情。」馬正海說。

高金鐘咧嘴笑著。實際上，高金鐘不但有靈巧的身體，而且還有精密的頭腦，那天晚上，他在蘭嶼策動五個同伴竊取海邊的竹筏，趁著黑夜，逃向茫茫的大海。

一九四六年三月二十日，蔣黨在台東的海面趁著黑夜，將六百名「流氓」趕進洶湧的大海裏，押送的軍警從船上開

槍掃射，一部分落海的「流氓」逃過鯊魚的吞噬和軍警的砲火，被路過的船隻救起，送到香港，公開了蔣黨的暴行。警備總部恐懼這次逃亡的「流氓」，將在國外控訴集中營的內幕，以當時六十萬新台幣動用一師的陸軍、一中隊的空軍和四艘軍艦，在台東的沿岸和巴士海峽搜索，高金鐘究竟是高手，搜索部隊空手而還。

高金鐘的行蹤就成為蘭嶼的話題，當時流傳高金鐘逃亡中國大陸的傳說；職訓大隊的官員對管訓的流氓刑訊逼供，追查謠言的來源，受刑的「流氓」將謠言的來源推給在蘭嶼改造而未勞動的馬正海。

職訓大隊遂控告馬正海為「匪」宣傳，把他送到軍法看守所。

九

　「爸爸怎麼會叛亂？」小玲對著鏡台，手指塗抹冷霜，在浮腫的眼睛周圍按摩，她的波浪的短髮仍然和過去一樣美麗，學校規定頭髮的長度不能超過耳朵，學校教官常常一手拿尺，一手拿剪刀，檢查她們的頭髮，這就是軍事教育，他們恨透了教官，爸爸也當過教官，她想。人家說他是蔣經國的人，他會不會剪掉女生的頭髮？她的同學曾經帶她到一家美容院燙頭髮，波浪般烏溜溜的頭髮，長度沒有超過耳朵，許多親友都說她是天生的美人，尤其是她的三叔。可是這幾天所有的親友都疏遠她，他們恐懼株連叛亂案件，這幾天她一直不能睡眠。

　十七歲了。當別人談到男女間的關係，她總是覺得尷尬。父親坐牢，繼母臥病，她擔起父母的角色照顧他的弟弟和妹妹，「我不敢讓我的朋友知道爸爸是正在外島勞動改造的『流氓』」，她想。爸爸指出特務頭子故意折辱討厭的人，可是三叔說叛亂是要砍頭，財產也會全部沒收。以前子女還要賣給人家做奴婢，即使現代，特務也會不斷找麻煩，她聽到爸爸叛亂的時候痛哭了幾次，她覺得軟弱無力，也許

三叔還可以幫忙她，「替我想出援救的辦法，爸爸不可能叛亂，他一定是冤枉的。」

次日，她下課的時候順路去看三叔，大門半掩著，房子裏邊卻看不到人影，寬敞的客廳裏放著一座長形的沙發，桌上零亂地擺著一些報紙，牆上一隻老式掛鐘的擺子滴答滴答的響著。窗口拉上窗帘，一些燈卻是亮著，她推開客廳後面的門，門後是一道樓梯。她聽到樓梯上端傳來鐵槌的聲音，她爬上樓梯，樓上的房門也是半掩著，她推開房門，看到三叔蹲在地板上敲打木框、裝入照片。

「三叔！」她輕輕地喊了一聲。

三叔手裏拿的是外國雜誌上剪下來的大幅春宮照片，他瞇縫著眼睛、浮現愚蠢的笑容，她覺得一股熱流從她的跳動的心頭湧向喉嚨，她的臉上漲得通紅，她想逃走。

「小玲，你要談談你爸爸的案件嗎？」三叔說著，坐到一個安樂椅上，「叛亂案件就是政府要公然謀殺，人民誰也無能為力，特務不但陷害你爸爸的老命，而且圖謀你們的財產，不但圖謀你們的財產，而且想盡辦法對付家屬，你先坐下來。」

她無可奈何地坐到一張木椅上，烏黑的眼睛蒙上了一層雲翳。「可是爸爸是冤枉的，我們可以呼冤。」

「大部分的人都是冤枉的，特務頭子整人，誰敢主持正義？特務頭子就是正義的化身。你看我們所有的親戚都知道他是冤枉，除了我還有誰敢和你們來往？我擔心的是你們姐

妹，現在你們已經變成國家的敵人，任何人都可以傷害你們。如果有什麼可怕的事情臨到你們頭上……。」

　　三叔從安樂椅上站起來，在窄小的房間裏來回徒步，似在尋求救助的辦法，突然轉身撲向她，兩人都滾倒地上，他的肥胖的身體壓在她的胸口，他的右手勒住她的喉嚨，她吭不出聲來。他的左手又拉她的綠色學生裝，又撫摸她的燙過的短髮，又在她的身上亂抓，像是許多隻手在發動攻擊，他也在喘息，濃厚的煙味從那燻黃的牙齒吹到她的臉上，她的眼淚不斷地湧出來，她的自尊心受到嚴重的傷害。前幾天，她的妹妹從外頭回來，臉色蒼白，眼裏含著眼淚，獨自坐在牀緣上啜泣，她瞥見妹妹的腿部有一塊一塊的紅腫，追問妹妹究竟發生什麼事情，妹妹低低垂下頭，說不出話來，現在她已經恍然大悟，復仇的意志震撼著她的身體。

馬正海的牢房和林水泉的牢房一樣，黯淡的光線只能從走廊上透過天花板下的小鐵窗射進來，走廊上的光線又被另一層牆壁遮住。

今天是他到地方法院出庭的日子，他的叛亂案是由軍事法庭受理；他控告他的親戚強姦他的兩個女兒則在地方法院開庭。

他在黯淡的光線下整理訴訟文件，從支配學生思想的管理組長打進勞動改造，再從勞動改造沈淪軍法看守所，前後已經十幾年。他的親戚還趁機欺凌他的子女，接見的時候，女兒的充滿哀愁的眼睛簌簌地流下淚水。

「勞動改造和叛亂不同。」特務在調查的時候坦白地說。「勞動改造只是折磨你的筋骨，讓你恐懼、讓你收斂、讓你知難而退。叛亂卻是全面打擊，你可能要判處死刑、無期徒刑或十年以上有期徒刑，判刑不是唯一的懲罰，叛亂的懲罰是全面的，你全家的生活都要受到打擊，打擊的人不一定來自官方，你的親戚、你的朋友、你的同事都隨時可能落井下石，你這一輩子已經不能翻身，你的子女也和你一起受

罪。」

這是實在的話。被特務列入黑名單的人，好像陷入爛泥坑中，一隻腿從泥土中拔出來，另一隻腿又踩進去。雖然有人說命運不能抗拒，和命運搏鬥的人是愚蠢的人，可是他有倔強的性格，他是從來不肯向命運低頭的人，陷入特務挖掘的爛泥坑以後，他還是不斷地掙扎。

他把早餐的小小的饅頭放進訴訟文件的袋子裏。每天早上他只能喝到一杯豆漿和一個小小的饅頭，這一個小饅頭只有一個雞蛋一樣大，它卻是囚犯的唯一早餐，囚犯虛弱的身體要靠它支持半天，他在饅頭上面簽寫自己的名字和今天的日期。

時間還早，值班的官員還沒有過來提人，他在左邊牆壁敲了兩下，靠在門縫說：

「老林，我要到地方法院打官司。」

林水泉隔著牆壁說：「權利必須爭取，不能輕易放棄，鬥爭到完全失敗為止。」

馬正海似乎聽到軍鞋踩在走廊的水泥地的聲音，腳步的聲音愈來愈近，終於停在他的小黑牢的門前，獄卒在窺視洞的玻璃上敲打兩下，然後高喊：

「馬正海，穿上衣服。」

馬正海早已穿上一件短袖的港衫，他提著一個塑膠袋的訴訟文件站在門後，門外的獄卒掏出一把大型的鑰匙打開綠色的門扇，鑰匙在鎖孔裏響了一陣子，開門的是穿著綠色軍

便服的龔班長。

「龔班長，是不是到地方法院出庭？」馬正海問。

「我只奉命提人，不管原因。」龔班長答。

馬正海沿著走廊向北走，從走廊上隔著一層玻璃窗，可以看到正在庭院裏散步的其他囚房的犯人，東廂的北端是一座電動的鐵門，鐵門已經打開，只留著一層紗門，幾十隻吃飽血液不能起飛的蚊子停在紗門上，花紋下可以看到漲滿的血液。踏出紗門，左邊是通往庭院的門，一股較為新鮮的空氣從庭院裏吹進來，他深深地吸了一口氣，他覺得腦筋清爽多了，右邊的房間靠走廊的一邊開著大窗口，那是管理班長的寢室。窗邊有一扇玻璃門經常開著，從門口可以看到西牆下放著兩張單人木牀，牀上疊著紅色棉被、草綠色軍毯和黃色枕頭，牀架上掛著長方形的草綠色軍用蚊帳，窗下擺著一張辦公桌和兩張藤椅。

東廂的背後是國防部軍法局的看守所，軍法局受理國防部直屬單位的刑事案件，警備總部軍法處犯法的軍官，也常常羈押在軍法局的看守所，軍法局的看守所是一層的水泥建築物。它和東廂的樓下共用一層牆壁，不能開設後窗，這是東廂樓下的黑牢光線幽暗的原因。東廂二樓的囚房後牆面對軍法局的屋頂開了後窗，但是後窗的鐵條外又以花磚交錯疊起，只保留一些空隙。從外面看，它仍然是一座沒有窗口的樓房，一片花磚點綴著醜陋的牆壁。

從東廂向左轉到北廂，拐彎的地方有一座水泥的樓梯，

樓上傳來一陣陣鶯聲燕語。北廂樓上就是女監，看守所列為女囚區。傳說中的女導演崔小萍、立法委員黃順興的女兒黃妮娜、參加高雄人權遊行被捕列入四大女寇的呂秀蓮和陳菊都曾經關在女囚區。前調查局長沈之岳也以「匪諜」之名，囚禁國防部長高魁元的嬸母多年。

北廂樓下列為樓下區。走廊貫串中間。走廊的外側是大押房，後窗開向前軍法學校的禮堂。窗上密植鐵條，鐵條外又有一片花磚交錯疊起，但是光線已較黑牢充足，走廊的內側除了一間大押房以外，大部分都是小押房。內側的後窗開向庭院，可以從窗上的鐵條瞭望藍色的天，軍法看守所的上級監督機構派人視察，都以這一帶為重點，一般稱為觀光區。

樓下區東端的電動鐵門已經打開。從走廊上看到的只是兩排囚房的木扇、窺視孔和輸送食物的洞口。他從軍法看守所移到景美時，窺視孔外曾經掛上室內囚犯的名牌。有一次，一個判刑確定，交付執行的政治犯從景美軍法看守所移送安坑分所的洗衣工廠，將名牌的設置告訴因案入獄的調查局線民周濟剛，周濟剛立即向看守所的政戰室提出報告，指出名牌的設置將洩漏政治案件的機密，所長下令取消了名牌。各區囚犯的名單交給管理班長保存，馬正海經過走廊，已經看不到囚犯的名牌，一對友善的眼睛從未曾關閉的窺視孔裏往外看。他略舉右臂，向孔裏的人物打招呼。

押房的西端，外側是一間經常關閉的押區醫務室，內側

是管理班長的寢室。馬正海踩出西端的電動鐵門，又遇到一條分隔辦公室和押區的走廊。這一條走廊縱貫押區北廂和南廂的西端，北廂的旁邊有直接通往軍法處庭院的鐵門，運送大批的囚犯都要經過這一道鐵門，吊死的屍體也從這一道門送走。

　　北廂的走廊對著辦公大樓東翼的鐵門。這一道鐵門只在上級巡視的時候啟用，平常未曾打開。這一道鐵門的內側便是接見室，這一天不是接見日，接見室的門也是緊閉著，接見室的後門另有一道從押區通往辦公大樓的鐵門，鐵門右下端留下一個小便門。馬正海彎腰穿過小便門往前走，過了小便門另有一片圍牆環繞的水泥地，它是官員的集會所，兩個士官正在玩著羽毛球。圍牆的高度約三公尺，足以防止囚犯竊聽官員的談話。

　　接見室和福利社連接，福利社設在接見室就是要向接見的家屬推銷，囚犯不能直接走到福利社購買日用品，他們只能從囚房填寫購買單選購。律師接見室、醫務室和警衛室的門口都向著走廊。一個瘦小的年輕監獄官站在警衛室的門口，讓馬正海走進警衛室，警衛室的牆上塗著白色的石灰，由一座文書玻璃櫥分隔前半部和後半部，前半部的西側排著一列的三個監獄官的辦公桌，另一個監獄官的辦公室設在外役區，桌上堆積著許多囚犯的文件。東側是一張長形的沙發，坐著兩個警衛連的年輕士兵，穿著全副的武裝。玻璃櫥後面的東側放著一張木牀，牀上疊著白色的棉被和草綠色的

軍用毛毯，掛著草綠色軍用蚊帳，讓值班的監獄官休息。牆上放著一排卡賓槍，西側是一座大形的木櫃。少尉監獄官伸出兩手搜查他的全身，一個高大勻稱、年紀較大的中尉監獄官接過他的訴訟文件，從塑膠袋裏搜出一個小小的饅頭，困惑地問馬正海道：

「你拿這個饅頭幹什麼？」

「我的心情不好，早餐嚥不下口，我要留在路上吃。」馬正海含糊地回答。

中尉監獄官把頭偏向左肩：「這麼小的饅頭怎麼能夠當點心吃？」

「可是我要靠它維持半天的體力。」

「你為什麼寫上你的名字？」

「我要防止別人偷走。」

中尉監獄官把小小的饅頭丟進塑膠袋裏還給馬正海，鼻子裏哼了一聲：「誰會偷你的饅頭。」

瘦小的監獄官繞過玻璃櫃，走到木櫃前面，拉開木板。木櫃裏邊擺著滿櫃的手銬、腳鐐、木棍、皮鞭和麻繩等等。他揀出一副手銬，扣在馬正海的雙手，坐在沙發上的兩個士兵夾住馬正海的兩邊，跟在瘦小的少尉監獄官的後面走出警衛室。

警衛室的西邊就是看守所的大門，門側有一座水泥砌成的樓梯通往樓上的辦公室，他們從樓梯的旁邊經過小便門離開看守所，門外已經停放一部押送囚犯的中型車輛，前座是

司機的駕駛台，後座是沒有窗口的車身，車身的灰色外殼以黑色的正楷字體橫寫著「台灣警備總司令部軍法處看守所」。監獄官打開車身的兩扇後門，讓馬正海和兩個士兵上車，車裏兩側各有一排木椅，頂上裝著三條縱行的鐵棍，那是看守所附屬的洗衣工廠懸掛衣服的桿子，洗衣工廠運送衣服也使用囚車。兩個士兵夾坐在馬正海的左右，監獄官砰然關上後門，然後坐到前座司機的身邊，囚車緩緩地駛出軍法處。

十一

　　博愛路的台北地方法院隔著一條大路面對台灣警備總司令部，它的右邊的斜對面是以恐怖聞名的保安處，左邊的斜對面是控制人民出國的入出境管理處。這兩個單位和台北地方法院在博愛路上鼎足而立，扼殺了博愛的美德。

　　馬正海和押送的官兵佇立在庭院的陰影裏等待檢察官的提訊。小玲和小玉互相挨著站在馬正海的身邊，她們已經失去調皮的神色，憂愁地望著爸爸。馬正海從塑膠袋裏掏出小小的饅頭，將塑膠袋夾在腋窩下，扮著怪臉在扣著手銬的手裏玩弄著。

　　「這就是我的早餐，」他反覆地說：「這個小小的饅頭要維持我半天的體力，我實在不忍心吃掉它。」

　　馬正海的怪模怪樣引起兩個士兵陣陣的笑聲，監獄官輕蔑地問：

　　「你的體型已經比別人大，占了很多便宜，還要吃多少？」

　　「體型大，胃口也大。政府應該配給足夠的囚糧，那些囚糧到那裏去了？」他反問道。

「只要囚犯活著，我們就盡了責任。」監獄官理直氣壯地說。

在法庭的門外佇立著一個穿白底黑色斑點衣裙的農村婦女憂鬱地凝視密閉的門，她的背上負著一個初生不久的小孩，右手又牽著一個吃冰棒的小孩。她的眼睛因為流淚而紅腫。兩個法警押著一個粗線條、黝黑而結實的農村青年，推開法庭的門從裏邊走出來。農村青年的手上帶著手銬，斷斷續續地叫嚷：

「幹伊娘！不起訴還不放人，真可惡！」

小孩丟下冰棒，奔向農村青年，抱住粗壯的大腿，喊著：

「爸爸！爸爸！」

農村婦女發出了一聲呻吟。「噢！你……。」

那些在法庭外面等待訊問的市民慢慢圍攏過來。一個臉上帶著黑斑的老人拿下嘴裏的煙斗，驚奇地問道：

「當初是怎麼抓你？」

「三個月前，阮厝邊發生搶劫。」農夫憤怒地說，「那天晚上，我到田裏放圳水，警察抓我去用刑，我只好承認。後來搶劫的人被人抓到。警察不敢放我回去，指我是『流氓』，要送我到外島管訓。你看，今後什麼人要養我的妻兒？什麼人能替我耕田？」

「你為什麼不說給檢察官聽？」

「有啊！伊講，伊已經宣布不起訴，警察要送我去外島

管訓，伊也沒辦法。我才了解官廳這樣黑暗。」

圍觀的市民七嘴八舌地插入意見，一個押送農夫的法警急躁地拉開糾纏的小孩，另一個法警提高嗓門吆喝：

「讓開！讓開！不能擋路，擋路就是妨礙公務。」

庭丁宣布檢察官傳問小玲，小玲推開法庭的門，進去應訊。農村青年被押到第二棟樓房的通道，送上台北地檢處的囚車。農婦蹲下去抱著被法警摔倒地上正在哭泣的小孩，安慰小孩，也安慰自己說：

「乖乖，總有一天爸爸會回來的。是的，總有一天。」

兩個押送馬正海的年輕士兵眼睛直望著被押上囚車的農村青年，臉上帶著痛苦和憤怒的表情。警備總司令部警衛連的士兵和其他部隊的來源不同，他們都是志願兵，其他的部隊是徵召來的。他們的服役年限是三年而其他部隊是兩年或三年不等，志願的士兵比徵召的士兵容易控制，這是蔣黨運用志願的士兵擔任警衛部隊的原因。當然，服兵役既然是義務，志願的士兵只是提早入營而已，實際上有些士兵志願入營是在擺脫不良少年的幫派、或感情的糾紛、或債務的償還，這些人往往比其他部隊的士兵更難馴服。

「『流氓』的勞動改造是五年，」馬正海解釋說：「五年後這個農村青年會從外島回來，他將對我們的社會和我們的政府有更深刻的認識，那時候他會變成一個民主鬥士。總有一天，他會再度被捕，送到軍法看守所，這是政治監獄的進化論。」

　　兩個押送的士兵忍不住笑了起來，他們佩服馬正海的分析，不停地點頭。監獄官感到尷尬，慍怒地說：

　　「你不要胡扯。」

　　庭丁送出小玲，傳訊小玉，小玲的臉上已經被淚水沾溼，無論她顯得如何鎮靜，仍然掩飾不了靈魂的痛苦，她鼓著勇氣走向父親，現在政治犯家屬所能發生的一切已經嚇不倒她。

　　「受難最需要的是勇氣。」馬正海和藹地對小玲說。

　　小玲抬起眼來望了一望藍色的天空，嘆了一口氣，「幾乎所有的門都關閉，我們能夠向誰呼冤呢？」

　　「也許可以試一試監察院。當然監察院已經老朽，我也懷疑它有糾正特務的能力。」

　　她的上唇微微掠過一絲憂傷的笑意。監獄官乾笑著，說道：

　　「上級提醒我，你有許多可怕的念頭，果然不錯。」

　　小玉也從法庭出來，稚氣的黑眼睛陰鬱地望著帶手銬的父親。庭丁轉告下一個應訊的人將是受害者的監護人，馬正海一面跟著監獄官不慌不忙地走向法庭，一面大聲叫嚷著：

　　「好了，你們可以走了。」

　　小玲和小玉還是依依不捨，馬正海突然擺動扣著手銬的雙手拋出手心中的小小的饅頭。

　　「接著！快跑！」他又叫嚷，夾在腋窩下的訴訟文件掉到地上。

小玲接住小小的饅頭，搶先跑向法庭的大門，小玉跟在後面。監獄官撲向他，憎恨地抓住他的衣襟撼動，兩個士兵一時發慌，站在法庭的門口面面相覷。

「趕快追！」監獄官重複地叫喊。

小玉還在甬道上的人群中跑步。一個士兵衝進人群攔住她的去路，抓住她的纖纖玉手。

另一個士兵跑到大門口張望，小玲的影子已經消失。

小玉噘起飽滿的嘴唇站在監獄官的前面，抓她的士兵還沒有放開她的手，監獄官紅漲著臉狠狠地直瞪著她。

「饅頭呢？」監獄官問。

「誰拿你們的饅頭？」小玉以蔑視的口氣反問。「你們抓我幹什麼？我有罪嗎？」

監獄官的憤怒愈來愈強烈。「小玲呢，小玲到那裏去？」

「誰曉得？……又粗暴、又小氣。」

監獄官覺得狼狽，他懷疑他的行為是否適當。小玉是無辜的，扣留她可能惹來麻煩。他低聲說：

「放掉她。」

士兵放了她，她覺得她已經打贏了一場戰爭，如果她退縮，監獄官絕不會讓步。「不能逃避現實，要向惡魔挑戰，爸爸的見解是對的。」

庭丁再度催促馬正海出庭，監獄官放開馬正海的衣襟，馬正海蹲身收拾掉到地上的訴訟文件，然後跟著庭丁踏進法庭，監獄官也走進法庭打開他的手銬。

十二

大押房的四邊都是塗上石灰的牆壁，靠走廊的一邊是一扇綠色的木板門，門邊有一個名片一樣大的窺視孔，窺視孔嵌著玻璃，玻璃外邊覆蓋一塊銅片，下端有一個遞送食物的洞口，可以容納菜盆，洞口上附著一張鐵片可以密閉，靠外的牆壁上端有一個鐵窗，鐵窗上面砌著一片花磚，交錯疊起，留著一些空隙。從外邊看，這是一棟沒有窗口的建築物，室內鋪著地板。地板離地只有一個磚頭一樣高。由於下面沒有通風的設備，地板已經腐爛，靠近鄰室的牆壁，設置抽水馬桶和自來水。大押房大約有四公尺長、兩公尺寬，經常容納八人至十二人。特務認為政治犯所能接觸的只有同房的囚犯，監獄官還可以調動不同案件的政治犯或軍事犯囚禁一間，也可以布置線民監視、分化或打擊。

午後樓下區第十三號的大押房裏，有的半躺在地板上，回想家鄉的青山綠水；有的握著彩筆，畫出一張嫣紅的臉；有的皺著眉頭，草擬著將來的路程。突然從辦公室傳來一陣陣叫喊的聲音。

「冤枉啊！」

「我是無罪的啊！」

「審判不公平啊！」

押房裏的囚犯都知道這是史與為案第三次宣判死刑，他是調查局的專員。調查局的前身是一九三八年成立的中國國民黨中央執行委員會調查統計局，簡稱「中統」，由國民黨元老陳立夫、陳果夫兄弟掌握。在「中統」之前，陳立夫已經利用「黨務調查科」從事特務活動。一九二七年蔣介石下野，陳氏兄弟在上海成立「中央俱樂部」(Central Club)，擁護蔣介石，一般人民稱為 CC 派。參加 CC 派的人，未必參加「中統」；參加「中統」的人卻一定是 CC 派，「中統」是陳立夫爭奪政權的主要工具。

蔣介石另以戴笠領導「軍統」特務——隸屬軍事委員會——彼此監視，互相牽制。兩個特務系統的工作項目略有劃分，但不明確，「中統」和「軍統」之間各爭地盤，互相殘殺。來台以後，蔣介石將「中統」和「軍統」混合，交給兒子經國指揮。因此，蔣經國任命「軍統」出身的沈之岳出任「中統」根據地調查局局長，著手整肅「中統」特務。

史與為屬於被整肅的「中統」特務，只有走錯路線的特務才有機會兩次發回更審，也只有特務才會這樣驚慌地叫喊，一般台灣政治犯都是默默地接受死刑的宣判。

史與為案宣判死刑的八個被告都繫帶腳鐐，經過走廊，分別返回他們的押房，他們的腳鐐鐣鐣作響，他們還不斷地嚷著冤枉。一般政治犯是立志粉碎鎖鏈，翻身解放，他們抱

著「出頭天」的心情默默地忍受一切的苦難。走錯路線的特務，不敢相信充當蔣政權的忠實的奴才和鷹犬，會有這樣的下場，以十足奴才的心情醜惡地叫嚷。

值班的士官打開第十三號押房的綠色的門扇，讓繫帶腳鐐、仍在叫嚷的史與為走進押房，一股臭味撲向士官的鼻子，士官皺著鼻子砰的一聲關上門，史與為脫下皮鞋，朝地板上一坐，黝黑的方形的臉上浮現著深刻的仇恨。

矮短、粗壯、黝黑的史與為在三張犁的調查局台北處擔任專員，以狡詐、善辯、出手毒辣聞名。他來自江蘇北部——蘇北人。沈局長認為史與為是潛伏在調查局的共產黨員。

他憂鬱地環顧同房的囚犯。「我是辦理『匪諜』的人，怎麼會變成『匪諜』。」他想。「現在我又和『匪諜』住在一起，這些『匪諜』的臉上都對特務的內部鬥爭帶著觀望的表情。我在看守所還遇到我主辦的『匪諜』林德樊，他原來是警察局分局長，他在軍法處控告我，如果我是『匪諜』，他應該無罪，他是被『匪諜』陷害的人。啊！上級怎麼這樣讓我難堪。這是雙重的懲罰。」

他還記得調查局的同事編造他的罪名，主持的官員是他的蘇北同鄉科長劉兆祥。當時劉科長是五十歲光景的人，眼球凸出，職業性的銳利的眼光透過玳瑁鏡框射到受偵訊的人身上，劉常向黑名單上的人物或政治犯的家屬敲詐勒索，養成貪婪的性格，這是特務這個行業的痕跡。劉的皮膚白皙、

嗜愛飲酒、酒後臉色白裏透紅，凸出的黑眼球在玳瑁鏡框中旋轉，像一隻蝦蟆。劉的兩腿長短不一，調查局的年輕工作人員稱為「跛腳的蝦蟆」。史與為下獄以後不停地和舊同事爭論。

「你們要拿出證據來。」他對著包圍他的舊同事說。

「我們辦案還靠證據嗎？」劉科長也操著蘇北口音說。

「你想一想，過去你是怎麼辦案的？」胡專員說。

「我們是自己人啊！」他紅著脖子抗議。

「自己人？你已經是我們的敵人了。」劉科長冷淡地回答。「話又說回來，如果你是自己人，你更應該對組織坦白，組織會饒恕你。」

他列舉過去他所承辦的「匪諜」案件，捶胸頓足，表明一貫「忠君」立場。

「不給你吃一點苦頭，你不會承認，」劉科長諷刺地說：「我們要幫忙你思考。」

四個特務擁上他，用繩索捆綁他，把他摔倒地上。一個特務騎在他的背上，另一個特務揮動竹棍猛打他的雙腿。

他躺在地上呻吟。劉科長走過來，蹲在史與為的身邊，低聲告訴他：

「上級不可能放過你，你我都是『中統』的人，我不會故意和你過不去。你還是承認一點點，讓我們可以交代。」

這是實在話。沈局長指示另一個蘇北人的「中統」特務科長劉兆祥承辦史與為案，一方面使他們互相殘殺，他方面

表明處事「公正」。史與為知道劫運難逃，他必須「承認一點點」，讓他的同事和上級嗅到一點腥味。

「十二歲的時候，中共的司令員粟裕，在我的家鄉駐軍，」他沈痛地說：「粟裕住在我家後院。我由於好奇和其他的小孩圍看他，他撫摸我的頭，讚美我是一個伶俐的好孩子。」

這一段話就成為今天判刑的主要依據。

他坐在押房的地板上，撫摸腳鐐上的鎖鏈。他曾經寫了洋洋幾百萬言的答辯書，敘述他所承辦的案件，這幾百萬言答辯書的底稿放在他的身邊。他感恨傷懷，往日種種猛然湧上心來。他喃喃地說：

「如果陳副總統還在，蔣經國就不會整肅我。」

陳副總統就是陳誠，他是蔣介石最親信的將領，也是蔣經國的主要政敵，他在「中統」頭子陳立夫回國以前去世。蔣經國曾經利用「中統」的特務翦除陳誠的羽翼，史與為屢次奉命打擊陳誠。當年，陳誠支持黃啟瑞競選台北市長，台灣籍的黃啟瑞在台北市人緣極佳，陳誠主張使用台灣秀異分子，穩固國民黨的基礎，因此向黃啟瑞承諾台北市長任滿以後，將委派他出任台灣省主席。蔣經國不願意陳誠利用台灣人掌握台灣人掌握台灣省政府，便下令警備總部以貪污罪控告黃市長，同時指派他的派系周百鍊代理市長。

這個時候，支持黃市長競選的市黨部主任委員羅衡已經辭職。蔣經國一度擬以中央黨部第一組——即組織部——副

主任缺拉攏羅衡，羅衡婉拒。因為陳誠派的交通處長譚嶽泉需要他擔任交通處主任秘書，籌辦公路局的改組，如果公路局改為公營企業，他將是董事長或總經理。

六〇年代，蔣黨的財經官僚運用公路局來抑制台灣的地方財閥——各地方的客運公司。彰化縣的員林——北斗間的路線是員林客運公司的黃金路線，公路局將這一條路線的經營權收歸省有，員林客運的其他路線的收入不夠公司的開支，員林客運公司一度虧累不堪。台中縣的豐原——東勢間的路線是豐原客運公司的主要幹線，公路局也將這一條黃金路線改為省有，讓豐原客運公司艱苦經營。地方的客運公司也有難言的苦衷，許多沒有利潤的路線，由於地方的需要，不能斷然放棄。當時全台灣的客運公司只有少數幾家的收支勉強能夠維持平衡，其他的公司都是入不敷出。

公路局改為公營企業是蔣黨財經官僚的重要策略，但是蔣經國正在運用公路局財力，開闢橫貫公路表現政績，極力反對公路局改組，於是清理舊帳，逮捕了羅衡。財經官僚是屬於陳副總統的系統，對於這個蔣介石的托洛斯基派兒子經國相當忌諱，公路局改為公營企業的計畫因而擱置。

在羅衡被捕之前，省政府交通處陳主任秘書夫妻同時被捕，虛構「匪諜」罪名，陳主任秘書判處十五年有期徒刑。特務頭子蔣經國一向善於運用特務製造政治案件清除異己。

史與為是調查局的「陳誠專家」之一，他對陳誠的作風和用人瞭若指掌。當然，他也是黃啟瑞案和羅衡案的辦案人

員，只要陳副總統不死，蔣經國就必須重用他。

　　他仍然坐在地板上詛咒。一隻蜘蛛從窗口的鐵格子上面垂下來，在兩條鐵條上橫搭一條細線，從這條細線搭橋在兩條鐵條上不斷地來回穿梭，織了無數的細線。

　　「他媽的，老子已經進了籠裏，蜘蛛又要封鎖鐵窗，欺負老子。」史與為震撼著緊握的拳頭吼叫。

十三

魯偉和林屏南坐在靠近送飯的洞口的地板上玩牌，他們正在尋找一張紅桃十。魯偉已經是五十多歲的人，他的沈重的紅紅的下巴胖得往下垂，臉上和脖子上的汗水像小溪一樣流著，滴到地板上。史與為繼續詛咒調查局的沈局長，年輕的林屏南已經焦躁不安。

「老魯，你還是逗逗史與為，讓他看開一點。他一輩子為蔣黨賣命，給人家戴紅帽子，現在他被人戴上紅帽子，整個的價值觀念崩潰，一定發瘋。」林屏南閃動著天真的眼睛說。

魯偉是天生樂觀的人，他的十二年的刑期快要期滿。他曾經在洗衣工廠青島東路的門市部當外役，犯規而再度關進押房。他走到史與為的前面，伸出汗溼的手掌給史與為。

「患難的人都是我的好朋友，你說對嗎？」他握著史與為的手，高興地哈哈大笑，又問：「在你的一生中，你辦過的最有趣的案件是什麼？」

「羅衡案，」史與為壓低了聲音說：「前台北市黨部主任委員羅衡。」

　　魯偉拿著掛在肩上的毛巾擦掉額上的汗水。「啊！我有一個朋友和羅衡同房。有一天，他在青島東路軍法看守所的院子裏散步，從看守所的院子裏可以看到警務處的國旗在空中飄搖，他發現國旗吊在旗桿的中間，他向值班的班長訊問那一個大官死了，班長告訴他，死的是陳副總統，他感到憂傷而迷惘。他一攤雙手，感慨地說：『但願從此獲得解脫。』」

　　史與為露出感傷的表情，他不安地望著鐵窗上結網的蜘蛛。「當初沈局長逮捕羅衡有兩個目的，」他一面說，一面以潮溼的眼睛環顧同房的囚犯。「第一個目的是鏟除運用退伍軍人開闢橫貫公路的阻礙。陳副總統的財經官僚主張台灣的資金累積不易，基本重工業尚未建立，不可將有限的資金投入荒山，開闢橫貫公路。美援會的經濟理論專家王作榮教授還寫了一篇文章叫做『台灣經濟的出路』，指責開闢非迫切需要的橫貫公路。如果不是陳副總統袒護，蔣經國還要逮捕他。」

　　「王教授的文章先是以美援會的名義發行，蔣經國誤會這是陳副總統公然向他挑戰，給陳副總統帶來許多困擾。王教授改以自己的名義再行出版，許多台大的師生都為王教授捏了一把汗水。」林屏南打斷他的滔滔不絕的話頭插了一句話。

　　「第二個目的是以羅衡接受黨外領導人高玉樹二十萬元新台幣的賄賂逮捕高玉樹，阻止高玉樹競選台北市長。」史

與為繼續說。「羅衡頑強地抗辯：『我是國民黨的台北市黨部主任委員，如果我拿了高玉樹的賄賂，黃市長還會當選嗎？』於是我建議上級，辦理羅衡，還是使用『匪諜』罪較為方便。上級批示，羅衡須依叛亂罪辦理，羅衡便從貪污淪為叛亂。羅衡憤憤地說：『我一直在國民黨做官，從來沒有和共產黨接觸，我怎麼會變成共產黨？』」

　　史與為沈重的臉笑了一笑，他想起逼問羅衡的一幕，他的臉逐漸嚴肅起來。當時，特務要求羅衡編寫年譜，紀錄從出生到入獄前的行蹤。羅衡是湖北人，除了童年以外，羅衡一直在國民黨的學校讀書，在國民黨的機關做官，曾任湖北省主席的陳誠是他的長官。他當公路黨部主任委員，首先提倡公營事業機構勞軍制度，組織公路勞軍團，感動部隊官兵。公路黨部的考核成績年年列為第一，他遂由公路黨部升任台北市黨部主任委員，當時市長是反國民黨的高玉樹，他在市長選舉中支持國民黨籍的黃啟瑞，擊敗現任市長高玉樹。他困惑地反問特務：

　　「這不算忠黨愛國嗎？」

　　一個特務厭煩地答道：

　　「我們不管忠黨愛國，我們所要追問的是你在童年怎樣參加共產黨？」

　　「十四歲以下的兒童，根本沒有刑事責任。這是一般法律常識啊！」羅衡據理力爭。

　　「可是事情就發生在十四歲那一年。」另一個特務逼住

他。

「十四歲那一年，我還玩著爸爸從漢口買回來的玩具喇叭。我怎麼會搞革命？」羅衡爭論著。

「對了，就在你十四歲那一年，你參加了共產黨北伐軍，當了喇叭兵。」史與為靈機一動，得意地說。

於是，特務圍攏過來，毆打羅衡。史與為是最凶狠的一個，他舉起棍子，狠狠地揮打，羅衡在地上滾動，遍體鱗傷，膝骨破碎。

「你們這樣虛構罪狀，怎麼向人民交代？」羅衡忍著痛苦，沈重地說。

「人民？哼！你做市黨部主任委員，難道還不知道國民黨是裏面一套、外面一套嗎？你怎麼不想一想，你是怎樣向人民交代的？」一個特務嘲笑說。

「據說羅衡在調查局關了兩年。」魯偉看到史與為又在自言自語，插了一句話。

「對。在法律上，調查局只是一種司法警察。」史與為說。「它只能拘押人民二十四小時，二十四小時內必須移送法院。因此總統下令，特務機關可以拘押人民兩年，兩年是七百多天，實際上，在兩、三個月以內什麼罪都可以編造出來。羅衡拘押兩年是在觀望陳副總統的反應和對策。」

「總統的命令可以改變法律嗎？」林屏南問。

「在台灣，命令高於法律，法律高於憲法。那些大學教授、學生和地方上的民意代表常常搬出憲法來指責調查局，

那是迂腐之論。」史與為嘲笑說。

魯偉把頭偏向左肩，又轉向右肩，他的臉部的表情具有天生的幽默。「羅衡移到軍法處以後，要求看守所的醫官驗傷，平常醫官是不肯認真驗傷的。他剛好遇到一個鯁直的醫官，證明他的膝骨受傷。同案的公路黨部的職員許衡峯也要求驗傷，醫官證明許衡峯是鼻梁被人打歪，許衡峯還留下一件血衣。他們向軍事法庭提出驗傷證明和血衣，主張調查局移送的自白書出於刑求逼供。」

史與為猛搖著頭。「毫無作用。軍事法庭就以公文函問調查局，被告主張受刑是否事實？調查局覆文『本局訊問被告，從未使用非法方法』。軍事法庭根據這份公文，否定被告所有的證明。同案被告許衡峯，曾任湖北省縣議會議長，在議長任內槍決共黨黨員數名，還是以『匪諜』判刑。」

「羅衡屬於陳副總統的派系還可以說，許衡峯只是一個公路黨部的普通職員，怎麼會捲入這場是非？」林屏南問。

「我們找不到羅衡的把柄才抓許衡峯。當共黨逼進湖北的時候許衡峯逃到香港，然後申請來台，我們遍查羅衡的親友部屬的資料，發現許衡峯在香港住了幾年，香港的政治環境複雜，這是我們下手的機會。許衡峯又是羅衡的同鄉，又是羅衡的部屬，我們可以逼迫許衡峯承認自己是『匪諜』，以『庇護匪諜』的罪名辦理羅衡。可是蔣經國認為不能太早釋放羅衡，『庇護匪諜』的罪名太輕、刑期太短，我們才換別人做共同被告，證明羅衡就是匪諜。當時我們還逮捕了一

個湖北籍的國民大會代表，這個人當時已經七十多歲，我的
同事指責他是共產黨，他就抓住椅子揮打我的同事。」史與
為喘著氣，又繼續說：「我們好幾個人圍捕他，揍他一頓，
這個人究竟年紀太大，我們才放他出去。」史與為笑了一
笑，問林屏南：「你知道羅衡怎麼抗議嗎？」

　　林屏南回答：「不知道。」

　　史與為的身子傾向前面微笑著解釋。「羅衡說：『我是省
政府官員，你們怎麼向省主席解釋？』羅衡當時的省主席是
跋扈的軍人周至柔。我反問羅衡：『省主席敢過問嗎？』實
際上我們打擊陳副總統，陳副總統兼任行政院長，參謀總長
彭孟緝也是陳副總統的親信，軍政大權在手，他都不敢出
聲，難道特務還怕省主席？」

　　的確，省主席周至柔懂得官場要訣，默不作聲。後來，
特務更進一步逮捕周至柔的親信中廣公司總經理李荊蓀，周
至柔也不敢表示任何意見。

　　走廊上傳來了卡嗒卡嗒的收菜盆的聲音，圍聽的囚犯紛
紛散開。史與為斜睨了同房的囚犯，臉色又陰沈起來。他下
獄以後，一直向上級列舉他的功勞，他不斷地重複他的申
訴，但他所得到的只是更多的嘲笑。

　　「陳副總統死了，蔣經國已經不需要這些鷹犬，何況我
又知道太多的內幕！」史與為坐在押房的地板上自言自語。

十四

　　福利社的玻璃櫃裏陳列著塑膠漱口杯、牙刷、肥皂、筷子、菜盆、碗、毛巾、餅乾和香煙等等。日用品都是以塑膠製品為主，香煙只准工廠和辦公室的外役限量購買，除了辦公室的外役，所有的囚犯都不能直接走到福利社購買。每星期囚犯可以填寫購買單，經過監獄官核准購買物品，每隔幾天福利社的外役推著超級市場所用的小車，分別到工廠和囚房出售簡單的零食。

　　玻璃櫃後面的圓形凳上坐著牟紹恒。他的消瘦的身子穿著褪色的短袖藍襯衫、洗舊的米黃色的短褲，光腳上拖著一雙平底布鞋。留著短髮的頭向前彎下，靠在福利社的玻璃櫃上打盹。妻子向他哭訴他們承租的師範大學的福利社不便經營，一家的生活發生困難，昨天晚上他不曾睡覺。

　　他是在中國大陸的山東出生，他和牟奇玉都在五歲就離開家鄉，現在他們已經三十幾歲。特務逮捕他們，控告他們在五歲那一年參加兒童團。五歲能做什麼？他剛剛學了「貓叫狗跳，叫一叫，跳兩跳」，這就構成犯罪嗎？判決書指出：未滿十四歲的人固然沒有責任能力，超過十四歲他就應

該自首。他們沒有在十四歲那一年自首，他們參加共產黨的兒童團的行為，仍然在繼續狀態之中，這就構成犯罪。

政戰室的外役李仕材站在玻璃櫃前用手指輕輕地彈了一下櫃子。牟紹恒趕緊矯正姿勢，抬起頭來端正地坐在圓形的凳子上，然後睜開了眼睛。

政工官要看這個月的帳目，曾經一度當選海軍戰鬥英雄的李仕材搔著灰白的頭髮說：「馬正海的女兒拿了一個早餐用的小小的饅頭向監察院呼冤，一方面控告軍事法庭誣陷叛亂，他方面指責軍法看守所扣除囚糧虐待囚犯。看守所的官員老羞成怒，決定加強管制囚犯。」

「帳目明天可以交出，不過我懷疑監察院的作用。我的太太曾經向監察院陳情，監察院派陶百川、黃寶實兩委員調查，然後函請司法院大法官會議解釋，大法官會議置之不理。」

牟紹恒從短褲的口袋裏掏出一份折疊的公文和一份剪報。他先攤開公文，那是監察院移送司法院大法官會議的文件影印本，文件上用朱色的原子筆勾出一段文字，這一段文字沈痛地說：

「若未滿十四歲之兒童，被迫參加匪偽兒童組織，如一律以叛亂論罪科刑，則匪救平，政府行使政權之日，大陸二、三十歲之青年，行將無一噍類矣。」

在接見登記處工作的外役費老頭一聽到監察院就放下毛筆，走到玻璃櫃的前面。他的前額寬闊、鼻子肥大，灰色的

眼睛上面垂下濃密的雪白的眉毛。

「于右任當第一任院長的時候，監察院曾經對付過軍法局長包啟黃。」費老頭慢吞吞地說：「有一個大陸籍的商人被特務誣陷匪諜，羈押在軍法看守所。商人的太太透過一個同鄉向包局長行賄，雙方曾經談好了賄賂的金額。同鄉卻吞沒了賄款，包局長未曾收到。她只好親自求見包局長，包局長發現她雖近中年，她的烏黑的眼睛、飽滿的嘴唇和柔軟的下巴，仍然有著挑逗的姿色。他伸手摟住她，以救她的丈夫為條件逼迫她做愛，他從她的談話了解她的家庭，他得寸進尺，讓她獻出她的女兒。不久，她接到領屍的通知，他居然槍決了她的丈夫，她的心裏痛苦萬分。」費老頭吁了一口氣，想了一想，又說：「為了拯救她的丈夫，她獻出了她所擁有的一切。她的期待已經落空，她失去了生存的意義，決心報仇。在台灣，能夠制裁包局長的只有蔣介石，蔣介石的周圍都被特務包圍，她以為她的呼冤不可能達到，她只有攔路呼冤。蔣介石住在士林，他的轎車開往總統府都要經過中山北路的鐵路平交道。火車經過中山北路，蔣介石轎車也要停下來，她決定在中山北路的鐵路平交道上攔路告狀。她寫下事件的經過，每天她都在鐵路平交道徘徊，一班火車攔下了蔣介石的轎車，她跪在地上呈上陳情書，蔣介石已經看到她，特務來不及阻止。當時監察院長于右任已經將人民的伸冤轉交給蔣介石，而且不止一次，蔣介石未曾批示，這個時候，他才下令逮捕包啟黃。于右任是革命的元老，還能得到

蔣介石的尊重，于右任死後，監察院就失去了監督的功
能。」

「聽說包啟黃的牙齒全部被拔掉。」李仕材說。

「對，包啟黃的死刑也是富於戲劇性，」費老頭眨了一
下眼睛，微笑著說：「他關進青島東路的西所，牙齒已經全
部拔掉。看守所的官員解釋，這是防止他自殺。可是有人
說，特務編造他的口供，一隻一隻拔掉他的牙齒。」

「我也聽說他興建新店的槍決場所，第一個在那裏槍決
的就是他。」牟紹桓說。

費老頭的心顫抖了一下，他曾經站在馬場町看死刑的執
行，死去的朋友的臉孔浮現在他的眼前。他的聲音有點發
抖。「最初執行死刑的場所是馬場町，馬場町就是現在水源
路的三軍總醫院和螢橋國中交界的地方。當時那個地方有一
座沙丘，死刑囚排成一行面向沙丘，跪在地上，警衛連的士
官在相隔十五公尺的線上列隊發射子彈。許多台大學生常常
走到馬場町參觀政治犯的槍決，特務移到中正橋下的淡水河
邊槍決。當時執行死刑是公開舉行，死刑囚的名單貼在台北
火車站的大門口。後來包啟黃才在新店空軍公墓的後面，找
到一個僻靜的山谷，興建執行死刑的場所，死刑變成秘密執
行。包局長固然在自己興建的執行場所槍決，第一個在那裏
槍決的人卻不是他。」

一個滿臉雀斑的小姑娘走進登記處，送來囚犯換洗的衣
服，以冷傲的眼睛看著院子裏打羽毛球的官員。費老頭走向

登記處，告訴她不能接見。

　　牟紹恒攤開剪報。「報紙曾經報導陶百川委員起草的公文，我現在只有期待報紙能發生一點影響力。」

　　「輿論也難於發生作用。特務關閉報館、逮捕記者、封鎖新聞，眼裏根本就沒有人民和輿論。對特務來說，記者只是一批傻子。……不過……也許你的運氣好一點。」李仕材帶著笑容說。

十五

第一區第十一號大押房的地板上放著一張單人木牀，這個房間關了八個囚犯。睡在軍人木牀上的只有一個人，那是范處長。

范處長踏出押房的門，總是一步一步搖搖擺擺地走著，像是一個掌握生死大權的人。他的寬闊的鼻子隆起在方形的臉上，鼻梁上架著一副黑色的眼鏡，使他略帶一些好弄文墨的學究氣息。的確，他曾經一度是使人膽戰心寒的特務機關調查局的處長，他在談笑之間輕輕地批示幾個字，就可以使被害人家破人亡。他的名字叫做范子文。

他曾經在台灣大學和日月潭的青年文藝營演講，談論破獲「匪諜」案件的經驗，他引用許多實例，解釋調查局的活動。經過他的花言巧語，調查局變成人間的上帝。許多聽眾都還記得他的雄辯的神態和逼真的描寫。然而，沒有多久，他自己就變成「匪諜」，被調查局逮捕，關進人間的地獄。

國民黨是內鬥內行，它雖然鬥不過共產黨，卻善於內部派系鬥爭。特務是國民黨統治台灣的主要工具，因此，特務機關的爭奪戰也最尖銳。

這次鬥爭的導火線發生在一九六四年。國民黨元老陳立夫從美國返回台灣，陳立夫的舊幹部到台北機場迎接。機場擠滿了迎接的人，聲勢十分壯大，驚動了蔣經國系的人物。原來國民黨退出中國大陸以前，陳立夫和陳果夫兄弟曾經掌握黨的組織部，當時有「蔣家天下陳氏黨」之說。中共在中國大陸打垮了國民黨，蔣經國趁機抨擊陳氏兄弟誤國，逼死陳果夫，趕走陳立夫，收回黨權。丁依著《蔣經國傳》（文藝書屋一九七五年四月版）第一二八～九頁上指出：

據立夫的一員大將說，那時，躲在台中養病的果夫，曾三次失竊，立夫被限期出境，陳誠安慰他：「立夫兄，你走了以後，下一個就該輪到我了。」包括陳誠在內，都感心寒，陳立夫出國之前，專程去向蔣先生辭行，蔣避而不見，改由宋美齡出面敷衍一下。宋特別給陳預備一部聖經，她說：「我知道你在政治圈裏打混幾十年，突然靜下來的日子是不容易的，這裏有部聖經，帶去看看，可以幫助你得到些精神慰藉。」陳的反應很冷漠，而且帶著沈重感傷，指指牆上掛的蔣先生肖像冷冷地說：

「那位活上帝都不信任我，死的上帝還管用嗎？」即愴然離去。

這段插曲，雖是題外話，可也反映著太子的辣手和國民黨內鬥的殘酷面。

　　在台灣，失竊常常是特務的警告，陳果夫失勢後遭受三次失竊。最近立法委員黃順興競選連任，也遇到八次失竊。

　　六○年代，陳立夫的勢力集中在立法院和司法行政部調查局。蔣經國召集重要幹部商討對策，一向輕視立法院的政治部執行官王昇仿效蔣經國的浙江腔，激昂地說：

　　「那些貪生怕死的立法委員只會在立法院說大話，他們能發生什麼作用？哼！槍桿子出政權，只要我們抓住軍隊，立法委員奈何我們不得。我擔心的是調查局，這是陳立夫的老地盤，我們一定要派遣一個陳立夫不能控制的人當局長。」

　　蔣經國遂選擇與陳立夫的「中統」特務對立的「軍統」幹部沈之岳，出任「中統」盤踞的調查局局長。

　　最後一個由「中統」出身的特務、擔任調查局局長的是張慶恩。范子文就是張局長的提拔的處長，他協助張局長處理大陸匪情的工作。范子文苦讀英文，頗有成績，他常常在公餘翻譯英文情報小說，他翻譯的「一個不知名的人」，曾經在台灣出版。當時，調查局的勢力極力擴展，每一個行政機關、學校、公營事業和較具規模的民營企業都設置安全室，隸屬調查局。後來，其他情報機關抗議調查局壟斷情報，安全室才改屬安全局。范子文才幹過人，推展業務有功，成為調查局的「中統」系特務的重要幹部。

　　范子文是國府白色恐怖向國際延伸的一個象徵。國府駐非洲馬達加斯加國大使館情報人員樂幹檢查汪公紀大使與中

國大陸胞妹通信，猜疑汪大使有投共傾向，遂呈報蔣介石。蔣介石竟信以為真，指定調查局將汪公紀綁架回國。負責執行綁架大使任務的特務就是范子文。范子文帶領一艘商船前往馬國，誘騙大使上船招待馬國官員，會後將船開回台灣，帶回大使。調查局又派遣范子文前往東京，主持一九六四年的奧林匹克大會的情報工作。范子文雖然精明，卻沒有預防繼任的沈局長的陰狠。他從東京回國，還私自買了一把勃朗寧槍，當然，高級特務出入國境不需要經過檢查，他常常撫摸這把手槍洋洋得意。

范處長回到台灣，有人檢舉他在東京和中共的代表見面。平常，檢舉大特務是太歲頭上動土，一般人民不敢輕易嘗試。這一次，沈局長只憑片面之詞逮捕了范子文。沈局長讓一部分黑名單上的人物出國，也在布置政治陷阱，有些奸計不一定立即實施，只是預先下了一著棋，留待來日使用。

特務是判斷「匪諜」的人，他可以從群眾裏找出誰是「匪諜」，他可以憑著嗅覺來判別人民對蔣黨的忠貞。可是當特務變成「匪諜」的時候，應該由誰判斷？那就要比較特務的官階，大特務可以判斷小特務是否「匪諜」；特務頭子可以判斷大特務是否「匪諜」。權力就是知識，沈局長憑著嗅覺就可以發現范子文是潛伏已久的「匪諜」。

十六

　　范子文躺在單人木牀，牀下的地板上有七個囚犯沈浸在
睡夢中。一個囚房就有兩種世界，看守所的張所長告訴他，
地板底下沒有留下通風設備，地面的潮氣吸進地板，即使健
康的人，在地板上睡一段期間就會染上風溼病，一輩子受盡
病魔的折磨。這是給政治犯的一種法律之外的懲罰，看守所
優待范處長，免除風溼的威脅。

　　木牀上鋪著綠色花紋的被單，他彎著左腿，右腳擱在左
腿上，望著牆上黑黝黝的鐵窗。偵訊的人員朦朧地出現在他
的眼前。

　　那是被捕後的第三天，范子文雖然三天三夜未曾睡眠，
卻要擺出一副處長的尊嚴。結在脖子上的領帶已經被拿掉，
他穿著從日本買回來的絲織襯衣。可是衣領已經在昨夜受毆
打的時候撕破，塗在頭髮上的油脂，被偵訊人員拉過，像一
隻烏龜趴在他的頭上。經過連續的疲勞訊問，他常常汗流浹
背，滿身都是油膩。這是調查局台北處的三張犁留置室，他
坐在偵訊用的房間裏，四個舊日的部下坐在他的面前。他們
不斷地和他辯論爭吵，如果他的回答不稱意，他們立即攻擊

他，他必須忍受數不盡的謾罵和毆打。

這四個問案的特務都是他舊日的部屬。一個五十幾歲瘦小的特務，是從情報局轉任的「軍統」特務，他知道這個老特務是沈局長的人。他記得特務頭子蔣經國召集局裏的高級幹部訓話，要求「軍統」和「中統」的特務衷誠合作，蔣經國沈痛地說：

「我們的地盤只剩下台灣，台灣人隨時等待機會推翻我們，我們不能分裂，分裂就要滅亡。我們必須檢討為什麼人民會仇恨我們？因為我們只顧爭奪地盤，不管人民的死活。我們必須放棄舊日的恩怨，我們必須培養革命的情感。」

這兩個「軍統」的特務不斷地詢問中日戰爭期間的舊事，當時他才二十歲。他們重複著下列幾個問題：

「你為什麼參加『軍統』的特務訓練？」

「你為什麼不願意接受『軍統』派遣的任務？」

「你為什麼經過『軍統』訓練以後，又投入『中統』工作？」

范子文終於明白他被整肅的原因。

原來，范子文先是投身「軍統」特務組織，接受特務訓練。那是在中日戰爭期間。受訓結束以後，「軍統」特務組織派遣他到日本占領區從事敵後工作。敵後工作是生死的鬥爭，范子文不願意擔任。他臨機應變，投入和「軍統」對立的「中統」特務組織。「中統」是和「軍統」並行而競爭的特務系統，范子文投入「中統」，對「軍統」來講，是跳槽

行為。「中統」容納「軍統」的逃兵，使「軍統」咬牙切齒，痛恨不已。當時「中統」和「軍統」火併，彼此之間不能溝通，「中統」的招降納叛，「軍統」也無可奈何。

范子文參加「軍統」組織，曾經不厭其詳，填寫許多的調查表。在這些表格裏，他報告他的家庭、歷史、學歷、社會關係、信仰和特長等等。經過審查核准，他又舉行宣誓，他面對蔣介石的相片，跪在地上朗讀誓詞。相片前的桌子上放著一本孫文著的《三民主義》和一枝手槍。蔣介石等於是他的教主，「三民主義」是他的信仰，手槍象徵工作和紀律。蔣介石說：特種任務是終身職，范子文已經將他的一生賣給「軍統」，如果他違背誓言，將遭受嚴厲的懲罰。

范子文從「軍統」跳槽「中統」，「軍統」官員曾經叫人轉告范子文：

「無論你跑到天涯海角，組織都可以找到你，組織不可能放過你。」

經過三十年，范子文已經在「中統」的調查局步步高升，擔任第四處處長。處長是僅次於局長、副局長的高級特務，官階相當於少將。就特務生涯而言，這是特務這一行的最高階層，局長、副局長已經是政治性的職位。

在台灣，從特務轉入政治或行政工作的人，往往一帆風順，橫行無忌。蔣黨現任總統蔣經國就是特務頭子。前中央黨部秘書長唐縱、前內政部長鄧文儀、前立法院長劉健群等人是「軍統」出身的特務。前內政部長余井塘、前行政院副

院長張厲生、前立法院院長張道藩、大陸救災總會秘書長方治、前交通部長賀衷寒，以及許多現任國大代表和立法委員都是「中統」出身的特務。但是，這些人都已經從事政治工作，離開了特務的業務。

范子文就在特務生涯的最高峯落入「軍統」特務沈局長的手裏，沈局長利用蔣經國整肅「中統」的機會，果然實現了當年「軍統」的誓言，執行「軍統」的紀律。

范子文聽到自己的心臟在劇烈地跳動，他記起編造罪狀的一個晚上，那是在調查局三張犁的偵訊室，一陣陣女人悽慘的尖叫聲傳進室內，他嚇得從椅子上站起來，茫然不知所措，他忘不了他那嬌滴滴的太太。

范太太滿素玉，也在調查局訓練委員會工作。他獲罪，地點是在日本，應該和遠在千里外的妻子無關，可是范太太不能倖免。調查局用人都經過嚴密的調查，逮捕范太太的理由竟是二十餘年前參加學生運動。換句話說，夫妻兩人以不同的理由同時被捕。沈局長整肅「中統」特務范子文，為什麼要同時逮捕范太太？這是有幾個原因，丈夫被捕，太太可能尋找丈夫的關係人營救。范子文的關係人有不少的「中統」大特務，這將引起「中統」大特務的聯合抵制或反擊。范子文的關係人有國民黨的元老重臣，這些元老重臣都被蔣經國閹割，但是他們可能待機反擊，向蔣介石陳情。同時逮捕范子文夫婦，可以封閉范子文的關係人的消息來源，使他們疑信參半，不敢採取行動。沈局長逮捕其他的人就沒有這

些顧忌，因為這些人的人際關係有限，不致構成威脅。沈局長下令逮捕范處長，手中只有一份檢舉書，沒有人證和物證，范子文又是飽經世故的老特務，不容易製造冤獄。沈局長同時逮捕范太太，不僅斷絕他的外援，而且可以逼迫他屈服。

女人痛苦的呼喊逐漸轉弱，偵訊室又恢復了寂靜。范子文掏出手帕，擦拭著雙頰，臉部的肌肉僵硬，心中有如萬箭穿心。

「你的記憶力太差，你在日本約見共匪的代表，這是一件重大的事情。」一個五十餘歲的瘦小的特務慢吞吞地說：「沒有幾天你就忘了這件事，真是貴人多忘事。上級屢次告訴我們，特種工作人員必須對組織坦白，你約見共匪，事前未曾請示組織，事後未曾報告上級，現在組織發現，要求你坦白，你又不肯吐露，你太對不起組織了。可是沈局長還是愛惜你的才幹，給你坦白的機會，只要你向組織交代清楚，上級還是要重用你。」

這時，偵訊室的門已經打開。一個微黑的女人噘著嘴唇靠在門口顫抖著，兩眼含著眼淚呆楞地望著他，這就是范太太，門外的特務把她推到室內。

他已經不顧處長的尊嚴，從椅子上跳起來，想衝過去抱住她。室內的兩個特務攔住他，把他按在椅子上。

「處長，請你自愛。動作要慎重些，太太已經好幾天沒有睡覺了，」那個老特務又慢吞吞地挖苦說：「我們要想辦

法幫忙你回復記憶力，你太衝動了。如果你真正愛惜你的太太，你就要對組織坦白。我們請你的太太來，就是要幫忙你的回憶，我們的出發點完全是愛。」

「我的一生完全是清白，我從來沒有見過任何共黨官員。我再重複一遍，我從來沒有見過任何共匪的代表。」他緊皺著眉頭，以沙啞的聲音，憤憤不平地說。

一個特務離開偵訊室，帶來一包塑膠袋。他打開袋子，端著一雙筷子，挾出一條狗屎，兩個特務撲向他，另一個特務拿著一條麻繩團團捆住他。

「背叛組織的人都要吃狗屎。」那個老特務嘴上掛著一絲微笑說。

用筷子挾著狗屎的特務要求他張開嘴巴，他的嘴巴緊緊的閉著，另一個特務用手猛打他的臉，他的臉上已經紅腫，一絲絲的血液從嘴角滴下來，他終於張開了嘴巴，狗屎一塊塊地放進嘴裏。

「王八蛋！」他驚醒過來，打了一下牀鋪，吼叫了一聲，渾身都滲出冷汗來。

睡在地板上的七個囚犯仍然沈浸在夢鄉裏，窗外偶爾傳來巡邏士兵的片斷的談話，窺視孔上露出一雙閃閃發光的眼睛探索聲響的來源。

十七

　　林水泉的黑牢的南側是樓下區的六個大押房，黑牢和大押房之間在走廊上設置電動的鐵門，平常這一道鐵門難得關上，巡邏的官員可以沿著走廊進入大押房。這些押房不是密閉的小囚房，它隔著一條走廊面向大院子，靠近走廊的一邊是一排鐵欄杆，囚犯可以站在鐵欄杆的邊緣，瞭望大院子北側二樓的女監。關在鐵欄杆押房裏的囚犯大部分是軍事犯，包括販賣軍油的商人。

　　一個衣著樸實的老年人，右手拿著破衣服低頭蹲在地板上擦洗，他是來自農村的小油商。地板的油漆已經磨掉，下面的橫檔也開始腐爛，有的地板是由長條的木板釘成，長條的地板中間夾雜著許多短條的木板，木板的質料也不一致，有些木板是檜木，有些木板卻是雜木，有些木板的鐵釘已經掉落，蟑螂和蜈蚣就從掉落的地板下爬出來。

　　「聽說隔壁黑牢關的是台北市議員林水泉，」梳著濃密的長髮、伸著懶腰的少年說。「黨外的高玉樹當選市長，國民黨就抓助選的市議員。我關進來才知道這件事情，新聞都給國民黨封鎖了。」

老年人摸一塊掉落的地板，略微抬起頭來，「我也是不知道有這樣多的政治案件，對於黨外的人來講，選舉可以促進民主化運動，對於國民黨來講，選舉可以看出什麼人是敵人，國民黨可以藉這個機會消滅敵人。」

押房內側的角落上有一個大陸籍的下級軍官脫得一絲不掛，站在自來水的水槽前面端著菜盆舀取水槽裏的冷水。盆裏的水從他的青銅色的身體嘩啦嘩啦流下來，潑到地板上，他掉頭說：

「阿成伯，這個地方我會抹乾。我贊成你的看法，像我這樣下層的大陸人是較偏向台灣人的立場。我客觀來看，公開的民主運動和秘密的地下運動應該同時進行，下層的大陸人也像大部分的台灣人一樣受苦，我希望你們能夠說服這些受苦的大陸人。老實講，我們也怕台灣人的民主運動。」

「你看！國旗又升起來了。」一個皮膚黝黑、頭髮軋成平頂式的逃兵站在鐵欄的邊緣興奮地叫喊。

觸犯陸軍刑法的軍事犯不限於具有軍人身分的人。販賣軍用物資，尤其是軍用汽油的商人，也是景美軍法看守所的常客，軍用汽油含有綠色染料，容易識別，它和一般汽油價格相差甚多，油商只要將軍油脫手，就可以獲得暴利。俗話說：殺頭的生意有人做，賠本的生意沒人做。許多油商願意冒險經營軍油生意，有些油商還將自己的太太登記為公司負責人，一旦販賣軍油事發，太太坐牢，丈夫照常經營。

販賣軍用汽油的刑期，通常是六個月到三年。有一個熱

情的胖太太為她的丈夫犧牲，忍受了兩年的鐵窗生活後，興高采烈的返回家鄉，看到朝思暮想的丈夫，丈夫卻沒有給她應有的讚美。相反地，她瞥見丈夫身後已有了另外一個可愛的女人，她就這樣失去了她的丈夫，監獄實在是現實社會的縮影。

軍隊裏某上尉連長的年輕太太為替丈夫販賣軍油，被羈押在軍法看守所的女監。那位連長夫人把三角褲掛在掃把柄子上，徐徐地從窗口升起，站在鐵欄杆邊瞭望的軍事犯立即發現，通知鄰近大押房的囚犯。

鄰近大押房的鐵欄杆邊都擠滿了囚犯，有些囚犯還扳住鐵欄杆，踩到鐵格子上，有一個鄰房油商義不容辭、自動負起指揮的責任，喊著：「唱國歌、一、二、唱。」

於是欄杆邊的囚犯齊唱國民黨的「國歌」：

「三民主義、吾黨所宗……。」

沈悶呆板的歌譜突然變成輕快浪漫的歌聲，隨著徐徐升起的三角褲，傳遍了押區。

士官們對連長夫人的風騷不敢存非分之想，因為他們知道她是余監獄官的情人。但她對每一個士兵擠眼，使他們「心悅誠服」。每天晚上，余監獄官捧著一碗麵送到女監給連長夫人。

女監位在二樓，比樓下的男監多一層警衛。但是層層的警衛關不住滿園的春色，一枝紅杏終於伸出牆外。

連長太太因「病」申請住院治療，由余監獄官護送醫

院。有一天，連長從軍隊請假，到台北探病，發現太太不在病牀上。有人告訴他，她住在旅館裏，他趕往旅館，發現了姦情，於是由所長出面，將余監獄官調職。

十八

在煩悶的押房裏，岑樓的潰爛的舊傷發出難聞的氣味，直撲囚房的囚犯。他的強壯的腿滿是瘀傷，警察局對他用刑以後未曾治療就送他到軍法看守所。他的腹部、大腿內側、臀部附近等也出現米粒般的丘疹，他伏在地板上閉目養神。

「講一講故事，魯偉。」林屏南說。

「史與為就是最好的故事。」魯偉答，眼睛直望著史與為。

史與為把結實的雙手抱在胸前，他沈浸在憤怒裏，話也說不出來。林屏南從地板上的書籍抽出一封家書，讀了幾行，又問：

「我們出獄以後是不是可以出國？爸爸來信說：早日離開監獄，到國外一趟，你就曉得你應該怎麼辦。」

史與為又開雙腿，撫摸著腳上的鐵鏈。「在台灣，出入境的管制是安全機關防止人民從事政治活動的有效手段。無論知識分子或一般商人，如果言行列入黑名單，將難於得到安全機關的出入境許可。黨外人士提倡人權，必須覺悟放棄國外旅行的權利。當然國民黨也會改變策略，讓一部分黑名

單上的人物出境，減少國內人權運動的壓力，這些人物回國以後，國民黨也可以編造通敵的罪名。你知道朱慰孺案嗎？」

「那個個子很高的朱科長嗎？」魯偉反問。

「就是他。他是『中統』系的特務，在調查局當過文書科長、檔案科長和總統科長。一九四九年蔣總統下野以後移居台北的草山，調查局呈送的文件都由朱科長用毛筆以正楷抄寫。他又善於交際，上級非常信任他。沈之岳就任局長以前，約定屬於『中統』的朱科長當他的機要秘書，表明不用私人，但是朱科長在新任命還沒有發布以前就被逮捕。許多人被禁止出國，政府只在公文上批示『礙難照准』四字，他們無從知道不能出國的原因。他就是替人查出禁止出國的原因而被捕，這是沈局長的第一件整肅『中統』系特務的案件。」

朱慰孺事件發生在一九六四年，當年有一個來自大陸的葉姓數學教員申請出國，被調查局拒絕。葉老師自以為未參加任何政治活動、未批評政府政策，不可能被列入黑名單，他委託調查局的朱科長打聽拒絕出境的原因。朱科長到檔案室調查，發現葉老師的檔案裏只有一張匿名明信片，信上指出葉老師在大陸教學時代曾經參加學生示威遊行，調查局就是根據這一張匿名明信片禁止葉老師出國，朱科長詢問老師：

「你究竟得罪了什麼人？有人匿名寫了一封明信片，檢

舉你參加學生示威遊行。」

葉老師困惑說：「我從來沒有參加任何學生示威遊行，我不知道誰陷害我，政府應該給人民辯護的機會啊！」

調查局曾經屢次登報，鼓勵人民檢舉任何反國民黨言行，並且在各機關、醫院、公司、工廠和學校普遍設置信箱，收取檢舉書信。大部分的檢舉書都是匿名信，信裏只是捕風捉影，編造了一些反國民黨的故事，很難發現人證和物證。直到今日，調查局的檔案室尚且堆積了數十箱這一類的書信等待處理。

葉老師寫了一份辯護狀，舉出人證說明從未參加學生示威遊行。調查局官員約談葉老師，詢問：「為什麼你能知道檔案的內容？」葉老師指出這是根據朱科長的調查結果陳情的。調查局官員就把全部文件送請前任張局長批示，張局長未曾批示。沈局長接任以後，翻出舊案，懲罰「中統」的朱科長，他終於找到著手整肅的機會。他批示：朱科長洩漏機密，應有匪諜嫌疑，辦案人員奉沈局長指示，以「匪諜」嫌疑逮捕了朱科長。

岑樓覺得疼痛，把身體翻過來，張開了炯炯發光的眼睛。他的傷口發出的臭味，連看守所的官員都要皺著鼻子，值班的士官也避免打開第十三號押房的門。

「警察才會這樣粗暴，」史與為說。「調查局的作風就不一樣，拷問以後還會給你治療，一直到傷口合攏，負責治療的是被捕的共產黨員蕭道應，這個人在通化街開一家診

所。」

「警察是以違警的名義逮捕我，違警的處罰最長是七天。他們說，調查局有權羈押兩年，特務可以軟硬並用，慢慢磨出精細的罪狀；警察只有七天的時間，他們的口供完全依賴拷打，他們那裏有時間給我治療。」岑樓氣憤地說。

「警備總部的作法又不一樣，受傷較重的人先在三軍總醫院治療、然後送到軍事法庭判刑。受傷的人移到看守所，傷痕已經縫合或消失，受傷的人很難找到刑求的證據。」林屏南苦笑了一聲說。

肥胖的魯偉坐在地板上，顯得像不倒翁一樣四平八穩，他的臉上還不斷地滲出汗珠來，他伸手拿起掛在頸上的黃色毛巾擦拭汗水，「有了，我想起了朱科長留下來的故事，他常常在酒家和舞廳應酬。有一次，他和一些商人到延平北路的酒家，酒家老闆當場送給他一份優厚的禮物。『我們實在惹不起，』酒家老闆惶恐地頻頻點頭說：『我們商人只想賺錢。酒女下海陪酒，也只是要撈幾個銅板，我們不敢涉入政治糾紛。』數天前，這間酒家的十幾個酒女被調查局的官員約談，理由是：有一個被捕的政治犯曾經在這一間酒家吃過花酒，調查局的官員遂約談在場的酒女，詢問當日談話的內容。許多酒女是『良家婦女』，沒有『酒女證』，她們不敢再度上班，酒家的生意因而冷淡。朱科長坐牢以後，向辦案人員提到這段往事，辦案人員哈哈大笑，得意地說：『驚慌的女人另有一種楚楚動人的美，像是一枝帶雨的梨花。』你

是不是在場？」史與為哈哈大笑，從腳上繫上鐵鏈以後，他從來沒有這樣快活地笑過。「那是劉科長幹的，那一陣子所辦的案件沒有漂亮的女人，大家覺得太沈悶，劉科長為了提高士氣，約談酒家的女人，那些嬌滴滴的女人片刻之間花容失色，有的直僵僵地坐著，有的哭不成聲，各有不同的反應，確是好玩。」

林屏南突然正經起來，露出嚴肅的神色，「朱科長坐牢以後，有什麼感想？魯偉。」

「他被關進了押房，每一個同房的囚犯都告訴他在調查局所受的刑求和編造的罪狀。」魯偉說。「歷經數月的監獄生活，特務出身的朱科長也變成了政治犯，他撫摸著斑白的頭髮欷歔地說：『我雖然在調查局工作，我確實不知道這些辦案人員是這樣編造罪狀，我自己也是一個被害人。』」

岑樓拉下短褲，解開繃帶，拿著衛生紙擦拭傷口的化膿，臭氣漲滿囚房。林屏南靠到岑樓的身邊，替他包紮傷口，岑樓皺著眉頭說：

「朱科長既然幹過文書科長和檔案科長，應該知道一些機密。」

魯偉轉過臉來，伸手微微碰著林屏南的手臂。「過去他常常聽到人民遭受刑求逼供的埋怨，他以為這是辦案人員求證心切，偶爾為之，不敢陷害無辜的人。他在文書科長任內，軍事法庭常常來文詢問：被告×××在軍事法庭供述，在貴局羈押期間曾經遭受刑求，所做筆錄皆為虛構，是

否真實，敬請查覆。收到此類函件，他一律覆文：查本局承辦案件，皆依法處理，從未發生刑求逼供之事。」

「朱科長以什麼名義判刑？」岑樓問。

「他曾經一度被共產黨逮捕、受盡折磨，後來因他年紀尚輕而縱放。」魯偉答。「他就以被捕歸來，尚有『匪諜』嫌疑，移送軍法處。他在軍事法庭判處三年感化教育，他聘請石美瑜律師辯護，前後囚禁五年。出獄後，他在台北林森北路經營建築生意。」

十九

　　冬天的一個午後，樓上押區第四十三號押房的囚犯圍攏
兩個下棋的人。持黑棋的人已經下完一步棋子，等待對方的
應戰。持紅棋的人正在苦心思索。圍觀的人議論紛紛，為下
一招棋獻策。一個眼睛凹入、微微駝背、右肩傾斜的老人穿
著大衣獨自坐在一個角落上翻閱古書。他偶爾咳嗽兩聲，抬
頭看一看觀棋的人，然後繼續他的閱讀。他是新生報的編輯
主任姚勇來。

　　新生報是省政府的機關報。他的職務是在宣揚蔣黨的愚
民政策。他克盡職責，不遺餘力。可是他在特務的安全資料
中，留下一頁違反蔣黨基本國策的紀錄。那是在一九四九
年，蔣黨從中國大陸撤退台灣，促使大陸人學習台灣的語
言，鼓勵台灣的少女嫁給大陸人。有一個名叫張白帆的大陸
青年與台灣的少女陳素卿戀愛。張白帆在大陸已經結婚，陳
素卿的父母雖然不知道張白帆是有婦之夫，卻厭惡張白帆的
虛偽，反對他們的婚事。張白帆約陳素卿投淡水河自殺，張
白帆草擬一張遺書，讓她抄寫。他們站在淡水河的水門邊，
遙望茫茫的江水，相約同赴天堂，擺脫人間的束縛。他拿著

麻繩捆綁她，然後捆綁自己，但是捆綁他的繩子卻留下活結。他們雙雙跳進滔滔的波浪。張白帆拉下活結，在河面浮沈，陳素卿淹死江中，不能復生。蔣黨的報紙渲染這是闡明基本國策的情死事件，吹捧張白帆為蔣黨的情聖，譴責陳家父母是頑固的典型。一九五○年一月，台大校長傅斯年發起補葬陳素卿，發起文譴責「家庭之束縛」。全文如下：

編輯先生：連日大報載陳素卿女士死事，及其遺書，同人相逢皆談此事，不勝傷懷，何感人之深也。陳女士之死，或論其值得一死否，或歸咎於社會制度，此皆淺乎言之，而不達性命之道者也。陳女士之才，見乎其文，粗學二年，有此天成之作，此豈為遺名於後人乎？而精靈之誠，遂成此文，老師不逮，老師非不能文，無此情之真也。陳女士之死，但就此文論之足美，更無事別求資料以下判斷。夫陳女士之死，淺言之，則家庭之束縛，進一步言之，則愛之所鍾非其人也，然此但皮相之談耳。如陳女士之所行偶有悖於習俗，則陳女士可以不死，且可達其志，然陳女士有所不為也。若陳女士於世事有所計較，則一切可以烏有，然世事之較量，世人之所屑，而陳女士所不屑也。人之一生，千里之內，百年之間耳。其間最自由無如意會之所集，而最不達其自由者亦無如此。故賢者不為物屈，其次避之，其次就之，就而利之，斯為最下。不為物屈者有其己，就於物者尚復何有？其莊子所謂凡未嘗亡而荊末始存耶？今皆屈於物之人

也。有陳女士之死，則世間精靈若有不混者焉，世之以身殉道者，或自外礪，人曰可貴，猶博同情者之情也。陳女士則殉赤子之靈心耳，猶若有勝焉，漢末焦仲卿夫妻之事，事本尋常，舊來婚姻多有，然二千年流傳不已。今陳女士之遭逢，極世間之矛盾，則舍命不渝矣。昔冤禽銜石以填海，遂成巨洲，望帝思歸而羽化，乃託杜鵑，詩人詠之，不逮其義；好古者錄之，未者其解，今見此事，昧昧思之，則遠古神話，頓識其義矣。我等棲遲島上，以書代耕，愧無巨筆以傳奇，深憾無力於補天，頗願同此心者集其薄貲，葬陳女士於山水清幽之間，題其碣曰：「同情者共葬陳素卿女士於此」，庶幾陵谷變遷，文字隨劫而具盡，宇宙不滅，精靈緣意而不亡。

　　大報如以為然，敬祈登出此信，以求應者，感幸何似。
　　敬頌
撰祺

　　　　　　　傅斯年　沈剛伯　蘇薌雨　毛子水
　　　　　　　　　　　　　　　　　一月十八日

　　在新生報工作的姚勇來透露一些疑問。從這些疑問發現張白帆謀殺的陰謀！張白帆終於判處十餘年的有期徒刑。姚勇來彙集這些資料撰寫「陳素卿」事件，報導張白帆的醜聞。特務認為姚勇來破壞了基本國策，列入安全資料。
　　老士官打開押房的門，狡詐地靠在門口。房裏的囚犯不

約而同，掉頭注視老士官冷酷的臉孔，猜測來意。

「姚勇來，帶著你的洗臉用具、碗筷和換洗衣服。」老士官下令說。

囚犯們回頭觀看屋角獨自看書的老人，老人的眼睛淒涼地望著同房的難友，他蒼白的嘴唇微微顫動著。一個台灣青年自告奮勇，向著老士官發問：

「要收拾所有的行李嗎？」

「只帶洗臉用具、碗筷和換洗的衣服，兩三天就可以回來，你不要多管閒事。」老士官斥責說。囚犯們低聲談論姚勇來的遭遇，兩個年輕人幫忙姚勇來捆紮包袱，談話中的囚犯已經得到結論。有一個人輕聲告訴姚勇來：

「大概是送回調查局。」

姚勇來頻頻點頭，提著包袱走出押房，押房的門又砰然關上。

老士官領著姚勇來穿過走廊，跨出押區的鐵門。姚勇來瞥見兩個穿著黑色西裝的特務站在警衛室的門口，他們是調查局的偵訊人員，他記得那一個方臉的偵訊人員曾經舉起粗暴的拳頭毆打他。

監獄官檢查姚勇來的包袱和身體，然後將姚勇來交給調查局的官員，方臉的偵訊人員拿出手銬扣在姚勇來瘦弱的右手和自己粗壯的左手。兩個特務挾著姚勇來走出看守所的大門，登上調查局的黑色車子，他們夾坐在姚勇來的兩邊。

車子從景美經過公館轉入吳興街，他被逮捕已經一年，

天空上是一片黯淡的雲霧。光禿的山坡、新建的高樓、小巷裏的陋屋、和僕僕風塵的行人都從汽車窗口飛逝，這些熟習的景色使他想起了被捕的前後，數不盡的悔恨在他的心頭掙扎，隨著道路繞走。姚太太沈嫄璋是個名記者，他們相識是在二次大戰期間，他們在福建省抗敵後援會並肩作戰，反抗日本的侵略，組織歌詠隊、劇社、宣傳隊、下鄉宣傳抗戰。他們曾經在濃密的大霧裏和敵人扭打，他們曾經在黑暗的荒野裏流血廝殺，他記得他提著一枝冒煙的槍倚靠一棵樹幹讓她包紮腳上的擦傷，他擦掉額上的汗水向她微笑，她抬起頭來看他，臉上浮出羞紅。

福建省抗敵後援會是「中統」特務的地下工作組織，由國民黨福建省黨部指揮，他將青春和力量獻給國家，許多同志中了槍彈躺在地上，他們的熱血染紅了他的衣服。他和沈嫄璋生死在一起，他們為自由而戰鬥，終於結為夫婦，抗戰勝利，後援會隊員合拍了一張紀念照片，他們夫婦都在照片中留影。

國民黨從大陸撤退台灣，他們夫婦都到新生報工作。被捕的時候姚勇來是新生報副總編輯主任，沈嫄璋當記者，當時的行政院長是嚴家淦，採訪嚴院長都由她擔任。她採訪的新聞常常是頭條新聞，官方的消息由她傳布，她也撰寫專欄報導，解說蔣黨政策，透露人事動態。她以文字竭力維護蔣黨利益，頗受上級重視，新聞界的人都叫她沈大姐。

去年的過年，街上的市民都在歡度春節。焰火在空中爆

發，五彩繽紛，小孩玩沖天砲聲響彼起此落。他們深夜從外面回來，正要打開家裏的門鎖，一群穿黑色西裝的特務從家門四周圍攏過來，提出調查局的證件，未曾說明逮捕的理由，就把他們分別推上兩部黑色的轎車。他要求特務通知那在師大念書的女孩，但是特務拒絕了他的要求，從那個時候，他就和太太分離，他一直見不到她。

黑色汽車轉入一條小巷，兩邊都是荒蕪的空地，一道上端纏繞著鐵絲網的高大的圍牆擋在車前，司機在緊閉的大門外按兩下喇叭，兩個穿米黃色青年裝的壯漢從油漆剝落的大門下的小門裏鑽出來，走近黑色汽車的旁邊。坐在姚勇來左邊的特務掏出一張公文，兩個壯漢又從小門鑽進圍牆，然後打開大門，黑色汽車緩緩地開進圍牆內的庭院。

這是調查局台北調查處三張犁留置室。姚勇來被移送調查局是第二次。第一次被捕的時候。他的太太沈嫄璋就在偵訊中死亡。姚勇來被送到警衛室，解開手銬，警衛室的官員搜查他的行李，摸索他的身體，長褲的褲頭有一個指甲一樣大的小鐵鉤，穿著藍色青年裝的官員拿著刀子割掉小鐵鉤，長褲從腰部滑下去，露出瘦弱的蒼白的兩腳，他蹲身拉起長褲，蓋住顫抖的兩腿。調查局為了防止囚犯逃亡，故意割掉褲頭上的小鐵鉤，讓囚犯隨時提著長褲走路，不便奔跑或爬牆。

「記住，在這裏，每一個囚犯都要隨時提著長褲子走路，」穿著藍色青年裝的官員吩咐說。

「你曾經住過一段時間，應該記得這裏的規距。」

一個穿著黑色中山裝的官員引他走進押區，押區是在另一層圍牆裏。穿黑色西裝的官員敲開鐵門，一個穿著米黃色中山裝的官員站在門裏，裏邊的庭院鋪著碎石，中間有一塊花園，種著黃色的菊花，花園的四周立著曬衣服的木架，掛著囚犯的衣服。押房是在押區的三側，分為東區、西區和北區。穿黑色中山裝的官員向著穿米黃色中山裝的官員低聲說：

「沈嫄璋的丈夫。」

穿米黃色中山裝的官員斜著眼睛看著一手提包袱、一手拉住褲頭的姚勇來。一年來姚勇來已經習慣這些狠毒的惡狗盯視。不過，這一次他已經有了不祥的寒意。他先在三張犁留置室羈押一段期間，然後被移送軍法看守所。從被捕以後，他就沒有看過她。特務又禁止他們通信，他一直擔心她的命運。

押房是一棟平房，靠庭院的一邊是灰色的水泥牆，牆上的上端開著細長的鐵窗，牆裏就是一條走廊。兩個官員帶他走進西側陰暗的走廊，第一間是洗滌室，第二間才是押房。押房的鐵欄杆上懸掛著一條深藍色的門簾擋住視線，他看不到押房裏邊的人。他們在第三間押房的門口站住。這是他的太太沈嫄璋睡過的房間。當時也是一個穿米黃色中山裝的官員引他到這個房間的門口，輕輕地拉開押房的窗簾。他記得押房露出一排鐵欄杆，裏邊鋪著一層地板，離地只隔一個磚

石。當時他瞥見地板上放著一個豐滿的中年女人的屍體，她的身上穿著一套褐色的洋裝。

「嫄璋！」

他還記得他跪在地上，雙手拉住鐵欄杆，全身抖動著。躺在地板上的女屍就是他的太太，他覺得他的心頭已經折斷，他的血液在燃燒，他的心頭在燃燒著愛情和仇恨。「三天前，她用內褲上吊，就在這一間押房裏，」他記得這個穿米黃色中山裝的官員冷漠地說。「她的自殺給我們帶來不少的麻煩，我們盡力防止囚犯自殺，可是防不勝防，她把內褲結在鐵窗上吊，巡邏的人發現的時候已經斷氣，有些人想不開，我們有什麼辦法？」

「檢察官和醫官已經驗屍，證明沈嫄璋確是自殺，」他記起一個穿黑色中山裝的官員肯定地說。「她寫完自白書以後，畏罪自殺，這種情形經常發生。不過，死的已經死了，活的人要自重。」然後，穿黑色中山裝的官員向穿米黃色中山裝官員下令：「打開鐵門，讓姚勇來看一看屍體。」

穿米黃色中山裝的官員拿出一串鎖匙，檢出一枝，打開鐵門。姚勇來踏進沈悶而黯淡的押房。他記起他蹲在女屍的旁邊，她的臉部蓋著一條布塊，他稍微掀起布塊，她的青紫的嘴唇張開，他抓住那隻冰冷的手，手上傷痕斑斑，有些指甲已經掉落。他的心頭在痛苦中劇跳著，眼淚一滴一滴掉落到屍體上。

現在他又到這一間押房。他曾經和家裏的女傭人同居，

激怒了她不斷在吼叫，他不斷在認錯。但是調查局官員在偵
訊中挑撥地指出，他的太太和抗敵後援會負責人蔣海溶的親
密關係。他回想他們的交往不敢相信這是事實。或許這是離
間之計。他想起了躺在押房地板上的太太。「你的戰鬥已經
結束，」他喃喃地自言自語，「你不再回來，我們並肩作
戰，反抗日本，爭取自由。大戰結束，蔣黨搶走了勝利的果
實，而你卻死在蔣黨手裏，你是死不瞑目的。」押房裏籠罩
著令人畏懼的空虛，他記起放置在押房的地板四周有她所用
的洗臉用具、換洗衣服、吃飯的碗筷和尿桶。屋內的光線愈
來愈黯淡，心裏的空虛愈來愈擴大。

二十

穿米黃色中山裝官員對他說，他還有一些手續沒有辦完。這是他還要移送調查局的原因。他躺在太太睡過的押房地板上，回想埋屍的日子。

運屍的中型卡車在冬天的黃昏飛馳，兩個特務夾坐在姚勇來的兩側，一把手銬把姚勇來的右手和一個特務的左手扣在一起。兩個工人抓著鏟子坐在對面，車廂放著草席捆紮的女屍，卡車在山坡上爬行，女屍隨著車輛的滾進搖動。寒冷陰溼的黃昏塗上一層濛濛的霧，山坡的兩邊都是隆起的山丘，暮色逐漸加深。卡車經過仙公廟，轉入後山的卵石路，黑夜從樹梢籠罩了荒涼的山谷。嫄璋和他曾經到過仙公廟，她瞥見特務頭子蔣經國穿著短袖襯衣，帶著俄國太太所生下來的女兒和兒子站在香火繚繞的呂洞賓神像的前面莊嚴地凝視。

「瞧！無神論的特務頭子和道教的赤腳大仙正在鬥法。」她調皮地說。

實際上特務頭子和赤腳大仙未曾交手。相反地，特務頭子和基督教長老會卻纏鬥不休。蔣黨的爪牙正在草擬宗教

法，瓦解教會的資產，限制宗教的活動。

　　卡車終於停在山腰的小路上，車燈照出山坡上一堆一堆的墳墓，白色的墓碑像是在黑夜裏搖晃的鬼怪，他覺得全身僵硬，司機和特務正在搬動女屍，一個特務提著手電筒指揮。在山坡上，一盞油燈懸在枯樹上，發出微弱的光線，兩個工人正在推動鏟子挖掘墳坑，鏟子和石塊的聲響振動著沈默的黑夜，他聞到挖掘出來的泥土氣味。

　　姚勇來身邊的特務握住他的麻木的手，他抖索著，勉強滑下車廂。他在恍惚中覺得他太太已經站在他的身邊，那是二次大戰期間。他從外地宣傳歸來，飢腸轆轆。她的臉上含著微笑，哼著一首民歌，手裏拿著一柄扇子，煽動柴火，燒起熱湯。

　　特務正在拉著他的手，他踏著溼漉漉的野草，走近枯樹下的墳坑。他的身子打著冷顫，痛苦正在撕裂他的內臟，渾身的筋骨都在疼痛。

　　她是性格強烈的女人、她是堅持原則的女人，他想。她一定不耐煩地跺著腳，和特務爭吵，她的責罵像一股激流傾瀉，使特務老羞成怒。我在軍法看守所聽到許多特務偵審的故事。一九五〇年前後，許多流亡學生從中國大陸擁進台灣，特務無從證明這些學生的背景，常常掐住這些學生的喉嚨逼供，拒絕回答的人往往當場掐死，也許她也被特務掐死。挖出來的泥土像土墩一般堆積在山坡上，工人已經停止了挖掘，他看著黑漆漆的墳坑，這將是她安息的地方，殘酷

的制度決定了她的命運。特務頭子蔣經國正在和元老鬥爭，奪取蔣介石的政權，元老的部屬受到監視，自從他的案件發生以後，許多親友知難而退，紛紛申請退休。他所聽到的盡是博學的文人歌頌特務頭子的語句，他感到軟弱無力、他感到心灰意冷，他茫茫站在墳坑的邊緣，呆滯的眼睛望著黑漆漆的墳坑。

兩個工人提起女屍，丟進墳坑。「將孤單地睡在荒山裏。」他又陷入沈思，多少的溫柔、多少的恩愛、多少的甘苦都被埋沒，「你曾經為這個政權戰鬥、為這個政權寫作，這個政權竟輕易地斷送了你的生命。嫄璋，只有你才能傾聽我的訴苦，只有你的明亮眼睛了解我的悲痛，你已經離開我而去。」他的眼睛裏已經充滿了辛酸的眼淚。

風在樹梢吹動，帶著陣陣的細雨，工人趕緊揮動鏟子，泥土已經填滿了墳坑。

「我可以搬動一塊石頭當做墓碑嗎？」他的問話脫口而出。

「不可以。」一個特務斷然回答。

「那我將來怎麼祭她？」

「不可以就是不可以，我們奉命埋葬，不准立碑。」特務冷漠地說。「她是國家的叛徒，她雖然畏罪自殺，逃避國家的刑罰，屍體還是國家的，你只是一個見證人。」

二十一

　　蔣處長躺在三張犁留置室北側押房的地板上，翻來覆去
不能入眠。右頰正在發癢，冬天的夜晚又溼又冷，他用三層
軍毯蓋住身體取暖，不願意伸出手來。右頰愈來愈癢，他不
得不伸出手來，抓到了。他抓到了一隻蟑螂，他把蟑螂摔到
鐵窗外，然後伸手端起地板上的茶杯。茶杯上爬滿了蟑螂，
他趕緊縮手，丟下茶杯，茶水潑到地板上。如果巡邏的獄吏
發現，他將受到辱罵。他用換洗的衣服擦乾茶水。

　　室內沒有燈光。走廊上掛著一盞昏暗的電燈，囚犯靠著
走廊上的微弱的光線辨別押房的陳設。他躺下來。押房充滿
尿桶的辛辣氣味，他又爬起來。一隻肥大的老鼠正在尿桶旁
邊走動。他伏在地板上觀察老鼠的舉動，老鼠大搖大擺走出
鐵窗，不把處長放在眼裏，他把尿桶移到最遠的角落。這個
囚房只有兩公尺平方，所有換洗衣服、衛生紙、洗臉用具、
吃飯碗筷和尿桶都放在地板上。

　　他聽到走廊上的聲響，他趕快躺下來，閉著眼睛，把軍
毯蓋到身上。一股強烈的光線照射在他的臉上，一個高大的
獄吏提著手電筒斥責他：

「把眼睛閉起來。白天要把眼睛張開，晚上要把眼睛閉上。聽到沒有，處——長。」獄吏把處長兩字的發音故意拉長。

他躺在地板上，不敢出聲，獄吏似乎已經離開。可惡的蟑螂！他在嘴裏詛咒著，他想拉起軍毯蒙住頭部。不對，這是違反規定。睡眠時不准蒙住頭部。他把軍毯拉到鼻子，蓋住半部臉孔。一股強烈的霉味刺進了鼻子，汗臭和血腥的混合。軍毯上染著一塊塊的血漬。多少人的血汗沾滿了軍毯，他一直打噴嚏。

「什麼毛病？」獄吏又站在鐵門外。「處——長，你的毛病真多。你不知道匪諜可以靠打噴嚏溝通消息嗎？你沒有聽到昨天隔壁的人被拉到外頭毆打嗎？你要自愛。處——長。」

他不敢動彈，他肯定獄吏離開，才起來拿著大衣放到鼻子下面，然後蓋上發霉的軍毯。他的名字叫做蔣海溶，福建人。他和浙江的蔣介石沒有親族關係。他曾經是調查局第三處處長，第三處是負責偵訊的機構，所有的政治案件都要由他批准，然後移送軍事法庭。他掌握著政治犯的命運，軍事法庭都是按照他簽署的意見辦理。在調查局，局長以下的主管就是處長，第三處又是最重要的單位，他在局裏權重一時，紅得發紫。在沈局長擔任副局長以前，他就是第三處處長。他和「軍統」特務沈局長沒有私人恩怨。二次大戰期間，他參加「中統」特務的地下組織福建省抗敵後援會。姚

勇來夫婦和他屬於同一個後援會。戰爭結束，後援會合拍一張紀念照片。有一個後援會員後來出任中共的福建省省政府委員。沈局長根據這一張照片，下令逮捕所有後援會員，理由是這一個「後援會屬於中共」。他不敢相信他會坐牢，他不敢相信沈局長會逮捕他，也許上級在考驗他，就像上帝考驗約伯。

「起牀！」獄卒在走廊上叫嚷。

他覺得渾身痠疼，爬不起來。每一間押房的囚犯都在準備洗臉漱口，臉盆和漱口杯的聲音叮噹響著。也許獄卒即將過來，他趕緊從地板上跳起來，疊好軍毯。獄卒已經站在門口。他睜開眼睛，穿上衣服，提起臉盆。獄卒打開鐵門，他匆匆跑出，一手提著臉盆，一手拉著褲子，沿著陰暗的走廊，快步走向西側洗滌室。門外還是一片漆黑，他覺得昏頭昏腦。

「快！快！快！」獄卒在背後一路上趕著。

他掏出一杯清水漱口，不敢使用牙膏牙刷，占用時間。獄卒已在催他。一個囚犯應該對於獄卒的辱罵習以為常，可是他還是害怕獄卒的辱罵。他拿起毛巾沾水，在臉上一抹，就跑回走廊。每一間押房的鐵門上都垂著深藍色的布簾，他看不到布簾裏邊的人物。每次他經過兩側的押房，沈嫄璋都在藍色的布簾後面弄出輕微的聲響，她應該熟習他的腳步的節奏。沈嫄璋死了。他已經沒有聽到西側押房裏邊的聲響。他走進押房，獄卒關閉鐵門，拉緊深藍色的布簾，然後打開

鄰室的鐵門。

後牆上端開著鐵格子小窗，白天從鐵窗口可以看到一線藍色的天空，現在外面仍然是一片漆黑，這麼早起來做什麼？他在嘴裏詛咒著，半躺在地板上伸腰，他覺得舒服一些。一會兒，獄卒拉開布簾，他立即恢復端正的坐姿，獄卒警告說：

「白天要把眼睛睜開來，晚上要把眼睛閉起來。」

在處長任內，他曾經安置一個同鄉在留置室當工友。他記起沈嫄璋死亡的日子，工人利用送飯的機會在飯碗中夾著一張紙條，上面寫著：

「沈嫄璋已死。」

二次大戰期間，姚勇來夫婦和他都在同一個後援會反抗日本人的侵略。他和姚勇來曾經在日本人的搜索下到處鼓舞人民反抗日本的侵略。她的讚美和鼓舞就像烈酒一樣讓他興奮不已，他難於相信特務頭子蔣經國會忍心毒害這樣愛國的婦人。

二十二

　　蔣經國雖然沒有受過正式的軍事學校教育，擔任軍職卻是從少將開始。他的第一個軍職是江西省保安處少將副處長。那是一九三七年六月，蔣經國才二十八歲。他只幹了一年九個月。一九四四年，蔣介石提出「一寸山河一寸血，十萬青年十萬軍」的口號，組織青年軍，成立青年軍政工人員訓練班，蔣經國就是政工班的中將主任，這是他再度擔任軍職。

　　政工班設在中央幹校，中央幹校的校長是蔣中正，教育長是蔣經國，蔣經國提出以校做家。「父子家校」的名聲轟動一時。當年政工班的畢業生在台灣位居要津的有政戰部主任王昇、中山大學校長李煥、中國電視公司董事長楚崧秋、前台北市黨部主任委員易勁秋、救國團主任潘振球、中國時報社長余紀忠、五二四事件中率隊攻打台北美國大使館的江海東、司法院秘書長范魁書等人。

　　大戰結束，陳立夫將 CC 派的中央政校和蔣經國系的中央幹校合併，在南京成立國立政治大學。蔣經國將計就計，預備由蔣中正擔任校長，自己擔任教育長，併吞 CC 派的中

央政校，擴大「父子家校」的組織。一九四七年三月，政大公告欄公布校長蔣中正的告示：「任命蔣經國為國立政治大學教育長。」據蔡省三、曹雲霞合著《蔣經國系史話》記載，許多學生聚集在公告欄前抗議，有人嚷叫著：

「請看老子任命兒子，要拿我們當孫子！」

學生們憤怒唾罵：

「我們不當孫子！」

「反對兒子教育長！」

「反對父子家校！」

「蔣經國滾開吧！」

有些學生在布告上寫大字報，有些學生在布告上畫「×」，蔣中正的名字也被塗污。政校充滿了有組織的反蔣氣氛。當晚學生合開「全校學生大會」，通過三項緊急決議：

一、派代表向教育部請願，請收回成命，撤銷對蔣經國的任命，另派賢能之士。

二、全校實行罷課抗議，不達目的，絕不復課。

三、在校外展開抗議運動。

校園也貼滿大字報，唾罵蔣家。蔡省三在《蔣經國系史話》指出：

那種強烈的、有組織的反蔣氣氛，使人可以明顯地看出

絕不是某些學生的一時衝動。看到布告欄的「校長」都被塗得字跡不辨，如此敢在太歲頭上動土，向蔣氏父子開火，顯然是有人幕後支撐。

蔣介石斷定這是陳立夫、陳果夫兄弟的陰謀。訓示陳立夫，陳立夫推說「異黨分子藉故掀起學潮」。於是政大清除反蔣大字報，張掛「歡迎蔣經國教育長蒞臨視事」標語。但是蔣經國受到沈重的打擊，不敢擔任政大教育長。

丁依在《蔣經國傳》裏描寫著：

蔣先生……預備把他的政治黃埔──中央政治學校交給他，發表他為政校教育長，讓他將來為自己繫點根，同時把陳氏兄弟的勢力藉機削掉些。然而南京的情況，畢竟比台北複雜得多了。CC 的勢力圈，輪到小蔣去插足嗎？何況，那時候的南京，還沒有今天的「救國團」組織，陳氏兄弟點點頭，中央政校反蔣的學潮就如火如荼的上演起來了。結果，已到手的寶座，頓成鏡花水月。……

一跤又一跤，經國擦得鼻青眼腫……。

經國一生，經過好多次起伏，有輝煌、有灰黯。南京期間，「冠蓋滿京華，斯人獨憔悴」，他的感受，那種落木蕭蕭的滋味，大概只有歷史上的李後主可以體會到。

由於這些新仇舊恨，蔣經國才處心積慮陷害陳立夫的

「中統」系的特務。由沈局長整肅的「中統」系特務主要有
朱慰孺案、史與為案、范子文案、蔣海溶案和余振邦案等。
蔣海溶案株連數十人，首先被捕的是副處長李世傑也被捕。

二十三

後窗上透進一線黎明的曙光，押房隱暗的角落漸漸顯出，許多半公分長的節足動物拖著灰色的殼子，一伸一縮慢吞吞地往上爬行，他想不出這些小蟲靠什麼生存，難道這些小蟲不吃東西？他從來沒有看過這種灰色的小蟲，他沒有想到這種上帝所遺棄的場所，還有這樣多的生物存在。

工友從鐵門外送進一碗稀飯和幾條鹹蘿蔔乾，這是他唯一的早餐。他想起沈嫄璋埋葬的日子，工友捲起的褲子沾滿了許多泥土，眼睛紅腫，顫動的嘴唇似乎要說什麼。獄卒站在工友的背後，玩弄著手裏的一把鎖匙。

「髒了！」工友低聲叫著，端送的碗潑出一些稀飯，他拿著衛生紙擦拭。

沈嫄璋終於埋葬了。從她的少女時代他就認識她，他所需要的是一個能夠耐心聽他訴苦的女人，她是一枝善於解語的花朵，每次的談話都可以減少他的苦惱，她是一個可愛的女人。他覺得自己在世界上已經孤獨，他在恐懼中顫抖。他在情報機關工作三十年，人生本來就是殘酷的、悲慘的、無情的，他想。我像一個屠夫，抓著屠刀，刺殺每一頭等待屠宰的公牛，我從來不知道什麼叫做恐懼。兩個戰鬥中的人，

總有一個會被打倒，被打倒的人一定是充滿罪惡，那是應得的懲罰，那就是人生。現在，他的眼睛終於湧出了悲痛的眼淚。三十年來，他從來沒有流過眼淚，他一直以為他的眼睛已經乾枯了。他感到無限的辛酸，他想：一種殘酷的制度壓制著我，什麼力量使我發生變化？我已經感到壓迫和苦難，我似乎難逃毀滅的命運。

「上廁所！」獄卒打開鐵門叫嚷。

他提著塑膠的尿桶，走向廁所。囚犯必須在早餐以後大便，大便的時候可以倒尿桶，大便以後可以到庭院散步五分鐘。坐牢以後，他一直不能機械般準時大便，他倒完尿桶以後就到庭院散步。

庭院中間的花圃開滿黃色的菊花，一簇簇含著露水的菊花在清晨的陽光下爭豔。他繞著庭院蹣跚地走著，沒有閒情逸致賞花。他在尋找掛在花圃四周的衣架上的衣服。這是囚犯換洗的衣服，前些日子他幾次看到沈嬿璋的衣服，她的衣服總是引起他陷入沈思，一幅奇幻的景色出現在他的眼前。「在一個後援會的晚會上，你悠悠的唱了一首福建的民歌，得到滿場的歡呼。你是後援會的靈魂，你的微笑充滿了光明，竟然有人忍心殺害你，這是誰的罪孽？這是誰的罪孽？」衣架上已經看不到她的衣服，清晨寒冷的空氣吹向他憔悴的臉上，枯瘦的身體在顫抖著。

五分鐘已經到了，獄卒吹起哨子，他匆匆提起尿桶返回押房。

二十四

「偵訊！」獄卒站在押房的鐵門外叫囂，鐵門已經打開，蔣海溶拉起褲子，穿著塑膠拖鞋衝出押房，獄卒讓他戴上他交付保管的金邊眼鏡。當他踏出走廊的時候，劉科長已經站在押房的門口等他，架在鼻子上的眼鏡反射著早晨的陽光。

「快一點！處長。」劉科長雙手抱在胸前，斜著頭故意噴噴的催促。

經過三個月的囚犯生活，蔣海溶已經瘦骨嶙峋，鬍子長得像刺蝟，未結腰帶，割掉掛鈎的長褲幾乎從腰部滑下來。

為了防止囚犯逃亡就割掉囚犯的褲鈎，讓囚犯提著褲子走路，這是什麼規矩？我記得前軍法局長包啟黃處死以前牙齒都被拔光，我問看守所的所長，為什麼拔掉所有的牙齒，所長回答，偵訊人員防止包啟黃自殺才拔掉所有的牙齒，這就是官方逼不得已的措施。從劉科長的眼鏡裏反射的陽光閃過他的眼睛，他唯恐得罪劉科長，慌張地拉著褲子跑步，微風吹散他的蓬亂的頭髮。

「喂！警衛，處長的褲子快要掉下來了，拿兩條小帶子給他打一個結，」劉科長怪聲怪氣地說。「你看處長邋遢蒼

老的樣子，幾乎認不出人來，今天處長還要辦幾件要事，你讓處長好好地穿著褲子。」

他留在院子裏，獄卒從警衛室帶來兩條白色的小帶子，他把白色小帶子縛在褲頭的兩邊，然後在小腹前打一個結。個子高大，有些臃腫的劉科長呲牙咧嘴地獰笑，他快步走出押區的門口，劉科長跛著腳一拐一拐地跟著。

「你也會嘗到監獄的滋味，」劉科長嘿嘿乾笑著說，「當初，只要你隨便說幾句話，我不至於坐一年的牢，哼！有牢大家坐，今天也輪到了你。」

劉科長是他的部下，他的名字叫做劉兆祥，蘇北人。有一次，劉兆祥拿著拘票逮捕一個政治犯，深夜帶隊進入一個政治犯的家裏，翻箱倒櫃，搜查可疑物品。珠寶箱裏藏著一串珍珠項圈。劉科長想到情婦的生日即將來臨，她有一襲高領子粉紅色的旗袍，如果她的胸前掛上這串珍珠項圈，在霓虹燈下閃閃發光，可以襯托她的細長的頸子，她將更為嫵媚動人。劉科長輕快地伸手抓住珍珠項圈，塞進西裝的口袋，那個政治犯的太太穿著黃色花紋的睡袍，靠在窗口，困惑地看住劉科長。劉科長瞥見政治犯的太太，惡狠狠地瞪著她，她深怕惹了這些牛蛇鬼神，低著頭躲到屋角。

第二天早晨，台北調查處在會議室舉辦會報，邀請總局第三處處長蔣海溶列席。劉兆祥從休息室提著西裝，哼著平劇的調子，愉快地踏進會議室。同事正在議論昨天的案件，劉兆祥比手畫腳，插科打諢，描寫政治犯的逮捕。台北處處

長陪著蔣處長到達門口，特務各就各位，劉兆祥趕緊穿上西裝，一串珍珠項圈從口袋裏掉下來，會議室的人爆出滿堂哄笑。劉兆祥焦慮地注視蔣處長臉上的表情，蔣處長若無其事走到主席台的旁邊，台北處處長緊跟在蔣處長的背後。一個毛躁躁的特務半彎著腰撿起地上閃爍的珍珠項圈送到主席台，劉科長現出羞窘的神色，一跛一跛地走到主席台前面，向著台北處處長吞吞吐吐地說：

「這是我替人保管的項圈。」

「替誰？」台北處處長不悅地問。

「昨天逮捕的人犯。」

「哦！」台北處處長壓低聲音再次發問：「人犯委託你嗎？」

劉兆祥乞憐地望著蔣處長，蔣處長避開劉兆祥求援的眼光，低頭翻閱桌上的文件。台北處處長看到蔣處長的冷漠，乃沈下臉來，大聲說：「依法辦理！」

劉兆祥因而判刑一年，在三張犂留置室囚禁，並從科長降為科員。出獄以後，劉兆祥連續製造幾個政治案件受到上級獎賞，又從科員升為科長。

「當初，只要你開口輕鬆地說幾句話，我不至於坐牢。」劉科長重複地責怪蔣海溶。

蔣海溶避開劉科長的仇視，踏步走進一個傳統的穹形的門，門內有一排偵訊用的房間，三個特務已經站在偵訊室的門前等待他。

二十五

　　蔣海溶緊繃著臉端正地坐在書桌的後面，劉科長坐在書桌前面仔細瞧著他的臉孔。劉科長的身邊坐著一個臉色紫脹、雙層下顎的鄔專員，挺著隆起的肚子，懶洋洋地靠在椅子上。一個頭部較小而體格結實的于科員和清瘦的胡組長坐在書桌的右側。窗口下有一個茶几，茶几上放著一個熱水瓶和幾個塑膠杯子。

　　「處長在押房裏委屈了三個月，臉色蒼白，形容憔悴，等待我們結案，我們實在不忍心讓處長等待。」劉科長尖酸地發表開場白。「可是處長的談話總是缺少我們所需要的東西，許多同志已經感到不耐煩，要叫處長嘗一嘗本局的十八般武藝。上級指示我們，要以愛心對待處長，讓處長自動地向組織坦白。……現在，你說一說，共匪怎樣指示你組織後援會？」

　　他搖搖頭。「抗敵後援會是國民黨福建省黨部組織的，省黨部主任委員陳肇英是現任的監察委員，書記長林炳康是現任立法委員，他們都可以作證。我已經講過多少次了，你還是先找他們來談話。」

「我們是要從你的嘴裏講出來。」

「你這樣逼迫我，是不能結案的。我屢次告訴你們，辦案要『上窮碧落下黃泉，動手動腳找證據』。你們不能只憑口供認定事實。」他是指揮這些牛蛇鬼神的人。他的談話仍然帶著訓示的口氣，劉科長覺得蔣海溶故意損他，面露不豫之色。

「小于，給處長倒一杯茶。」胡組長對著室內的于科員說。于科員走到窗口，從溫水瓶倒滿一塑膠杯的開水，送到他的桌子上。

鄔專員高興地咯咯笑著。「『上窮碧落下黃泉，動手動腳找證據。』動手動腳是要用刑啊！你不知道大家都這麼說嗎？」

胡組長和于科員隨著忍不住笑了起來，室內的氣氛較為柔和，劉科長也擠出一個笑容。

「處長，我不願意傷害你的自尊心，上級要給你自清的機會，每一個人都會犯錯誤，只要你向組織交代清楚，上級還是會原諒你的錯誤。如果你不願意坦白，那就完全不同。……你要了解今天的情勢。」

他沒有吭聲。

胡組長揉搓著手，露出一口被煙燻黃的牙齒。「這是時代的悲劇，許多人年輕的時候，由於改革心切或交友不慎失足參加共匪的組織。後來，由於現實社會的利害關係，不敢承認過去的錯誤。這些人最容易被敵人利用，上級要求我們

開導這些誤入歧途的人交代過去的行為，防備敵人的滲透，我們苦口婆心，就是要給處長承認錯誤的機會。」

「我什麼時候當共產黨？」他輕輕地嘆了一口氣。

「我是根據手裏的資料問你。」劉科長正經地說。

「手裏的資料？還不是大戰結束以後，游擊隊隊員合拍的一張照片。」

「照片裏面有一個人後來出任共匪的福建省政府委員。」

「那不能證明抗敵後援會是共產黨組織。從大陸來的人，那一個人能保證他的照片裏邊的人物不當共產黨的官？」

「處長，上次選舉的時候群眾騷動，上級要求我們限期破案，有些同志埋怨不容易發現匪諜。處長指示我們：一個好的工作人員可以憑著嗅覺找出匪諜。當時處長為什麼不能運用你的嗅覺檢舉這個人？」

他沒有回答，鄔專員和于科員噗哧笑出來。

「我們曾經根據照片破獲不少匪諜的案件，你卻否定照片的功用，我憑著嗅覺就可以嗅出來你就是匪諜。」劉科長繼續說。

鄔專員舒服地翹著右腿，點燃一支煙緩緩地吐出一個煙圈，欣賞他和劉科長的對話。

「那是抗戰期間，我們用人惟才，只要能咬老鼠的貓都是好貓，我不能要求太多。當時我也沒有發現可疑的地方，……你們要了解那些敢於挺身反抗的，都是桀驁不馴的人物，我不容易統御，你們要了解做事的困難。」

　　「你胡說！」劉科長似乎受到屈辱，拍了一下桌子，換一副冷冰冰的無情的臉孔。「我是以承辦人的身分問你，你不能用處長的口氣講話，你也知道我們沒有證據也可以照辦，何況你有一張照片留在我們手裏，我不是要聽你的辯護，我是要你交代你和共匪的關係。」

　　蔣海溶避開劉科長仇視的眼光。「跛腳的蝦蟆！」這是新招考的工作人員給劉科長的綽號。他在嘴裏詛咒著，啜了一口茶，把無理的要求吞到肚子裏。

　　胡組長悄悄地離開偵訊室。劉科長一瞥于科員，點頭示意，于科員捲起衣袖，露出肌肉強壯的手臂，戲謔地說：

　　「我想向處長討教一個問題，處長曾經指示我們：如果被約談的人拒絕合作，我們可以施用適當壓力幫忙被約談人自白。現在處長始終不肯交代你和共匪的關係，我們要怎樣施用壓力才算適當？」

　　「我和共產黨毫無關係。」他簡短地回答。

　　于科員啐了一口衝向他，右鉤拳打他的左頰，他一閃身，于科員落了空，又以左鉤拳直搗他的下腹，他措手不及，踉蹌地後退一步，靠在牆角。于科員連續幾拳打在他的臉上，然後左手抓住他的衣領，右手不斷地毆打他的下腹。他的兩腿癱瘓，頹然倒在地上。

　　鄔科員連聲讚美：「精采！精采！」

　　于科員是大學的國術選手，畢業以後投考調查局。鄔專員和胡組長是「軍統」特務，胡組長是沈局長的親信，沈局

長卻讓「中統」敗類劉科長主辦偵訊工作，而由胡組長監督。

他倒在地上呻吟，前額、鼻孔和嘴唇都在流血。左眼已經青腫。胡組長從門外進來，瞥見他的痛苦的表情故做驚訝，走過來蹲在他身邊。「啊！處長怎麼跌倒了？臉上都是血，你們快一點把他扶起來，我們要用合法的程序偵訊。小于，你去醫務室拿些藥水，我們要照顧處長的身體。」

鄔專員和胡組長扶他起來。他的兩眼望著胡組長，露出恐懼的神色，他的嘴裏吐著泡沫，吭不出聲來。

劉科長拿了一根香煙，放在鼻口嗅著。「小于沈不住氣，給處長一些壓力，我們來不及阻擋，年輕人總是這個樣子，我們曾經勸告處長，要向組織坦白，免得吃苦。」

于科員從醫務室拿來一包棉花擦拭他的臉上的傷口，然後輕輕塗上藥水。

胡組長又親切地倒了一杯開水給他。「處長，你要曉得照片上的人物都已經關進來，他們都寫下口供，我們沒有處長的口供照樣可以結案，上級愛護處長，要給處長自清的機會，處長應該衡量一下利害得失，把握機會。」

他木然凝視著窗口。一道圍牆高聳在庭院的盡頭，上端纏繞著鐵絲網。前額傳來陣陣的劇痛，兩腿感到無限的痠麻。他陷入沈思，「這是我奉上級命令親手設計的牢房，這是我奉上級命令親手規定的偵審，自己卻被關進牢房，接受刑訊逼供。這難道就是罪孽？這難道就是報應？」

二十六

　　監察委員陳肇英在一個星期以前接到軍事法庭的傳票，
要為蔣海溶作證。福建的「中統」工作一直由陳肇英負責。
在抗戰期間，他的職位是中國國民黨福建省黨部主任委員。
他在福建組織抗敵後援會。蔣海溶、李世傑、姚勇來、沈嫄
璋、陳石奇、鄧錡昌等幾十個人都是他的部下。調查局沈局
長主張這個後援會是中國共產黨的組織，來台的隊員都被調
查局逮捕，送到景美軍事法庭審判。

　　當時，「中統」鼓吹法西斯運動，提倡「一黨專政、領
袖獨裁，希特勒、墨索里尼的勝利就是時代的勝利」。後援
會的一個根據地是在福建北部的一個澤地。他不畏艱難、跋
涉層層起伏的山丘和深深陷入的澤地，鼓舞游擊隊的隊員。
在荒涼的曠野裏，他看不到人影，只有野獸在吼叫、野鴨在
銳鳴、蜥蜴在爬行。他懷著愛國的熱忱，終於在一個深谷的
絕壁下找到了後援會。

　　在初升的月光下，他召集後援會員訓話。會員穿的是襤
褸的衣服和手編的草鞋，吃的是地瓜和山芋。溼漉漉的野草
掩沒了他們的腳，飢餓和寒冷正侵襲他們。他本來的講題是

「現代青年的道路」，會員鋼鐵般的意志感動了他，他放棄充滿私心的一個領袖、一個主義和一個國民黨的論調，臨時改變話題，敘述日本人的侵略和衛護祖國的戰爭。會員慷慨激昂，合唱大刀歌和義勇隊進行曲。在煙霧迷茫的山谷，一個隊員趁興朗頌一首抗戰期間流傳的新詩：〈假使我們不去打戰〉。

假使我們不去打戰，
敵人用刺刀，
殺死了我們，
還要用手指著我們的骨頭說：
「看，這是奴隸！」

他站在長滿苔蘚的花崗石上搖手，隊員在月光朦朧中散會。

現在軍事法庭的傳票在他的手裏抖動著，這些勇敢的戰士將要在軍事法庭受到審判，他們的罪名居然是叛亂，他不敢相信這是同一個朝代。國民黨從大陸敗退以後，CC 派的幹部屢次受到打擊，東北的領導人立法委員齊世英被開除黨籍。齊世英和雷震合組民主黨，齊世英呼籲國民黨籍的立法委員參加新黨，參加新黨的立法委員將近半數。雷震準備正式宣布成立，齊世英要求稍微等待，如果繼續爭取，新黨的立法委員將超過半數。如果超過半數，國民黨變成少數黨，

雷震變成多數黨的領袖，可以組織新閣。就在猶豫之際，國民黨下手逮捕了雷震。

　　CC 派的頭子陳立夫返國，聲勢十分浩大。陳立夫的國民黨籍立法委員擁有立法院的多數席位，足以組織新閣。特務頭子蔣經國藉黃豆貪污事件逮捕了一些立法委員，殺雞儆猴，警告其他的立法委員不可妄動。最近特務頭子又逮捕了陳肇英的舊部下，咄咄逼人。也許整肅的箭頭已經指向他，他在恐懼中顫抖著。

二十七

　　五個軍事審判官穿著綠色軍官禮服高踞在審判台上，審判官的右側是軍事檢察官，左側是女性書記官，他們也穿著綠色軍官禮服。

　　監察委員陳肇英穿著深灰色網紋的西裝鎮靜地站在審判台的前面。審判長彬彬有禮，命令庭丁送來一張椅子讓他坐下。

　　「這個案件的被告只限於後援會的會員，上級特別指示本庭這個案件不再擴大，」審判長謹慎地說。「被告蔣海溶、李世傑等人要求本法庭傳陳委員作證，陳委員只是被告的證人，本法庭懇請陳委員合作，據實作證。」審判長沈默一會兒，然後婉轉地問：「據被告自白書，後援會受共匪指揮，假借國民黨省黨部申請補給，陳委員受到蒙蔽，不知其情，是否事實？」

　　他抬頭凝視審判長不安的臉孔，堅定地回答：「這是不可能的事，後援會由我組織、幹部由我指派、任務由我決定，共匪怎麼能夠插手？」

　　「各被告的自白書一致，可以互相印證，犯罪情節也相

當完整，足證被告的自白與事實相符，陳委員為什麼要否定被告的自白，自己承擔法律責任呢？」審判長帶著威脅的口吻問。

法庭寂然無聲。

「我知道，」陳委員嚴肅地回答，「各位雖然身穿軍裝，卻是抗戰以後長大的人，難以體會抗日戰爭的滋味。抗戰是民族存亡的危機，本案各被告拋棄個人的幸福，獻身給國家。他們以石塊當枕頭，以荊棘當牀鋪，冒著敵軍的砲火和敵機的轟炸，在叢林裏、在高岡上、在澤地中和敵人搏鬥，我們還能苛求他們嗎？我們還能控告他們嗎？」

陳委員的聲音像戰鼓一般震動著寂靜的法庭。審判長聽到這些懇切的話，呆坐在審判席上默想，軍事審判只是維持軍隊的紀律，執行司令官的命令。由軍事法庭審判政治案件就是維護獨裁者的利益，既沒有正義，也沒有公平。我們奉命判刑，只是宣布司令官的命令，我的地位不受法律保障，沒有自由意志。我實在無能為力。他的眼睛眨了一下，歉疚地說：

「陳委員，你只是一個證人，你只能回答本庭所提出的問題，不必說題外的話。……在抗戰期間你擔任什麼職務？」

「中國國民黨福建省省黨部主任委員。」

「蔣海溶的後援會是否以國民黨的名義組織？」

「是的。」

「這個後援會是否由國民黨補給？」

「是的。」

「你是國民黨福建省黨部的負責人，不可能直接指揮後援會的運作？」審判長拐彎抹角地問。

「不！後援會的任務還是由我決定。」

審判長又像抱怨又像道歉地聳肩。「我是講戰場上的指揮工作。」

「那當然是不可能的，但是後援會的主要幹部都是由我指派。」

「你曾經發現後援會裏隱藏共匪嗎？」

「沒有。共產黨罵我們法西斯主義，後援會把我們當做敵人，我們怎麼會庇護共產黨員？」

「謝謝你的作證。」審判長的眼睛一閃，像是解決一個難題。

陳委員退出，審判長像是鬆了一口氣，接著傳訊立法委員林炳康。林委員穿著深藍色的長袍，仰靠在法庭外的長椅上，眼睛沈重地望著天花板。當他出庭的時候，臉上仍然籠罩著內心強烈的激動。

「林委員，被告請求本庭傳你作證。」審判長恭敬地說。「本庭將以公正的態度查證事實的真相呈報上級。上級曾經指示本庭，本案不再擴大，請林委員放心，和本庭合作，回答本庭的問題。……在抗戰期間，林委員所擔任的職務是什麼？」

「福建永安中央日報社長。」

「據被告路世坤說，民國三十三（一九四四）年，李世傑、姚勇來、沈嫄璋參加『匪文教小組』，由蔣海溶領導，蔣海溶離開以後，由李世傑接替。你是否記得？」

「是的。當時李世傑不在永安，而是在漳州。路世坤還沒有到永安。」

「姚勇來說，他在中央日報副刊刊載《大公報》和《新華日報》的宣傳文章，也刊載李世傑攻擊福建省社會處文章，你記得嗎？」

「我當社長，每天注意各版文字，《大公報》在抗戰期間擁護政府反共，沒有為匪宣傳。《中央日報》不可能刊載《新華日報》文章。李世傑是資料室主任兼評論委員，很少在副刊上寫稿。」

「你看過每一篇文章嗎？」

「我當社長，特別注意專欄和副刊，絕不會轉載為匪宣傳文章。《新華日報》是共匪報紙，中央日報怎麼會轉載？難道福建都是死人，沒人知道？難道中央黨部都是死人，沒有發覺？被告怎麼會寫這樣的自白？」

審判長聽到這些話，一瞥鄰座的同僚，然後垂下眼睛，他感到懦弱和卑鄙。他順口說：「本庭會斟酌你的看法，你當時有沒有發現後援會和共匪的關係？」

「共匪的關係？這是我們的後援會啊！共匪是我們的敵人，你不要把所有抗戰的功勞推給共匪。」林委員激昂地

說。

「可是有人當了共匪的福建省省政府委員。」

「那是後來的事，你不能因為這個人投匪就把我們的後援會抹黑。自從大陸撤退以後，『中統』的幹部一個一個受到整肅，如果這是共匪的後援會，我算什麼？整肅的箭頭是不是已經指向我？」

二十八

　　蔣海溶被庭丁引進軍事法庭，斜紋灰色的舊西裝穿在枯萎削瘦的身上顯得十分鬆弛，削瘦的臉東張西望，偶爾舉起那隻乾枯的手向人招手。他站在法庭的中間，向審判長鞠躬，他的親友都在支持他，審判長神色不寧，勉強發問：

　　「你是蔣海溶嗎？」

　　「是的。」

　　「你是那裏人？」

　　「福建人。」

　　「你今年多少歲？」

　　「五十五歲。」

　　「你的職業是什麼？」

　　「司法行政部調查局簡任秘書，原任第三處處長。」

　　「第三處主管什麼業務？」

　　「偵訊。」

　　「你有沒有參加政治團體？」

　　「中國國民黨。」

　　「當時，你是否信仰共產主義？」

「不，當時共產黨指責我們都是法西斯主義的信徒，我們反對共產主義，我們曾經主張三民主義就是中國的法西斯主義，我們鼓吹一個領袖、一個主義、一個黨。」

「你有沒有參加中國共產黨？」

「沒有。由我經手送到軍事法庭判處死刑的共產黨就有兩百多件，如果我是共產黨員，那些槍斃的共產黨員算什麼？」他懷著堅定的信心回答。

審判長不安地望了一望他的同僚，沈默了一會兒，又問：

「你有沒有在調查局的口供裏招認你參加中國共產黨？」

「那是出於刑求逼供。」

審判長皺著眉頭從桌子上的公文裏拿出一張信件。「我們曾經出函訊問你是否受到刑求逼供。調查局覆函本庭：本局偵訊皆依合法方法，從未對被告刑求逼供。」

「調查局的文書科從未調查實況，所有軍事法庭的函件一概覆文否認。」

「你在第三處處長任內曾經發覺這種情形嗎？」

「對。我曾經要求文書科調查實況，不能一概否認，他們從未實行。文書科長朱慰孺曾經送到板橋感訓，請貴庭傳他作證。」

「本庭可以斟酌，本庭發現幾乎所有調查局移送的案件，被告都向本庭陳述刑求逼供，你是否認為所有的被告都

受到刑求逼供？」

　　他不由自主地打了一個寒噤。「我被捕以後才知道這些承辦人胡作非為，濫用刑求。」

　　「你是否認為以前由你經手送到軍事法庭判處死刑的兩百多個匪諜案件，也是經由刑求逼供？」審判長狡猾地問。

　　「這個……這個……」他停頓一下，嘆了一口氣，然後回答：「這就很難說。可是，我批閱的時候，這些案件都有足夠的證據。」

　　「在你的案件中，證據也相當齊全。」審判長從卷宗裏抽出一張照片交給庭丁，由庭丁轉交他。「你仔細看一看，這一張游擊隊合照的照片是不是真的？」

　　「真的。」

　　「隊員裏邊是不是有一個人當了共匪的福建省省政府委員。」

　　「是的。」

　　他把照片還給庭丁，由庭丁轉送審判長。審判長又問：

　　「你在調查局的口供裏承認這是共匪的游擊隊，是否真實？」

　　「那是出於刑求逼供。」

　　「你當過第三處處長，難道不知道這種口供的後果嗎？」

　　「當時我沒有其他的選擇，任何人經過刑求都會寫下不利於己的口供。……可是本案所有的被告都在軍事法庭推翻

調查局的口供。」

　「根據辦案的習慣，有經驗的法官都是重視被告的初供，你應該比我更清楚，何況有一個人保持原有的口供。」

　他充滿血絲的眼睛正在冒著火花。他盡力保持鎮靜，悲嘆地說：「誰？那一定是沈大姐。沈大姐就是沈嫄璋，新聞界的人都叫她沈大姐。她已經死了，死人當然不會翻供，那是不公平的。」

二十九

　　站在審判長前面的是一個五十餘歲的人，他的左肩稍高、略微肥胖，穿著女兒贈送的淺藍色套衫，上面用白色的英文字繡著「密西根州立大學」。

　　「你的名字叫什麼？」審判長一邊翻閱卷宗，一邊呆板地訊問。

　　「李世傑。」那人睜開著大眼睛回答。

　　「你是那裏人？」

　　「福建人。」

　　「你的職業是什麼？」

　　「調查局第一處資深副處長。」

　　「你主管的業務是什麼？」

　　「偵訊。我是廖文毅專家，負責破壞台灣獨立運動。」

　　廖文毅一度在日本領導台灣獨立運動，一九六六年返回台灣。

　　「據調查局移送的資料，廖文毅尚未回台以前，你屢次庇護廖文毅的家屬，有沒有這回事？」審判長問。

　　「如果我庇護廖家的人，我怎麼會逮捕廖文毅的嫂子、

姪子和一部分的親友，逼迫他返回台灣呢？一些調查局的官員常常敲詐廖家。個人的賭博、酒家的筵席、舞女的贈送和子女的學費等等，找廖文毅的嫂子付款，有些人還向廖家勒索，購屋置產。一般人民不敢接觸特種工作人員，不但防備『紅帽子』，而且畏懼『紅包』。我不贊成敲詐勒索，是在維護特種工作人員的信譽，不是庇護廖家。」

審判長的臉色突然陰沈起來。「你對廖家所採取的措施是不是有所保留？」

李世傑紅漲著臉，抑制他的激動。「我沒收廖家的財產，逮捕廖文毅的嫂子、姪子和一部分親友，沒收的財產清單曾經在報紙上公布。姪子廖史豪和親信黃紀男兩人宣判死刑，等待執行，實際上這些人的行為並不構成犯罪，許多熟悉內情的人都說調查局『謀財害命』，難道『謀財害命』也在庇護廖家？」

「沒收財產和宣判死刑是你所做的決定，還是執行上級的命令？」

「當然，這都是蔣先生親自批示的措施，我只是執行上級的命令。」

「廖文毅回國之前已經停止政治活動，獨立運動已經由一批年輕的留學生推動，你主張安撫廖文毅，不僅給廖文毅留下後退的餘地，而且鋪平年輕的留學生取而代之的途徑，你所採取的措施並沒有撲滅獨立運動。廖文毅回來以後，財產發還，親友釋放，你並沒有執行，調查局說，實際上你在

暗中保護廖家。」

　　李世傑的聲音帶著憤懣。「對廖文毅來說，返回台灣就是放棄原來的政治立場，本黨已經達到宣傳的效果，財產在名義上是發還，實際上則由調查局派人管理。廖文毅的嫂子看到廖文毅屈服在政治綁架之下，憂心如焚，終於悲憤而死，實際上政府還是在『謀財害命』。這算保護廖家嗎？」

　　「廖文毅回國以後，你處理廖家的案件是否有所偏差？」

　　「廖文毅沒有要求釋放政治犯，總統只是赦免宣判死刑的親友黃紀男和姪子廖史豪，其他的親友沒有立即釋放，經過兩年，由於家屬的奔走才釋放了其他十餘名的親友。調查局派遣台灣籍的專員施明忠做秘書，監視廖文毅的舉動。廖文毅在旦夕之間從政治上尖銳對立的敵人，變成任人擺布的白癡，蠢態畢露。他的姪子廖史豪覺得羞恥，雖然他苟免一死，他的全家都在屈辱下生活。他在故鄉西螺的墳地上自己挖了一座墳墓，告別舊日的親友，埋葬他的創痛的靈魂，廖家失望之情可以想像得到，我處理廖案沒有偏袒。我被捕以後，調查局的專員施明忠發現廖文毅種種表現都是矯揉，其中必有虛情。廖文毅一度要求出國，於是調查局又逮捕了廖文毅的親信黃紀男和鍾謙順拷問，這是後事，與我無關。」

　　審判長和承辦的軍法官低聲談話，李世傑仍然憤憤不平，這些問題顯然和我的「共匪」案件無關，他想。我設立種種計畫逼迫廖家掉進陷阱，廖文毅回國是一種政治自殺，

我對蔣黨有不可抹滅的貢獻。廖文毅的偶像被我粉碎以後，我就被送到軍事法庭接受審判，所有的功勞都被一筆塗掉。當初計畫的時候，如果我讓廖文毅留在日本，我還是調查局的要人，調查局不可能逮捕我。狡兔死、走狗烹，這是千真萬確的名言。

「台灣反對政府的人物中，右翼的廖文毅和左翼的謝雪紅曾經在香港合作。後來謝雪紅投入中共，遭受清算，右翼的廖文毅由你設計返回台灣，受到監視，你所採取的行動是不是受『共匪』的指示？」審判長露出了殘忍的神色改變了問題。

李世傑惡狠狠地看著審判長的狡猾的臉孔，一股無明火從心頭冒上來，塞住了他的喉嚨，他的臉色更為蒼白，這是什麼話？他想。我替蔣黨執行這種謀財害命的卑鄙行為，怎麼會受中共的指示？他一句話也答不出來。

三十

　　下一個受審的人是路世坤。他的年齡約六十歲,兩鬢斑白,笑臉常開,穿著一條鬆垮垮的褲子,從他的容貌可以看出他的溫和的性格。

　　審判長又機械般地訊問被告的姓名、年齡和籍貫,「你是那裏人?」

　　「福建人。」

　　「你的職業是什麼?」

　　「調查局雇員。」

　　「你有沒有前科?」

　　「有。」

　　「什麼罪?」

　　「叛亂。我曾經是新生報的編輯,七年前新生報發生徐、路案,路就是指我。當時調查局逮捕在李萬居的公論報寫文章反對政府的總主筆倪師壇,我們受到株連,判刑八年。調查局清查福建來台人物,我在報界做事,熟人較多,調查局就以雇員名義聘我,協助偵訊工作,減為五年徒刑。現在調查局又算舊帳,再次逮捕我。七年前和我一起被捕的

人刑期都過了三分之二，我又開始坐牢。當初如果我拒絕和
調查局合作，再過三年我就可以出獄，唉，特務這種職業確
不是人幹的工作。」

　　審判長眼望著路世坤的馴服的臉孔。許多政治犯都在他
的面前低頭，他們的低頭只是忍受屈辱，路世坤的態度卻是
不同。路世坤受盡特務玩弄，又被打進地獄，仍然是笑咪咪
的樣子，他很難了解這種人物。「路世坤，你只能回答我的
問題，你的意見可以在答辯書中提出，你留在調查局工作，
不執行徒刑，這是政府的德政，你為什麼沒有檢舉你所參加
的游擊隊是共產黨的游擊隊？為什麼你不檢舉蔣海溶、李世
傑、姚勇來、沈嫄璋都是共產黨？」

　　「審判長，這個游擊隊是屬於國民黨，不是共產黨，我
被打成『匪諜』只是因為我是福建人。」路世坤挺起身體，
揮動右手，侃侃地說。「如果我是浙江人，和總統同鄉，我
不會被打成『匪諜』，我到調查局才了解福建受到排擠的原
因。五十年前福建曾一度反叛蔣總統，一般稱為『閩變』。
二次大戰前，福建又和山東、東北劃入日本的勢力範圍，這
些地區的人和台灣人一樣，都被特種工作人員列為離心力較
強而容易背叛的人。歐洲的 ALSALE-LORRAINE 先後受到
法國和德國政府統治。如果由我們的政府治理，不曉得有多
少人要被冤死政治監獄。打擊福建人的就是浙江人，沈局長
是浙江人。二次大戰結束，許多福建人隨著接收人員到台
灣，接收日本人所留下來的衙門和資產，浙江人慢了一步，

他們等到政府從大陸撤退的時候才逃離來台，他們的官階都比福建人高，可是好的差事和房子都被福建人占據。他們仗著他們是總統的同鄉來打擊福建人，最有效的而且最神祕的武器就是戴紅帽子。我在新生報被捕是說我是『匪諜』，我留在調查局工作是要清理福建人的『匪諜』，今天調查局送我到軍事法庭審判，也是指控我是『匪諜』……。」

「好了。不要再說了，我已經告訴你，你只能回答我的問題。」審判長不耐煩地說。

路世坤又露出笑咪咪的樣子。這個人知道很多，又能隨遇而安，面臨特務的宰割，還是笑口常開，審判長困惑地望著他。他想，也許這是在特務迫害下人性被扭曲的一種典型。

三十一

　　甘衍流伏在辦公桌的上面審查囚犯家書，桌子上堆滿了
囚犯送審的書籍和囚犯的信件。他拿著原子筆輕輕地點著字
數，這一張信寫著：

　　親愛的阿媚：我夢見我們從前走過的海灘，我希望坐在
海灘上眺望神祕的海洋，讓澎湃的波浪沖走我的煩惱。阿
媚，天下不幸的人不僅是我一個人，每天我都可以看到新到
的政治犯，他們都受過特務的愚弄，一個新來的囚犯看到我
消沈的樣子給我許多的鼓勵。就在睡夢中我一刻也忘不了
你，我忘不了那美麗的雲彩、蜿蜒的山谷，更忘不了那甜蜜
的微笑和熱烈的擁抱。一陣狂風吹倒我，一棵高大的樹幹壓
住我的手臂，我從夢中醒來已經找不到你。囚房擁擠，其他
的囚犯壓在我的右臂上，我望著黑漆漆的鐵窗……。

　　這一封信超過兩百字，他算到兩百字就停頓下來，從桌
上的紙堆裏抽出一張油印的表格，在「字數超過兩百字」和
「內容不妥」上端各畫了一個鉤，貼在信上，超過兩百字的

信件不能寄出，明天他要把信件退還囚犯。

　　他的棕色的臉上帶著懊喪的氣色。原來他是香港的華僑，來台就讀法商學院，在校期間擔任警備總部的職業學生，畢業後就到警備總部工作。國外送往台灣的書信都要經過檢查，檢查單位是警備總司令部的「聯合郵檢小組」，書信檢查的法令根據是戒嚴法。這個小組設在中山堂，他就在中山堂的「聯合郵檢小組」工作，職階是上尉。他喜愛國外寄來的書刊，看到他的同事經常竊取國外書刊，他也順手牽羊，收取了不少精美的 PLAYBOY 雜誌。大部分的收件人發現郵件失竊，竊盜者竟然是「政府」，只好自認倒楣，即使收件人提出抗議，官方也是否認了事，但是甘衍流上尉得寸進尺，接著又竊取了書信裏的美金支票，收件人提出告訴，警備總司令部不得不受理，甘上尉於是被羈押。

　　甘上尉案是典型的警備總司令部的軍事案件，根據戒嚴法，警備總司令部管理一般行政機關的工作，它的官員濫用權力，所侵害的對象幾乎都是人民的權利和利益。軍事法庭以利用職權竊取國外郵件的美金支票，判處他五年有期徒刑。判刑以後，他到軍法看守所的政工部門當外役，替政工官檢查書信。

　　輔導官穿著米黃色軍便服，領子上佩著少校的官階，從門外走進來。他是非常嚴肅的中年人，那雙褐色的眼睛帶著冷傲的神色。

　　「甘衍流，調查局的兩個處長的訴訟文件和陳情書怎麼

處理？」輔導官問。

「違反書信檢查辦法，不准寄出。」甘衍流答。

「本部決定對調查局的內部鬥爭採取中立的態度，所有這兩個案件的訴訟文件特准呈送上級裁決，其他的案件仍然依照原來的書信檢查辦法處理，不准寄出，這兩個案件的訴訟文件給我看看。」

甘衍流從抽屜裏拿出一包黃色的卷宗交給輔導官。輔導官翻開卷宗，找出范子文和蔣海溶的報告，揮筆批示「特准轉呈」四個字，然後夾在手臂上，帶出辦公室。

坐在甘衍流旁邊的，是擔任官兵福利康樂活動的外役李仕材，他搔著灰白的短髮說：

「警備總司令部對調查局的案件採取中立，那就是支持這兩個處長對抗他們的局長，職業軍人和特務開始鬥爭，好戲在後頭。」

在李仕材的辦公桌前面寫字的是容貌清癯、年約六十的外役吳力生。他是高雄女師的生物教員，被調查局高雄站逮捕。他把妻子兒女留在大陸，隻身避難來台，來台以後未曾結婚，高雄的特務指責他，平常不與同事來往是在掩蓋「匪諜」的身分。高雄站將吳力生移送調查局台北處，台北的特務控告他，屢次率領學生到軍中服務是在搜集軍事情報。根據特務的邏輯，一個善於交際的人可能就是從事公開活動的匪諜；一個隱居的文人，可能就是從事地下活動的匪諜，一舉一動都是可疑的行為。他被判處十二年有期徒刑，在政戰

室擔任政治教育的工作。

「我逃出大陸，流落台灣，已經相當痛苦，一旦陷入冤獄，精神幾乎崩潰，我懷疑生命的意義。這個時候我在三張犁的調查局留置室遇到了受整肅的朱科長。他說，三個修繕三張犁留置室的總務科長都關進自己監工的牢裏。政治監獄像一隻怪物，它還保留神祕的色彩，於是我開始觀察政治監獄吞噬的人物，尋求人生的目的。」

甘衍流仍然伏在辦公桌上，拿著原子筆輕輕地點著囚犯信件上的字數，扣留超過二百字的信件。

三十二

承辦蔣海溶的胡組長和鄔專員來到看守所求見張所長。所長室是在二樓，室內放置一張檜木做成的大辦公桌，辦公桌上堆著許多卷宗和一個插滿鮮豔玫瑰花的花瓶。辦公桌後面是一張檜木的大安樂椅，牆壁上貼著黃褐色的壁紙。後牆的窗子上經常垂著黃色的帳幔。大辦公桌前放著一套紅色大沙發，右側是一個高大的文書櫥，左側掛著一幅看守所的鳥瞰圖。

張所長挺著大肚皮迎接他們。他穿的是深藍色的西裝，不是軍裝。圓圓的臉型，短促的頸子，右頰下端的一個長毛的大黑痣，和開朗的表情，使他看起來像一個富裕的商人，而不是一個革命軍人。但他是王昇派的政工人員，嘴裏講的盡是假仁假義的革命信條，靠著榨取囚犯的廉價勞力，他已經是腰纏萬貫的富翁。

「所長，我們為了辦案上需要，想和貴所服刑的判亂犯林恂談話。」胡組長婉轉地說。

「沒有問題，」所長微笑著說，「不過他不在景美，景美的外役工廠還沒有完工。外役還在安坑分所，我們派車去

接，大約要半小時的時間。」

　　張所長派遣瘦小的監獄官坐著囚車到安坑分所。囚車離開軍法處大門以後左轉越過大橋，沿著公路，馳向安坑，從一個小路折入，爬上斜坡。斜坡上有一座圍牆環繞的大庭院，從門口可以看到濃密的樹木和曲折的小徑，小徑的深處就是情報局對大陸工作的電台。圍牆過去就是管制站，路上站著荷槍的哨兵，路的左側另有一道高聳的用紅色磚石疊起而塗著水泥的圍牆。圍牆上聳立著圓頂的監視塔，從監視塔的窗口可以看到荷槍的士兵。路的右側是荊棘和樹木，從樹葉的隙縫裏可以看到斷崖下的稻田和流水。囚車經過管制站，隨著圍牆邊的小路繼續前進，到達安坑軍人監獄的大門。

　　一個穿著便衣的士官站在監獄的大門前，俯覽山坡下的廣闊的田野、清朗的小溪和一排一排的樹木，山丘的對面是青蔥蒼鬱的山岡，山坡上充滿叢叢的樹木和野草，推土機正在山坡上工作，開闢墓園。

　　安坑軍人監獄建造在一座被遺棄的山丘上。天空瀰漫著潮溼的濃霧。它是台北附近瘧疾的淵藪，往日附近居民的瘧疾都從這裏傳染，山上的瘴氣充滿了憂鬱和恐懼。在中國傳統中，煙瘴之地就是流放重犯的場所。附近的墓園開滿一些鮮豔的薔薇花、玫瑰花、菊花和水仙花，野花的芬芳隨著山風傳送。但是除了供給死人以外，難得看到採摘的人。

　　監獄官的囚車停在安坑分所的大門。安坑分所借用安坑

軍人監獄的一棟押房，安坑分所的大門設在軍人監獄大門的旁邊。這個士官打開大門右側的小門，讓黃監獄官進入。

警衛室設在大門的右側，一個麻臉的班長坐在警衛室。

「桂班長，所長要找林恂談話，馬上出發。」黃監獄官說。

桂班長離開警衛室，右側一棟鋼筋水泥建造的平頂建築物就是押房，桂班長走到押房門口，大聲喊叫：

「林恂。」

一個留著短髮、個子矮小的囚犯從押房的陰暗的走廊上跑過來。杜班長又說：

「所長找你，穿好衣服，趕快到警衛室。」

監獄附近的山岡布滿烏雲，隆隆的響雷搖撼著山丘。押房的左側是隆起的一片水泥地，以前這是囚犯散步的場所，洗衣工廠遷到安坑以後，鋪上水泥，改為曬衣場。押房的屋頂也用來當做曬衣場，曬衣場的繩子上夾滿了衣服，曬衣組的外役正在搶收衣服，在片刻之間奔騰的風雨從山腳襲擊沈重的監獄，閃電的光芒劃破昏暗的押房，照耀環繞的圍牆、高聳的監視塔和灰色的囚房。雷雨的吼聲衝破了囚犯的痛苦和悲戚，像是陣陣的吶喊。

安坑軍人監獄是台北地區打雷次數最多的地方，附近的居民叫它「雷穴」，蔣黨故意選擇「雷穴」興建監獄。對囚犯來說，這個「雷穴」象徵著統治者的迫害和人民的憤怒。

三十三

桂班長和林恂被雷雨困在押房的走廊上。

洗衣部的外役返回押房，這一棟監獄建築物的中間有一條三公尺寬的走廊，走廊兩側就是押房。押房靠走廊的一邊是粗大而密集的鐵格子欄柵，其他三邊是塗上水泥的牆壁。每間押房大約有四公尺寬、六公尺長，除了後牆旁邊保留一公尺的水泥地外，裏邊都鋪著地板，囚犯就睡在空無一物的地板上。在後牆的一公尺的水泥地上，一邊是糞坑，另一邊是自來水的水槽。後牆下側留著嵌裝鐵格子的小洞，排除洗澡後的流水。後牆的上端有二十公尺高的鐵窗，囚犯可以站在地板上遙望鐵窗外暴風雨中的昏暗的天空。

從綠島的集中營轉送回來的老黃向著年輕的小陳指出地板上刻劃的直線，他沈痛地說：

「十年前，每個囚房都要容納三十餘名囚犯，囚房沒有最高容量的限制，每一個囚犯只能睡三個拳頭的空間，囚房的地板上每隔三個拳頭寬的地方，就刻劃著一條直線，劃開人與人間的界限。當然，囚犯必須側身睡眠，不能平臥。」

「囚犯分成兩排，像沙丁魚一般側身擠在一起。半夜走

上糞坑的囚犯，起身以後原來的位置就被擠沒。他不可能擠進原來的位置，他必須蹲在糞坑等待另一個尿急的囚犯。另一個囚犯即將爬起來的時候，在糞坑等待的囚犯必須立即動身，對方拔出一腳，他要擠進一腳，占住空間。」

「有些囚房的犯人分為站班、坐班和睡班等三班輪流睡眠。」

三面的牆上都附有擱置行李的木架子，老黃指著木架說：

「我的身體瘦小，常常爬到木架上睡眠，減少地板上的擁擠。」

老黃起身走到後牆，蹲在牆下的洞口，指著洞口說：「這是我們購置黑市香煙的地方。做黑市生意的人都是軍事犯，他們和班長勾結，賺政治犯的錢。」

「囚犯不能保存現款，所有家裏匯來的錢都要換取油條票。每天早餐前，福利社派軍事犯到各囚房販賣油條，油條票就是用來購買早餐的油條。油條票也就變成黑市交易中的貨幣。」

「監獄官不安置一些線民在囚房裏寫小報告嗎？」小陳好奇地問。

「當然，監獄官在每一個囚房都收買一些政治犯記錄同房政治犯的言行，我們很難發現。當我們發現的時候，我們會懲罰他。」

「你們怎麼懲罰？」

「有一次，我們斷定囚房的老馮向政戰室遞送小報告。

有一個體格高大的政治犯拿著軍毯，走到老馮的背後，突然以軍毯蒙住老馮。老馮措手不及，其他的政治犯蜂擁而上毆打老馮，鬧哄哄亂成一團。所有的拳頭都落在老馮的身上，老馮遍體鱗傷。」

囚房裏的外役忍不住笑起來，小陳沈思了片刻，又問：

「老馮不會告狀嗎？」

「當然，老馮馬上向政戰室告發，但是他說不出毆打的人，囚房所有的人都否認，他只能隨便指出一兩人。被指認的人就繫帶腳鐐，關進反省室。」

「什麼叫反省室？」

「一般的囚房關三十餘人，反省室要關四十餘人。一般囚房裏的伙食還有一些蔬菜，反省室的伙食只放鹽。如果反省的情形不好，還會關進狗窩。」

「狗窩的滋味如何？」

「人關進狗窩，身體不能直挺挺地站立，不能躺在地上伸直，整日像狗一樣踡跼在狗窩裏，吃的是拌著豬油和鹽的稀飯，讓囚犯養得像一條肥豬。如果他不肯屈服，還要挖地洞。」

「是不是自己挖地，埋掉自己。」

「對，囚犯在班長的監視下，挖出一個能夠容身的地洞，然後班長要求挖地洞的囚犯跳進洞裏，班長剷土填塞洞口，囚犯的毛細孔被填塞，填塞的泥土愈積高，囚犯的呼吸愈急促。」

三十四

　　雨過天晴，桂班長送走林恂，吹著哨子，洗衣部的外役又開始工作。押房的末端是燙衣部的工作坊，老黃和小陳從走廊走向燙衣部。

　　燙衣部分為三間，第一間是毛料組，第二間是白布組和襯衣組，第三間是卡其組。每一間都排著燙衣台，台邊站著汗水滿身的外役，每一個外役的前面都放著一把熨斗。卡其組是燙卡其褲。初到的外役先在卡其組工作，學習燙衣的經驗，然後轉到其他部門。每天每一組外役要燙八、九十件卡其褲。白布組燙牀單和帳幔，襯衣組燙襯衣和裙子，毛料組是燙毛織品，技術老練的囚犯才能到毛料組工作。

　　工作坊的蒸汽管向押房右側的陰溝排氣。燙衣部充滿了蒸汽、鹹味、汗臭和臭水溝的氣味。老黃和小陳看到襯衣組的組長蘇永年正在翻著百褶裙，他一手提著熨斗，一手摺著摺線，另一個囚犯正在燙著襯衣上折摺的花邊。曾經有一個外役不知道襯衣的質料，襯衣碰到熨斗以後收縮，使得外役賠掉一把錢。

　　他們都小心翼翼，只恐燙壞。

　　「狗肉的心裏正在燃著奇異的愛。」小陳戲弄地說。

蘇永年是廣東人，他的綽號叫狗肉。他是黃埔軍官學校的畢業生，蔣黨從大陸撤退的時候，他的部隊被打垮，他回到家鄉組織自衛隊，共黨的軍隊包圍他的村莊，要求他交出自衛隊的私人武器。他交出私人武器以後隨著部隊來台，從部隊退伍，在高雄一間初中講授中文。特務以「資助匪軍」控告他，判刑十二年。

「親愛的，我已經愛上你，你不要走開。」蘇永年調侃地說。

老黃和小陳從押房後面左轉，經過一條小徑，到達洗衣部。他們從鍋爐旁的石階登上廠房。廠裏有三部洗衣機，每一部機器旁邊都站著操作的外役。現在洗衣廠已經搬到景美，名律師姚嘉文就在景美看守所的洗衣工廠操作洗衣機。

每部洗衣機的前面都裝著一部脫水機，每部脫水機都有一個外役操作。洗衣機的後面有四個房間，左側是洗澡間，第二間是乾洗房，一個外役在操作乾洗機，一個外役在擦洗污染的油漬。第三間是烘乾房，房裏掛滿待烘的衣服。在熱烘烘的房間裏，兩個穿著短褲赤露著上身的外役正在搬動衣服。第四間是鍋爐房，鍋爐不斷地吐氣，像是囚犯急促的喘息，鍋爐房的背後聳立著一支大煙囱，在空氣中吐著煙火。

脫水機前面是一排水泥砌成的洗衣台，老黃和小陳走到洗衣台邊，從地上堆積的衣服裏提起一件，抓起竹刷刷洗衣領、衣袖和塗污的部分。洗衣台的前面是三個水槽，自來水管不斷地流水，洗衣台刷過的衣服被丟進水槽，水槽裏的六

個外役在水裏彎著腰拖動衣服。

　　小陳檢起一件掛著政戰部李幹事名牌的衣服，他厭惡地丟給老黃。李幹事是從事心理作戰的官員，政治犯和他們的家屬常常受他恐嚇和敲詐。幾個月前，老黃的父母來見他，李幹事在管制站攔路，殷勤地告訴他的父母「花錢消災」，只要用新台幣三萬塊錢，就可以把他調到外邊的收衣處工作。他的父母交出了三萬塊錢，他仍然不能調到收衣處。他抓起刷子，猛烈地刷洗李幹事的新襯衣。新襯衣的領子已經起毛，他還是拚命用力刷動。

　　「李幹事的衣服要特別洗刷乾淨。」他幽默地說。

三十五

　　張所長挺著大肚皮走進隔壁的謝副所長的辦公室。謝副所長坐在大辦公桌的後面，他的突起的顴骨和單薄的嘴唇，常常給予囚犯刻覈寡恩的感覺。

　　「鴻鈞，這些日子人犯常常告狀，」張所長憂慮地說。「現在，調查局的官員要求和服刑的叛亂犯林恂談話。他們的來意不明，林恂也不太安分。」

　　「又有人控告我們看守所的驗收不合手續嗎？或是有人控告我們帳目不清嗎？」

　　「這些問題我是不怕。我擔心的是我們預先收購鄰近土地圖利的事。」

　　「那你要怎麼辦？」

　　「你叫政戰室準備錄音機，聽一聽他們的談話。」

　　「在那一個房間談話？」

　　「就在我的辦公室好了。」

　　當時看守所押區已經建好，外役區還在裝修。景美軍法看守所建築工程是由國防部兵工部門主辦，設計則由看守所提出。國防部的主辦官員和看守所官員互相勾結，偷工減料。他們預料上級驗收不可能通過，因此在驗收之前先把未

決犯搬進押區，造成既成事實，避免驗收手續。

　　根據規定，未經驗收的建築物，不得接通電氣和自來水。張所長長袖善舞，以警備總部的名義，逼迫電力公司和自來水廠特准使用水電。但是景美軍法看守所是在台北縣新店市境內，與台北市文山區尚有一水之隔，台北市自來水廠不能越區供水，台北縣自來水廠尚需裝設水管。看守所臨時裝設人工抽水機，調用外役打水。

　　打水的外役是矮矮胖胖的廖登矚。

　　「小廖、小廖，替我們打水。」

　　每天樓上四區的女囚都以清脆的聲音叫喊。第一批送到押區的囚犯大約有一百多名，從日本遣送回台的夏威夷大學研究生陳玉璽，也是第一批到達押區的政治犯，服刑期滿後，他又到夏威夷大學繼續研究。小廖要替這一百多名政治犯送水相當辛苦，他在規定的時間內氣喘吁吁地打水，仍然不夠補給一百多名政治犯最低限額的用量。由於缺水嚴重，押區的囚犯不斷抱怨。有些囚犯要求家人每星期送水，有些囚犯控告看守所虐待人犯，有些囚犯檢舉看守所貪污枉法，囚犯的檢舉只有給政戰部的官員發財的機會，張所長破財賄賂每一個來所調查的政戰部官員。

　　「我們辛辛苦苦弄來的錢都被這些官員分掉了，實在吃不消。」張所長對謝副所長埋怨地說。

　　調查局正在清除貪污，張所長不能不防備，獄吏和囚犯都對調查局懷著戒心。

三十六

　　密閉的囚車載著滿臉憂愁的林恂奔馳著。他看不到路邊
的景色，他弄不清楚獄吏的用意。這些人反覆無常，又在動
什麼腦筋？他感到不安。

　　他的祖父林紓是十九世紀末期的著名翻譯家，翻譯美
國、法國、俄國、西班牙、瑞士、挪威、希臘和日本等國的
小說。他的祖父不懂外國語文，沒有留學外國，依靠別人的
口譯寫作。《茶花女遺事》、《新天方夜譚》、《魯濱遜漂流
記》、《黑奴籲天錄》、《撒克遜劫後英雄傳》都是人人稱頌
的翻譯。他的祖父出身貧寒，刻苦自修，卓然成為名家，絕
不會想到孫子沒落，沈淪人間所遺棄的政治監獄。

　　「你的祖父翻譯《黑奴籲天錄》，思想左傾，你的思想
也受到你的祖父的影響。」特務在刑訊的時候控告他。

　　「啊！你們大概沒有調查五四新文化運動的一段故
事，」他幽默地回答，「我的祖父是國粹派的代表，他寫了
一篇＜論古文之不當廢＞反對白話文。後來，他又寫了＜荊
生＞和＜妖夢＞兩篇小說，以影射的手法打擊新思潮。不但
這樣，他又發動國會議員彈劾教育總長，要求撤換北京大學

的校長。中國共產黨的創辦人李大釗辱罵他是反動分子，
『拿強暴的勢力壓倒你們所反對的人。』他的思想怎麼會左
傾？那不是笑話麼？」

　　「三〇年代的小說家都是左傾的。」

　　「他的小說是在十九世紀末期暢銷，那個時候中國還沒
有共產黨。他不是三〇年代的小說家，他是在一九二四年去
世。」

　　「你知道嚴僑嗎？」

　　「誰是嚴僑？」

　　「嚴復的孫子。」

　　「噢，嚴復和我的祖父是同一個時代的翻譯家，嚴復的
兒子曾經替我的祖父口譯《伊索寓言》。」

　　「你也知道嚴復曾經翻譯彌勒氏的《群己權界論》。那
些自由主義者常常引用這一本書來批評政府。嚴復的孫子嚴
僑到台中一中教數學，我們注意嚴僑，發現他和台中一中的
數學教員黃中都是共產黨。黃中病死，我們逮捕了嚴僑。思
想是會感染的。」

　　「《群己權界論》是自由主義的經典之作，不是共產主義
的書籍。」

　　「結果都是一樣。思想經過啟發的人，都會批評政府，
批評政府的人就會左傾，我們辦了太多這一類的案件。」

　　「可是我沒有批評政府。」

　　「我們注意你，就是因為你是名人的後代。名人的後代

有一個毛病，就是容易靠攏共產黨。」

「不能這樣說，名人所以有所成就，可能出身資產階級或與執政的政黨有所妥協。因此有成就的人，往往是共產黨清算的對象，怎麼會變成共產黨？」

「我也不知道什麼原因。不過我們常常發現名人的後代的身邊，都有各種奇奇怪怪的人物，也許是容易和有問題的人物交上朋友，你也是一樣。」

在年輕的時候有人警告他，名人的後代由於精神負擔太重，往往引起不幸的後果。坐牢以後他才知道，名人的後代容易遭到牢獄之災。

三十七

　　林恂在警衛室的門口遇到張所長。

　　「你最近怎麼樣？我實在太忙，沒有空到安坑去看看你們。」張所長先假仁假義地寒暄一番，又說：「我正在全力整理新的工廠，不久你們就可以搬過來。人在牢裏雖然委屈一點，可是我總是想辦法給你們較為輕鬆的生活。你的太太最近來看你嗎？」

　　「有。」林恂簡單地回答。

　　「今天來看你的是調查局的官員。這幾年來你吃了不少虧，我常常在暗地裏照顧政治犯。近來上級不太同意我的苦心，你對那些人的了解比我更清楚，如果你有什麼困難可以直接告訴我，我總是把你當做自己人，對於那些人你還是少說為妙。以後我要找一個時間和你聊聊。好吧！你和監獄官到樓上辦公室會見他們。」

　　林恂恭恭敬敬向所長鞠躬，然後默默跟著監獄官登上大門旁邊的樓梯，走進二樓的所長辦公室。

　　胡組長和鄔專員坐在所長室的沙發上抽煙，煙灰缸裏已經放滿了長短不一的煙蒂，胡組長親熱的握住他的手，露出

一口被煙燻黃的牙齒微笑著。鄔專員站在一邊殷勤地招呼他們坐下來。

「去年我到香港看到幾幅你的祖父的畫。他不但是文學家，又是畫家。你知道他為什麼自稱冷紅生嗎？」胡組長問。

「因為他的寓所周圍都是楓樹，所以採取『楓落吳江冷』的詩意，署名冷紅生。」林恂回答。

「他的小說和繪畫產量都很豐富，為什麼他有這麼多產品流傳呢？」

「他每天譯書四小時，繪畫六小時，從未間斷。可是我的手裏已經空無一物，他留下來的紀念品都被你們拿走，我已經沒有可賣的作品了。」林恂冷淡地說。

「法庭沒收他的作品嗎？」胡組長驚訝地問。

林恂無可奈何地聳聳肩膀。「貴局到我家搜查的時候，拿走所有祖父留下來的作品，沒有人給我收據，判決書也沒有提到。」

「調查局扣押任何東西都會給收據。不給收據就是搶劫，政府絕不會做這種事情。不過我們也不是來收買你的祖父的作品……。你認識你的福建同鄉蔣海溶嗎？」

「那不是貴局的蔣處長嗎？」

「對，我們發現他是潛伏本局的匪諜，他已經羈押，他把你的案件移送軍法處，你應該恨他才對。」

林恂環顧所長室的陳設。景美軍法看守所的鳥瞰圖掛在

牆上。他曾經聽到有些囚犯提起新建的洗衣工廠，正在尋找洗衣工廠的位置。胡組長和鄔專員透視他的表情，他瞥見胡組長的尖銳的眼光像火炬一樣在他的臉上探索。他趕緊回答胡組長的話，「我現在眼睛一閉就沒有知覺，既不怨天亦不尤人，我對蔣處長沒有任何意見。」

「太太常常來所看你嗎？」胡組長轉移話題輕鬆地說。

「她開了一家老人茶室，最近很忙，兩三個禮拜來看我一次。」

「她好像做過什麼生意？」

「她在一家公司投資，投下的資金都被人家吃掉。」

「你沒有告他嗎？」

「那個人和調查局有些關係，我們惹不起。」

「外邊的人對本局誤會太多，本局絕不會支持一個人吞沒別人的錢……。你的女兒已經長大了。」

「她交上一個男朋友，最近要結婚。」

「如果你出獄，還可以過一個愉快的晚年。」

「我只想隱居，過一個與人無爭的日子。」

「你判刑多久？」

「十年。」

「你還有多久可以出獄？」

「三年。」

「政府對誤入歧途的政治犯採取寬大的政策，給予你們改邪歸正的機會，如果你和本局合作，可以提早出獄。」

「合作什麼?」

「蔣海溶在軍事法庭矢口否認所犯的錯誤,許多 CC 派的立法委員和監察委員誤會我們陷害忠貞,我們需要一個判刑的政治犯出庭證明蔣海溶和共產黨的關係,你是最適當的人選。」

林恂又看掛在牆上的景美軍法看守所鳥瞰圖,繼續尋找洗衣工廠的位置。他保持緘默,非禮勿聽,他想。有人說,祖父「拚我殘年,極力衛道」。也許祖父的血統正在影響我的思考。

「你是因路世坤被捕,路世坤被捕以後極為合作,」胡組長繼續說。「本局留他擔任專員,可惜他不自愛,沒有把共匪的關係交代清楚,所以這一次他和蔣海溶一起送到軍法處。你的情形和路世坤不同,你不要顧慮太多。」

路世坤是新生報的編輯,和他一起被捕,路世坤接受調查局優厚條例留在調查局工作,他到軍法處服刑。他的刑期已經過了三分之二,再過三年也就可以出獄;路世坤又捲入蔣海溶事件,再度入獄,移送軍法處審判。臨難毋苟免,他想。祖父應該會這樣說。

他向胡組長搖頭。

三十八

　　林恂被送到景美的消息已經傳遍了安坑分所，許多外役站在工作場所竊竊私語。有人說，林恂痛恨副處長貪得無厭、壓榨政治犯的政策，他曾經揚言，如果有人願意控告副所長，他願意投資支持，這些話尚待證實。但是林恂曾經說過，「無欲則剛，我沒有什麼可丟的東西，我也不求什麼，事實是什麼，我就說什麼。」這些傳說可能給林恂帶來麻煩，安坑分所瀰漫著一種不安的氣氛。

　　從綠島集中營來的老黃站在洗衣台前，抓著竹刷刷洗一件粉紅色的乳罩。

　　「小陳，我記起十二年前軍人監獄的政治犯控告監獄吞沒囚犯的糧食的事件，國防部下令更換監獄長。帶頭控告的是台北市長吳三連的長子吳逸民，被捕的時候，他是台大經濟系四年級的學生。」老黃憂慮地說。

　　「這些控告的政治犯受到報復嗎？」小陳問。

　　「對，新來的是『軍統』特務出身的李典獄長。他著手搜集政治犯的活動。政工部門發行《共產主義批判》的書籍，親中共的馬克思主義者，就根據監獄發行的《共產主義

批判》書籍舉行讀書會，他們把《共產主義批判》所引用的馬克思言論摘錄下來傳閱，共同研究和討論。吳逸民是讀書會的一分子，政工部門重重的限制依然困不住政治犯的思想，參加這個讀書會的政治犯，後來又被加上三年的感化；吳逸民原來判刑十年，十年徒刑期滿以後又被送到板橋『生產教育實驗所』洗腦。其他政治犯的刑期都在十五以上，他們還在服刑。」

「政治犯下獄以後，還要為思想自由付出相當的代價。」小陳感嘆地說。

「當時吳逸民的父親吳三連參加《自由中國》半月刊發行人雷震所籌備的反對黨，吳逸民的事件給與特務一個政治勒索的籌碼。吳三連出國旅行，也到美國參加次子吳得民的婚禮，未參加反對黨。事後李典獄長得到上級重用，升任台北市警察局長。」

當時學生參加讀書會的風氣盛行，許多學生閱讀左翼作家的文學作品，現任台北市長李登輝也是讀書會的會員，後來特務逮捕讀書會的學生，他是漏網之魚。

林恂返回安坑分所是黃昏的時候，囚犯已經吃過晚飯，曬衣組的外役江炳興正在曬衣場上搬動衣服。他發現監獄官和林恂從鐵門下的小便門鑽進來，林恂離開監獄官走回押房。江炳興趕快攔住林恂，被捕的時候他是陸軍軍官學校二年級的學生，他的臉色紅潤、肩膀寬闊，全身充滿活力。

「老林，出了事嗎？」他帶著稚氣的微笑問。

「調查局的特務要求我出庭證明他們的第三處處長蔣海溶是共產黨，他們說，蔣海溶把我移送軍法處，現在是我報仇的機會。」

「那你答應了嗎？」

「我當場拒絕，我不想介入政治鬥爭。」

他目送林恂走進陰暗的押房，三年來，他已經飽看特務如何假借國家的利益迫害政治上的異端者。他每遇到一個人，總是詢問：「有什麼方法可以解除政治逼害嗎？」他從來沒有得到滿意的答案。對於不斷發生的政治逼害事件，人類還是束手無策，他還在繼續探索為什麼人類的政治活動會走入這種死巷。

一個頭髮已經雪白的老人在曬衣場的邊緣走來走去，數不盡的皺紋像蜘蛛網一般密布在圓圓的臉上，每一條皺紋都刻劃著內心無限的掙扎。老人使用陳英的化名單獨住在第一間囚房。國民黨逮捕半月刊的社長和三個工作人員，特務逼迫劉子英自稱「匪諜」，共同被告不利於己的自白可以證明其他被告有罪，軍事法庭就以這種方式判處雷震「庇護匪諜」的罪名。

江炳興想到特務要求林恂扮演劉子英的角色，這是特務陷害蔣家政敵的公式，這條公式還在不斷地推演。

「老先生，身體好嗎？」江炳興過來問候老人，陪他散步。

「還是高血壓。」老人微笑著說。「林恂到景美幹什

麼？」

「調查局要求他出庭作證，證明前第三處處長蔣海溶是匪諜。」

劉子英的憔悴的眼睛轉過來望著充滿活力的江炳興，他站在曬衣場上，抖動的手指迷惘地向上舉起，像要扶住沈重的前額，隨即放下來，又繼續散步。一些逐漸遺忘的舊事又被喚醒。江炳興陪他默默地繞著曬衣場。

二次大戰期間，他是國民黨的國民參政會秘書，雷震是參政會的副秘書長，雙方沒有密切往來。大戰結束，他在南京的監察院擔任秘書。國民政府南遷廣州，院長于右任要求他在南京留守。共產黨解放南京以後給他兩個選擇，如果他願意留在大陸做事，他必須接受改造教育，如果他願意離開大陸，他可以申請前往香港。當時，他已經是四十歲的人，他的思想已經定型，改造教育對他來說相當辛苦，他的長官都在台灣，他可以從香港轉到台灣，因此他選擇了香港。

離開中國大陸的前夕，投共的國民黨重要幹部邵力子和傅學文夫婦找他，要求他勸告監察院長于右任為人民立功。他們沒有給他任何條件，他也沒有給他們任何承諾。

他在共黨統治中國大陸一年以後到達香港，他從香港寫信給監察院長于右任和總統府秘書長王世杰。到台灣必須要有保證人，于院長已經和特務對抗，不便保證，轉託在野的雷震保他入境。

雷震保他入境以後，他要求于院長讓他到監察院復職。

于院長認為他在共黨統治下生活一年，不便讓他復職，因此他暫時留在雷震主辦的《自由中國》半月刊工作。

他曾經向雷震提起大陸的情形，雷震斥責他不要再提大陸，他在上訴理由書指出：雷震是一個極頂頑固的人，怎麼會庇護匪諜。他和特務合作，上訴理由書也經過特務刪改。

當時雷震正在籌備新黨。《自由中國》半月刊的言論愈來愈激烈，警備總司令部已經著手布置陷阱。首先被逮捕的是新黨的秘書孫秋源。雷震曾經寫了一封公開信登在香港的《自由人》三日刊為孫秋源呼籲，這一張公開信未曾引起人們的注意。孫秋源是台灣人，和中共無關，特務不能製造「匪諜」事件。特務也到香港徵求離開中國大陸不久、和雷震認識、足以證明雷震和中共來往的難民來台。但是新黨的發展迅速，如果新黨宣布成立，雷震便是反對黨的領導人，逮捕反對黨的領導人，情勢可能不同。特務來不及在新黨成立以前，物色香港的難民來台作證。蔣介石要求特務立即採取行動，警備總部派遣工作人員駕車撞雷震，他幸運都避開了車禍，蔣介石訓斥特務低能而愚蠢，正式下令逮捕雷震。所以蔣黨的官員常常說：我們逼不得已。

「我被捕以後也受到疲勞訊問，」劉子英猶豫地說，「特務拿出第二天的報紙給我看。他們說：『我們是公開逮捕，不是偷偷摸摸，你也知道老先生的脾氣，公開逮捕就不會釋放。我們所面臨的問題是你和馬之驌兩人都受中共統治一年，你們之中總有一個人要承認受中共派遣來台鼓勵雷震背

叛政府。』特務講的是實在話。被捕之初，特務就在逼迫我自誣『匪諜』。」

「馬之驌和我一起被捕。他新婚不久，我還是單身漢，所以我扮演了『匪諜』的角色。其實，中共對當時每一個離開大陸的人都給他一個任務。中共給我的任務是說服監察院長于右任為人民立功，絕不是雷震，于院長不便當保證人才由雷震當保證人。雷震和我之間的關係並不密切，中共怎麼會交給我這個任務，何況雷震又是非常右傾的人物，屢次我提起中國大陸，他就立即打斷我的話。他怎麼肯庇護中共的工作人員。」

「中共的確要求我說服監察院長于右任為人民立功，每一個『反共義士』離開大陸以前都受過中共的指示。對中共來說這是例行公事，對離開大陸來說，這種指示沒有拘束力，如果要追究所負的任務，每一個『反共義士』都要坐牢。實際上我在牢裏也遇到許多『反共義士』，我也判了十二年的有期徒刑，如果雷震不搞反對黨，我也不至於坐牢。」

「我曾經勸告雷震不可組織反對黨。在中國正統觀念中，『天無二日』的想法已經根深柢固，沒有一個統治者能夠容忍反對的人組織政黨，尤其是蔣介石。他絕不可能容忍反對的力量成長。我自己也曾經找過中央研究院院長王世杰，託他安排中央研究院或教育部的差事，如果我早走一步，『匪諜』可能換了另一個人，我也是受害人。」

「我還是關在牢裏,雷震判刑十年,我是十二年,不同的地方就是:我對特務讓步。每年中秋特務邀我外出度假一、兩星期,每個月贈送六百元零用錢。我的人生觀也和你們不同,遇到橫逆,我沒有抗拒,我只有順受。」

暮色逐漸籠罩曬衣場,他們的步履聲音在曬衣場裏迴響,老人的軀體正在震動,兩腳已經疲憊。但是他還拖著沈重的腳步走路,他的心境不能平靜下來。江炳興凝視老人的顫動的臉孔。又是一個被特務扭曲的人性。

三十九

　　寒流降臨台北，西門町上颳著刺骨的冷風，盛裝的男女還在街頭徘徊，似乎特別喜愛南國寒冷的天氣。霓虹燈在商店的櫥窗閃耀，照射形形色色的遊客。酒店的門口斜倚著一個線條優美的女侍，像是被寵壞的小孩，穿著單薄的衣服，嘴裏叼了一根香煙。

　　仲德從一家大百貨公司提著兩袋的貨物走出來，站在商店的招牌下等待計程車。他穿著灰色的西裝，淺藍色的襯衣，打著紅色花紋的領帶，濃厚的眉毛下露出柔和的眼神。自從蔣海溶被捕以後，許多蔣家的親戚都被特務跟蹤。蔣海溶的太太曾經在大陸的法院擔任書記官，大部分的親戚都在行政機關做事。他們都分別受到警告，不能喊冤。仲德是一個年輕的工程師，在美公司工作，特務不便施予壓力，因此自告奮勇，尋找蔣海溶的舊日上司呼救。蔣家的親友也認為蔣海溶被捕已經兩年，監視可能較為鬆弛，他已經找過不少的大官，大部分的人都不敢怒亦不敢言。今天晚上，他約好他的姨丈，他的姨丈是一個福建籍的老將軍。

　　他搭上一部紅色的計程車，在西門町旋轉，街上的車輛

穿梭不停，駕車的人不耐煩地按著喇叭，他的司機也不斷地按著喇叭回敬，從人潮中擠出去，馳向陽明山。

冷風在樹梢吹颱，一陣陣的細雨打在車窗上，計程車在蜿蜒的柏油路迴旋，另一部計程車緊跟著他的計程車繞行。蔣家的人曾經警告他，特務會不擇手段阻撓，他幾次不安地看住後面的車輛。他的車子從山仔后轉入一條小路，停在一家幽靜的別墅的庭院裏。他好奇地回頭探著，後面的車輛果然也停在別墅前面的路邊，車燈已經熄滅，他看不到車裏的人影。庭院裏另外停放兩部車輛，主人似乎另有客人。

他不加思索，提著兩袋禮物，在門口按鈴。他的表姐小玲從窗口往外探頭，然後開門，他站在踏墊上撣掉鞋邊的泥土。她雖然離婚回家，唇膏還是塗得很紅，左頰上不知道什麼時候增加一道淡白色的疤，她興奮地伸手接住他的禮物。

他的姨媽從裏邊出來接他，她的灰色的頭髮梳攏到後面，寬闊的臉上充滿笑容，眼神有些遲鈍，步履蹣跚。姨丈坐在安樂椅上舉手招呼，臉上雖然布滿皺紋，眼光卻依然尖銳，充滿活力，他在一個沙發坐下。

兩個客人坐在另一張沙發上談話，其中一個頭部較大，留著短髮，嘴巴闊大，神色和藹可親。

「這是國防部的賀參謀，他認識蔣海溶，負責軍法方面的聯繫工作。」姨丈說。

另一個頭髮稀疏，塗著濃厚的臘油，紅絲密布的小眼睛充滿憂愁，聲音低沈，似有重重心事。

「這是軍法處的范處長范明，我替你約了兩位最有權威性的人，他們都是福建老鄉。仲德是一個很有才氣的青年，我不想讓他橫衝直闖，惹出麻煩，所以請你兩位來商量這件事情。」

「仲德，這個案件是不能碰的，」賀參謀直爽地說。「蔣海溶是非常細心的人，他平常做事都是再三思考，絕不會留下什麼把柄給人批評。大家都知道這是一件冤獄，上級已經下定決心除掉他，誰也奈何不得的。」

「為什麼？這是調查局內部的派系鬥爭，軍方當然可以從中調解。」仲德不服地說。

「咳！這個案件固然是由調查局沈局長設計，可是如果不是蔣經國授意，沈局長絕不敢下手。」

「蔣海溶得罪蔣經國嗎？」

「中統的頭子陳立夫得罪蔣經國，蔣海溶是中統的主要特務。本來父死子繼，代代相傳，是中國的政治傳統，老總統培養他的長子蔣經國做他的繼承人是天經地義的事，可是陳立夫卻一再阻撓，陳立夫以中國文化的衛道者自居，可是對於總統繼承人的問題卻援引西方的憲法原則阻止蔣經國當權。陳立夫既然以雙重標準來對付蔣經國，蔣經國當然要削除他的羽翼，蔣海溶走錯了路線。」

姨媽和小玲端出幾盤甜食，小玲替他們倒了幾杯熱茶，在熱烈的燈光下，他的直挺的鼻梁和緋紅的雙頰格外顯得英俊。他的眼睛盯住她的臉上的那一道淡白色疤。結婚前，她

沒有這一條疤，姨丈看范明默不作聲，插口說：

「仲德，范處長有一段輝煌的歷史，你可以聽他說一說。」

范處長憂鬱的臉笑開了。他是福建法政學堂的畢業生，在軍法處副處長任內曾經擔任台大教授彭明敏案的審判長。特務頭子蔣經國嗜愛政敵受難的場面，警備總司令陳大慶特地布置閉路電視，邀請特務頭子參觀彭案的審判。這是他最得意的一天。

當時軍事法庭設在青島東路。法庭是長方形的建築物，可以容納約六十名的聽眾。前端是一個高台，高台上有一座長形的審判桌，審判桌的後邊放置五張檜木製作椅背高大而有扶手的椅子。范明穿著軍禮服端正的坐在中間審判長的位子，他的右邊是張翼歧軍法官，他的左邊是成鼎軍法官。現在，這兩個軍法官都已經退休，在台北執行律師業務。張軍法官右側是軍事檢察官席，由章副處長擔任；成軍法官的右側是台灣籍的楊書記官，椅子後面的牆上掛著一個黑邊的鏡框，嵌著孫逸仙的半身肖像。由於法庭潮溼，牆壁受太陽照射，鏡上的玻璃常常蒙上一層霧水，負責管理的庭丁透露，孫逸仙看到人民受到迫害，不斷地流下眼淚。肖像的兩側分別斜掛著中華民國國旗和國民黨黨旗。高台的前面是被告站立的空地，空地的兩側各放一張律師用的長形的桌子和椅子，空地的後面有一道欄杆將法庭分為兩半，後半部是旁聽席，兩側放滿長形的凳子，中間留下一條通往高台的路，旁

聽席上坐滿了聽眾。台大法學院的學生申請不到旁聽證，整天焦急地站在法庭外邊旁聽，軍法處特地在法庭外面裝設三部擴音機。

范明喝了一口茶，咳嗽兩聲，瞅著壁爐熊熊的火焰。

「當時被告聘請著名的梁肅戎律師和李琳律師辯護。」他說：「李琳是上海籍的律師。他雖然是國民黨員，在上海曾經參加過抗日運動被捕，到台灣以後從未參加政治活動，特務機關沒有留下紀錄。特務想不到李律師帶來一大堆判例彙編，在法庭上朗讀，每朗讀一則，他就慢吞吞地走過高台上的空地，把那本判例送給我。他數次來回踱步，引人注目，高潮迭起，然後他開始檢討戒嚴法。他說，一個沒有發生戰爭的地方，戒嚴數十年，顯然違背了憲法。被告沒有軍人身分，不應該受到軍事審判。」

「警備總司令部是靠著戒嚴法獲得權力的。在場的特務非常驚慌，上級不願意在軍事法庭討論戒嚴法。我不顧一切，使用審判長的權力，警告李律師：『被告律師所提問題已經超出審判範圍，不准繼續討論。』李律師才停止辯護。」

姨媽蹲在壁爐旁邊，拿著木材加火。小玲站在姨丈的旁邊緊張地問：

「李律師有沒有被抓走？」

「沒有。他又辯了一件政大施顯謀教授和法國女人的婚姻案件轟動一時，據說上級很不高興。不久，他就突然病

死，我也不知道為什麼原因。」

姨丈開始抽煙斗，露出嚴肅的神態。「原來有些福建老鄉告訴我，沈局長要打擊福建人。」

范明嘆了一口氣，把一隻手擱在鼻子上面。「對，沈局長一直在打擊福建人。台灣警備總司令部的前身是台灣保安司令部，保安司令部是由福建的部隊組成，現在福建的官兵還是不少，大家都痛恨調查局。」

「調查局為什麼要打擊福建人？」

「福建人在二次大戰以後，最先來台接收日本人留下的地位和產業，捷足先登，讓人眼紅。」

「調查局憑什麼理由打擊福建人？」

「調查局認為福建人先是在閩變事件反對蔣總統，又在福建劃歸日本帝國勢力範圍以後親日，忠貞有了問題。」

「可是蔣海溶參加抗敵後援會啊！」

「蔣海溶案件是在打擊陳立夫。但是根據軍法處的統計，在軍事法庭判刑的政治犯，經常是台灣人占一半，外省人占一半。外省人裏邊，福建人所占的人數最多，其次才是山東人、東北人、湖南人和廣東人。」

「山東人、東北人、湖南人和廣東人也是親日嗎？」

「山東和東北一度劃入日本人的勢力範圍，調查局認為福建、山東、東北和台灣一樣受到日本人的影響，離心力強，忠貞有了問題。」

小玲的視線從范明的臉上移到仲德的臉上。她發現仲德

目不轉睛地盯住她，又移回來，立刻追問：

「湖南人和廣東人為什麼要受到打擊？」

賀參謀反問小玲：

「你有沒有聽過廣東人革命、湖南人流血、浙江人做官？」

小玲嬌嗔地聳肩說：

「我怎麼曉得？」

「滿清政府末年，鼓吹革命的是廣東人，流血推翻滿清政府的是湖南人，蔣總統是浙江人，廣東人和湖南人不服氣，就說浙江人做官。」

「那麼用什麼理由抓他們呢？」

「共匪的重要幹部都是湖南人，這是打擊湖南人的理由。香港是一個情報市場，人事關係複雜，廣東人坐牢大概是從香港惹來的麻煩。」

范明看著手錶，然後站起來告辭，強調說：

「據我所了解，中統的監察委員和立法委員已經挺身作證，警備總部將保持中立，根據調查局的要求判刑，可是作證的證詞都移送上級。據說，總統的顧問陶希聖也向總統要求謹慎處理，大家都非常重視這個案件，我們要走了。」

范處長和賀參謀走在前頭，路燈在門口亮著黯淡的光線，夜色深沈，雨已經停下。他的計程車還在等待，停在路邊的跟蹤的車輛已經消失。他故意留在後面，讓姨丈和姨媽送客。小玲走在姨媽的後面，他悄悄地靠近她，拉住她的手

問她：「妳的臉上為什麼劃了一條白線？」

「這就是離婚的原因，他喝醉了酒，把杯子摔到我的臉上，我回來這麼久，你都沒有來看我。」

「明天下午下班以後，你到我的公司找我，我們一起去吃晚飯，怎麼樣？」

「好！」她簡單地說。

一股溫馨的回憶突然湧上心頭，他輕輕撫摸著她的光澤柔軟的頭髮，她的灑過香水的耳邊溢出一縷縷的幽香。「再見，姨丈，再見，姨媽，再見，小玲。」

范處長和賀參謀已經離開。他向姨丈家人搖手告別，坐上計程車沿著小巷馳向柏油大道。兩個穿著制服的警察攔在巷口阻止計程車，一群便衣人員從旁邊包圍過來。

「什麼事？」

一個便衣人員掏出手槍，槍口對住他，大聲喊著：

「下來，我們已經跟蹤了一個月。」

四十

　　吳興街的兩旁都在興建樓房，載運水泥、沙土和建材的車輛在路上慢慢地移動，操作中的挖土機隆隆地響著，汗涔涔的工人在建地上操作，他們的臉上曬黑，滿身污泥。

　　一部中型交通車從基隆路的調查局經過吳興街馳入三張犁留置室。蔣海溶案的工作人員邀請局裏的專員到三張犁留置室開會，胡組長的一雙青筋暴露的手捧著一箱文件，他的尖削而隆起的鼻子顯得像他的嚴厲的眼睛一樣銳利。他曾經潛入中共的統治區從事地下工作，養成適應環境的能力：機靈、狡猾、凶狠，在鬥爭中能屈能伸，因此沈局長重用他清除中統特務的主力。他坐在靠窗的位置，遙望飛逝的街景。

　　二十年前的吳興街還是寂靜的田野，尚未興建監獄。南邊是綿延的山岡，山坡上堆積著圓錐形的岩石，處處叢生著茂密的灌木。山坡下是一片草地、花圃和稻田，蝴蝶和蜜蜂在田野飛來飛去。小鳥在樹梢唱著悅耳的歌聲，一排茅屋塗著牛糞和泥土混和的圍牆，傍倚在一條清澈的小溪邊，煙囪冒著裊裊的和平的炊煙。三張犁還是青山、綠水、蝴蝶、蜜蜂和小鳥圍繞的神話似的世界，聽不到在監獄裏受難的人類

的呻吟。

現在，監獄的附近已經架起一排排的鋼筋水泥的樓房，工人在一層層的建築架上忙碌，大廈的窗口向著灰色的囚房，通過透明的玻璃，人們可以看到監獄的鐵門和鋪石的小徑。有些人將看透一切，暗中傳播封鎖消息，調查局已經另在安坑建造新的監獄，重要的囚犯將移送安坑。

從交通車下來的工作人員，穿過一個穹形的門，進入偵訊房旁邊的會議廳。會議是由副處長主持，他的浮腫的臉上長著一雙通紅的小眼睛，說話低沈而單調，但是講的是實在話，容易得到部下的支持。副處長坐在長形的桌子中間，其他的工作人員分別坐在長形桌子的兩邊。

「蔣海溶案已經送到軍法處審判，」副處長說：「在偵訊的過程中，我們曾經發生許多波折。今天，我們要檢討我們所面臨的困難，討論我們能夠採取的方案，我們先請胡組長提出報告。」

胡組長略微抬起身來，彎下腰從桌子下的皮箱裏抽出一包文件放在桌子上。「我把本案發生的風波列成一張表，」胡組長用響亮的聲音說。「事件發生以後，本組循例派人跟蹤本案被告主要家屬。根據本組所得資料，本案被告主要親屬分別向兩方面的人呼救。第一種人是中統的要員，尤其是立法委員和監察委員。最近，本局清理貪污案件，黃豆貪污案曾經牽涉若干中統立法委員，除了監察委員陳肇英、立法委員林炳康曾經到軍事法庭作證以外，他們都向上級抗議：

黃豆貪污案是在整肅立法院裏的中統幹部，蔣海溶叛亂案是在整肅調查局裏的中統幹部，本組曾經尋找服刑的政治犯出庭敘述蔣海溶的罪行，讓中統要員住嘴，但是政治犯不願意作證。」

「第二種人是福建同鄉。半個月前，本組逮捕蔣海溶的一個親屬，這個人在美國公司做事，為了避免外國記者的報導，本組偵訊兩天後讓他交保釋放。根據這個人的口供，警備總部的福建籍幹部懷疑本局打擊福建人，軍法處長范明就是福建人，他的態度曖昧，本組曾經派人調查，現在我念一念報告。」

他伸出一隻青筋暴露的手翻開卷宗，抽出一張報告，仔細瞧一瞧，然後以響亮的聲音朗讀：

「軍法處非常優遇本局犯罪官員，似在嘲弄本局的政策。一般政治犯睡在擁擠的地板上，本局犯罪的處長蔣海溶、范子文則睡在單人牀上。一般政治犯每周接見家屬的時間只有兩、三分鐘，接見時不准談論案件，只能在家屬面前傻笑。蔣海溶和范子文的接見時間每次都在三十分鐘以上，可以暢所欲言，甚至於可以談論本局業務，軍法處還准許這兩個人特別接見，讓中統監察委員和立法委員喊冤。一般政治犯的訴訟文件列入機密，難於送出看守所，本局犯罪處長蔣海溶、范子文可以撰寫陳情書送出軍法處，陳情書洩漏本局機密，損害本局保防工作。最令人困惑的是這兩人雖然人在牢房，對本局活動卻十分清楚，他們甚至於對本局召開的

會議，出席的人員、發言的內容、所得的結論都瞭若指掌。本局的保密事項居然可以透過層層的圍牆，到達囚犯的手中，景美軍法看守所變成一個情報市場。」

他抬起頭來環顧全場，微微一笑，臉上又露出嚴肅的神色。「關於軍法處的情形，本處已經呈請上級處理。我們最痛心的是本局犯罪官員移送軍法處以後還不斷傷害本局。現在，這些人都經由總統顧問陶希聖向總統緩頰，總統顧問陶希聖變成本案主要的阻力。」

胡組長望著一個肩膀寬闊而硬朗的中年人，這個人拿下黑玳瑁邊的眼鏡，用骯髒的手帕擦一擦前額，又把眼鏡戴上。

「我們邀請本局專門研究總統顧問陶希聖的專家譚專門委員向各位報告陶希聖的種種。」胡組長說。

調查局對台灣主要政治人物或團體都派遣專家搜集資料研究，即使總統的親信也不能例外，調查局有省主席林洋港專家，有立法委員康寧祥專家，有國防部長高魁元專家，有退休將領何應欽專家，有長老教會專家，有時候一個工作人員兼任幾個專家，有時候幾個專家分別研究一個人物。有些專家在調查局工作，有些專家則在其他機關或國外工作，有些專家在調查局支薪，有些專家則分沾經濟利益。

「總統聘請陶希聖擔任顧問有一個原因。」譚專門委員說。「總統從大陸撤退，在陽明山定居，心裏痛苦萬分，陶希聖常常到山上陪總統聊天，提出建設台灣，反攻大陸的計

畫。後來,他要求總統出版回憶錄,控訴蘇聯的陰謀,書名是《蘇俄在中國》。總統只是寫下一些要旨,全文都由陶希聖邀請一些史學家合寫。經過十餘年,美國改變圍堵中共的政策,聯合中共抗拒蘇聯,經國先生秘密派遣在蘇聯結婚的夫人返回蘇聯爭取蘇聯的支持。《蘇俄在中國》這本書變成恢復中蘇關係的阻礙,國內親匪分子就再三援用這本書聲援中共抗拒蘇聯,讓本局啼笑皆非。」

譚專門委員用手調整夾在鼻梁上的黑玳瑁邊的眼鏡,吁了一口氣,生氣地搖頭。一聲不響望著譚專門委員的劉科長,突然乾笑了一聲,做了一個手勢說:

「陶希聖所提出的『反共抗俄』的口號也不能不改做『反共復國』。」

「對,陶希聖的判斷非常不正確。」譚專門委員用尖銳的聲音憤憤地說。「在抗戰前,他先是支持親日的汪精衛,後來發現情勢不對才倒戈反抗日本。總統來到台灣以後,他又出餿主意,要以反蘇聯合美國。現在聯美反蘇的政策已經被中共搶走,國內的親匪分子故意搬出原來的聯美反蘇政策,本局曾經再三研究,總是覺得不便取締。陶希聖不但是蔣海溶案的主要阻礙,而且是中華民國的主要敵人。」

所長坐在長方形桌子四周的工作人員帶著幾分懷疑的神色互相觀望,一個穿著繡花的紅色中國上衣、略微有點斜視的年輕女工作人員,用很低的聲音對身邊的頭部細小、身體結實的于科員說:「總統的顧問也有問題哩!」

「陸同志有什麼意見嗎？」副處長瞥見女工作人員的耳語，攔住她的說話。

「沒有，我不懂我們以後要做什麼工作。」陸嬌娘閃動著杏仁似的眼睛忸怩起來。「我是說，我們要分配什麼任務。」

于科員激動而神經質地揉捏著手上的原子筆，以護花使者的心情支持陸嬌娘，搶著回答副處長的問題：

「對不起，我們想知道總統是不是發覺陶希聖是一個壞人。」

副處長望了望他那結實而黝黑的手臂，沈默了一會兒，含笑著說道：

「譚同志會解釋這件事件。」

陸同志用眯縫起來的眼睛瞅住譚專門委員，譚專門委員的臉上浮現得意而諂媚的笑容。

「本局保存陶希聖的辦公室和住宅的電話紀錄，」譚專門委員說。「我特別重視兩點，第一點是他和壞人的關係，我發現他專門替壞人說話，台北市長高玉樹結納不滿分子，在台灣組織反對勢力，本局設計一個貪污事件逮捕他的省議員弟弟楊玉城，原來的設計是要同時逮捕高市長。但陶希聖從中阻撓，他說高市長可以點綴台灣的民主，他還讓高市長結交蔣夫人和總統府秘書長張群，本局曾經派人監視張秘書長的生日壽堂，發現高市長曾經派人送去新台幣二十萬元的賀禮。本局向中央常務委員會提出逮捕高市長的議案，張秘

書長就在會中公然反對，否決了本局苦心設計的成果。現在
本局懲罰犯罪的官員，陶希聖又出面阻止。第二點是他的金
錢來往，本局曾經派遣專員調查，關於金錢方面，請吳專員
給我們報告。」

　　吳專員坐在劉科長的身邊，他的鬈起的頭髮向後梳，長
長的脖子上伸出狹長的頭。

　　「我曾經搜集陶希聖的公營銀行貸款資料。」吳專員
說。「他分別用他的名義或兒子的名義向各公營銀行借錢，
每次都是利用他的職位取得信用貸款。經過分析，用他的名
義借的錢大概都能歸還，用他的兒子的名義借的錢就變成呆
帳，因為他的兒子都在美國。」

　　「民間要求政府公布公營銀行呆帳名單，我們可以利用
這個機會發表他的呆帳資料，讓他受到輿論制裁。」于科員
雄糾糾地說。

　　譚專門委員聳聳肩，微微一笑。「本來我們可以這樣
做，可是許多呆帳不便公開，這就是投鼠忌器的問題。例如
選舉期間本黨支持的候選人往往先從公營銀行借錢買選，落
選以後，誰也不肯負責償還，這些帳目怎麼公開？」

　　「陶希聖還有一個金錢來源，那就是大有巴士公司。」
吳專員繼續說。「本來台北市的客運是由市政府經營，完全
符合三民主義的理論，可是那些大官經過報紙鼓動輿論，提
倡自由經濟，要求政府開放民營，陶希聖就組織大有巴士公
司從市政府分割利潤最好的路線。」

「本局應該公布大有巴士公司成立的經過，制裁陶希聖和高市長。」于科員急急地說。

譚專門委員故意裝出矜持的樣子，對四周的人掃視一下，帶著老氣橫秋的態度說：

「這就是年輕人的可愛。實際上本局也有難言的苦衷。和大有巴士同時成立的一些巴士公司都有來頭，例如中興巴士公司就由以前軍統的參謀長李崇詩主持，在抗戰期間，李崇詩和美國的情報人員成立『中美合作所』，李崇詩就是情報局長葉翔之舅子，我們不便公布。」

客運公司是國民黨官僚資本的一個出路，現在仍在發展，最近成立的「雙和巴士公司」曾經強行馳入台北市，有恃無恐，令人側目，它的主持人就是軍方的省議員苗素芳。

「我們可以單獨搜集大有巴士公司的內幕呈送總統，讓總統了解陶希聖和壞人的關係。」陸科員膽怯地說。

「對，這是一個好辦法，各位有什麼意見？」副處長問。

「我贊成！」譚專門委員笑了起來，舉起右手。

大家都跟著舉手。

四十一

　　三張犁的一條狹窄而彎彎曲曲的路上排著一些攤子，早晨這裏還是市場的一部分，路的兩邊都排著蔬菜和魚蝦，街上擠滿挽著菜籃的買菜的主婦。雖然台北市已經有了幾家超級市場，有些摩登的女郎還是喜歡擠在人群裏邊，面對面向菜販百般挑剔，討價還價，享受傳統的「人情味」。午後，這些菜販都已經離開，留下滿地的菜屑、紙張和繩子，零食小販就在污穢的菜攤上，販賣肉骨頭煮米粉、豬血湯、担担麵、蚵仔麵線、豬腸等等。許多難於下嚥的食物，經過小販的調味，變成充飢的佳品，肉骨頭被剁成細塊，在熱鍋裏煮湯，香噴噴的肉味從熱鍋裏溢出，沖散了菜販收攤後所留下的難嗅的氣味。

　　調查局的鄔專員和于科員蹲在臭豆腐的攤子上，一個穿著褐色棉襖的小販從油鍋裏夾出炸好的臭豆腐，切成細塊，放在盤子裏，鄔專員拿著筷子夾起盤子裏的臭豆腐，沾著辣椒醬，于科員看看手錶。

　　「幾點？」

　　「六點十分。」于科員回答。

「差不多了，吃完臭豆腐就走。」鄔專員說。

鄰近賣水果的小販提著籃子，衝過臭豆腐的攤子，往前奔跑，賣花生的老太婆也在食攤後面東躲西閃，米粉湯和豬腸的攤子也節節往後移動。于科員抬頭瞥見一個穿著警察制服的警官向小販們呲著牙齒大發雷霆，兩個警察站在旁邊。

「這裏沒有關係，」賣臭豆腐的人鎮靜地說，「你們不必理他。」

「為什麼？」于科員問。

「快要過節，警官要出來露面，催討紅包。」

「那些跑的是沒有按月送紅包的人，那些搬動的是按月交錢的人，搬動只是禮讓，每次過節都要額外送禮。」

「你為什麼可以不搬？」

「我是自己人，我是從警備總部退伍的。」

「你不送紅包嗎？」

「那裏！我還是要送紅包，不過我們隊長已經替我打過招呼，警察不來找我麻煩。」

鄔專員拉著于科員離開零食攤子，他的肩上斜掛著大衣，街燈從高處上照耀著他們搖晃的身軀，他的又圓又大的頭正在冒汗。

「好辣的辣椒，真是過癮。」他說。

「我們不能整頓這些警察嗎？」于科員帶著生氣的聲調說。

「靠山吃山，靠海吃海，做警察就吃小販、妓女和賭

徒，這是天經地義的事，你為什麼動這個念頭？」

　　于科員的目光裏帶著仇恨的表情，注視著從身邊駛過的摩托車。「我爸爸從軍隊退伍以後，就到戲院前面賣茶葉蛋，每逢過節，我媽媽就和其他的小販合送紅包。有一次，媽媽為了繳我的學費，湊不出錢來，警察就當眾踢倒爸爸的攤子，茶葉蛋滾滿地上，爸爸的臉色慘白，眼睛燃燒著痛苦，唉！我一輩子也忘不掉。」

　　「你就是這個原因才投考調查局嗎？」

　　「我立志學中國功夫，畢業的時候，我才發現調查局招考。」

　　「你知道沈局長向警察送紅包的故事嗎？」

　　「不知道。」

　　「沈局長在中山北路有一棟房子，他借給朋友住，他的朋友未經申請，就在後院加蓋一間廚房，管區的警察等到廚房蓋了一半才來取締，他的朋友只能替沈局長送了紅包。當然管區只知道房客的名字，不知道房子的主人就是沈局長，沈局長聽到這一件事一笑了之。每一行有每一行的規矩，我們調查局要搞大的，不搞小的。」

四十二

　　大有巴士公司的總經理另外經營一家油行，晚上七點，
附近的店鋪已關閉，一個年輕的店員伏在櫃台上記帳，一個
白髮的老人站在櫃台旁邊算錢。

　　陸嬌娘在油行的前面等待鄔專員和于科員。他們奉命監
視油行，防止意外事件發生。她穿著白色的毛線衣和橫條的
窄裙。路上的街燈瀉下微弱的燈光。沈局長曾經說：「特種
任務只能在黑暗中活動，不能招人耳目。」她記起沈局長的
教訓，躲到陰暗而泥濘的巷口。路上的行人稀少，小孩在路
上遊戲，呼嘯之聲劃破寂靜的街頭。一個少婦打開窗口張
望，呼喚小孩，夾雜著粗魯的責罵。

　　幾個醉漢從夜市走過來，興高采烈、用醉醺醺的嗓音唱
著打情罵俏的民謠，一個面孔通紅的長腿的醉漢以低沈的聲
音唱：

　　「冬天風，真難當，雙人相好不驚凍；有話想要對你
講，不知通也不通？」

　　一個留口髭的紈綺子弟，用一隻酒瓶指揮，怪聲怪氣地
叫：

「叨一項？」

長腿的醉漢又唱：

「敢也有別項？」

留口髭的紈綺子弟模仿女人的柔和的聲調唱：

「目紋笑、目睭降。」

醉漢齊聲合唱：

「你我戀花朱朱紅。」

留口髭的紈綺子弟瞥見躲在巷口的陸嬌娘，她的烏溜溜的頭髮、厚實的嘴唇、柔軟的下巴和豐滿的身體充滿了熱情和挑逗。

「落翅仔！」他用醉醺醺的聲音叫嚷。

於是他們向巷口圍攏，臉上露出得意的笑容，她想往後退卻，可是不便把奶油色的高跟鞋踩進泥濘的路面，她躊躇起來；他們醉醺醺地伸開雙手，在巷口攔住她，瓶裏的酒潑到她白色的毛線衣，她像貓兒般踡縮在屋簷下，又急又窘，狹窄的裙下露出穿著肉色玻璃襪的勻稱而豐腴的雙腿，垂在渾圓的肩頭的長髮左右搖晃。她不能表明身分，也不能大聲叫嚷，因為沈局長說：「履行特種的任務必須忍受任何侮辱。」長腿的醉漢縱身一跳，伸出油膩的手，把她摟在胸口，發出輕浮的笑聲，污濁的酒腥使她幾乎嘔吐。

「幹什麼？」她感到一陣驚慌，施展在調查局學到的中國功夫，掙脫醉漢的擁抱，躍進陰暗的泥濘的小巷，高跟鞋陷入泥濘之中，污泥濺到她的身上，窄裙已經撕裂，她渾身

戰慄。沈局長忍辱負重的訓話像符咒一般纏繞著她的心，她不知道這個時候她應該怎麼辦？

「相逢何必曾相識！」留口髭的紈綺子弟說。

他們站在巷口凝視踩進污泥的女人發出戲謔的笑聲。古人說：「三十六計，逃者為先。」放下任務，逃避醉漢的糾纏，這樣做是不是正確？情況已經緊急，她沒有足夠的時間權衡得失，顯然沈局長救不了她，她受不了醉漢的嘲弄，她必須逃走。

她不斷地踩著泥濘，好像一隻受傷的禽獸盲目地奔跑。黑暗中傳來醉漢的笑聲，似在嘲笑她的愚蠢。

四十三

　　鄔專員和于科員在六點四十分到達油行的門外，附近的小孩還在街頭跳來跳去，醉漢沿路叫嚷，在黑暗中消失。他們的歌聲隱隱約約傳來，一個少婦從一家燈光明亮的房子走出來，手上帶著一根棒子，追趕她的兒子，她的小孩子手腳異常靈活，悄悄地躲入陰暗的巷口。

　　「小朋友，早一點休息，明天再來遊戲。」鄔專員趁機哄走小孩。

　　躲在陰暗的巷口的小孩跑進燈光明亮的房子，少婦帶著感激的表情向他道謝，然後返回家裏，把門關起來。遊戲的小孩各自回家，只留下他們兩人在寂靜的街頭徘徊。建築物的窗裏偶爾傳出片斷的談話。

　　于科員在寒冷的空氣中深深呼吸，鄔專員擦了一根火柴，火柴照亮了在他的嘴上顫動的香煙和他的緊張的神色。

　　「七點了，怎麼還看不到陸小姐？」于科員看看手錶輕聲說。

　　「女人就是這樣子，你要告訴她六點，她才會在七點到。」鄔專員解釋道。

　　他們聽到左邊傳來愈來愈響的步伐整齊的腳步聲，一隊憲兵出現在黑暗的街頭，隊長壓低聲音發出命令。經過一陣步槍的喀嚓聲音和鞋後跟叩地的聲音，年輕的士兵在街頭散開，建立一個封鎖線，攔住行人。隊長和三個老士官帶著箱子踏著笨重的皮鞋走進油行。搜查油行的工作由安全局協調，交給憲兵單位執行，管區的警察、里長和隊長跟在他們的後面。

　　站在櫃台邊算帳的老人冷傲地望著憲兵和警察。他的頭髮灰白、眼睛深陷、臉上布滿紋路。長著大鼻子的隊長晃了一下公文，大聲宣布說：

　　「不許動，有人檢舉貴行販賣軍油，我們奉命檢查。」

　　「笑話，我們是大油行，從來沒有賣過軍油。」伏在櫃台上記帳，臉上長滿鬍鬚根，身材粗壯的小李說。

　　「軍油是紅色的，有沒有軍油，我們可以檢查出來。」隊長把濃黑的眉毛一揚，揮動右手說。

　　兩個憲兵老士官打開箱子，搬出儀器。一個鑲著金牙的老士官從箱子裏提出一個塑膠袋，往後面的房間走。小李急急地從櫃台後面走出來。

　　「不許動。」大鼻子隊長掏出手槍，槍口對著小李，重複地說。

　　「他要幹什麼？」小李激動地問。

　　「檢查，你要冷靜一點。」隊長答。

　　兩個帶著儀器的士官打開一桶一桶的汽油檢查，店內瀰

漫強烈的汽油氣味，老人嚴肅地望著儀器的操作。

站在街頭的鄔專員向問話的年輕憲兵掏出調查局的證件，憲兵向他敬禮，然後走開。

「奇怪，陸小姐怎麼還沒有來？」于科員焦急地說。

「她可能忘掉了。」鄔專員含糊地答。

油行裏傳來咆哮和呼叱，鄔專員和于科員走向油行，尋求鼓譟的起因。店裏的人對檢查提出抗議，鑲著金牙的老士官提著一加侖的軍油。

「那桶軍油是你帶來的，」小李憤憤地說。「你用塑膠袋裝著軍油桶，拿到房間，當做我們的軍油。」

「我們是執法的人，與你無冤無仇，怎麼會陷害你？」隊長婉轉地解釋，士官們都大笑起來。

「店裏的汽油有幾十桶，如果我們販賣軍油，怎麼只有一加侖軍油？」

「軍油就軍油，販賣一加侖軍油和販賣幾十桶軍油都是一樣犯罪。」

于科員覺得羞恥，拉著鄔專員的衣袖，走到門邊，稚氣的眼睛逼視鄔專員，低聲地問：

「這不是笑話嗎？」

鄔專員有一點狼狼，乾笑了一聲。「政治的原則和道德的原則不一定一致。沈局長說，在反革命的勢力還沒有摧毀以前，所有的原則都要受政治支配。革命秩序穩固以後，政治的原則就可以和道德的原則一致。」

「那麼為什麼不以漏稅辦他？」

「上級批示必須立即逮捕大有巴士公司總經理，追查總統顧問陶希聖的背景，販賣軍油是最好的選擇。」

油行的小李忍不住撲向鑲著金牙的士官，被兩個士兵拉住，好不容易才壓住怒火。

老人雙眉緊蹙，輕蔑地說：

「不守法的政府就是土匪。」

四十四

　　偵訊室的人物和景色都在總經理的眼前旋轉。他的眼眶已經浮腫、泛起黑暈，他的眼皮重垂，瞳孔不斷地收縮，偵訊室的桌子、椅子、茶几、和坐在椅子上的偵訊人員，都在房間裏翻來倒去。他已經很難控制他的視覺，有時偵訊人員逼近他的鼻子，有時偵訊人員在室內倒轉，遠遠消逝。

　　被捕已經三天。三天來，他一直得不到睡眠的時間，偵訊人員分為四班，每班三人，每次四小時，一班接一班，日夜不停地包圍他，重複訊問同樣的問題。他是三張犁煤坑的老闆，台北市逐漸向東擴展，三張犁的地價逐漸漲高，他在三張犁的地皮暴漲，他已經是大富翁，他需要提高他的社會地位和政治關係來保存他的財富。由於朋友的安排，他提供財富，總統的顧問陶希聖提供政治關係，成立了大有巴士公司。

　　特務的影子在他的眼前搖搖晃晃，架著淺色玳瑁邊眼鏡的劉科長正在呲牙咧嘴地獰笑，笨拙的鼻子突出在臃腫的臉上。由於喝了幾杯酒，鼻端和雙頰都泛起紅暈，真像一隻醜惡的蝦蟆。稅關處的查稅員也和劉科長一模一樣，公司的職

員都叫那個查稅員「蝦蟆」，例行的紅包送過以後，還要額外請客跳舞，他從小就怕蝦蟆；那個時候三張犁還是池沼環繞的農村，這些背色灰黑，皮面多疣的蟾蜍就藏在潮溼的地方，他畏懼蝦蟆的惡臭和醜陋，現在三張犁已經高樓林立，那些令人厭惡的蟾蜍卻以統治者的面目堂堂入室，左右夾攻。

「你知道陶希聖是什麼人嗎？」

「當然，他是總統的顧問。」他答。

「陶希聖是大陸人，你是台灣人，你為什麼要和他勾結？」

他帶著幾分狐疑的表情看著劉科長。「政府不是說大家都是同胞嗎？」

劉科長的臉突然漲成深紫色，他的威信似乎受到傷害。「你對本局工作人員可以實話實說，不必隱瞞，你儘管回答我的問題。」

「噢！陶先生是總統的親信，這是台灣人做不到的官。實際上，他是高人一等的貴族，他願意和我交往，對我來說，這是高攀、求之不得的事。」

「他有沒有提到政府的政策？」

「他說，國民黨裏始終有一股親蘇力量，他說服總統，確正聯美反蘇政策，他要求台灣人民支持他的策略。」

劉科長閃動著嚴厲的眼睛，探索他的腦筋裏隱藏的東西。「他提出什麼理由要求台灣人民支持聯美反蘇政策？」

「他說，如果美國改變對華政策，國民黨最後必須採取聯蘇政策才能存在，台灣斷絕西方的關係，遠東的情勢將更為複雜，台灣的經濟制度、國際貿易和生活方式要發生變化。」

「陶希聖和其他外省人不一樣嗎？」

「陶先生確是不同。他想結交台灣人，和他交往的台灣人花錢消災，請他解除困難。我是一個商人，我知道商人的心理，商人不敢公開交結反對政府的人，只能暗中支持，我公開和陶先生來往就是因為他是政府的官員，我沒有反對政府。……不過你們抓我是說我販賣軍油，可是我就沒有賣過軍油，你們也不問軍油的事，你們問的都是政治。」

「販賣軍油是小事情，這種事情將由軍事法庭處理。」劉科長乾笑一聲說。

「那一加侖的軍油是栽贓的，我沒有販賣軍油，我是冤枉。」

「你可以向軍事法庭提出答辯。」

「販賣軍油既然是小事情，你們為什麼馬上逮捕我，我應該可以交保釋放，我不可能為這種小事情逃亡。」

「我們只是想找你談話，和你交一個朋友，你再說一遍，當時陶希聖是怎麼說的？」

「陶先生分析，台灣人有土地、有工廠、有資本家、有勞工，台灣人雖然擁有基本的生產工具，卻是缺乏上層的政治關係，台灣人必須爭取政治權力，爭取政治權力的途徑固

然很多，每一條路都是崎嶇險惡，路上都埋伏著牛鬼蛇神，但是他指出一條捷徑。」

「什麼捷徑？」

「由我提供經濟基礎，他提供政治關係，共同成立大有巴士公司。」

「你也有這種想法嗎？」

「我贊成設立公司。」

四十五

從中山北路的酒吧間到新北投的旅館，處處擠滿從越南戰場來台度假的美國大兵。美國政府擁有用不完的納稅人的錢，女侍拿著開瓶機不斷地打開一瓶瓶的洋酒，香檳和啤酒的泡沫像泉水一般從瓶子裏湧出來，空氣裏瀰漫著酒香。樂隊吹奏美國的流行歌曲，小喇叭的悠揚的聲調在空中迴盪，美國大兵縱情歌唱，酒館的客人跟著鼓掌喝采。

夜幕已經垂下，劉科長帶著鄔專員、于科員和陸嬌娘站在街燈下攔住計程車。他們從下午開始吃酒，劉科長的談話愈來愈含著醉意。

「到中山北路九段。」劉科長說。

酒吧間和餐廳集中在中山北路，客人吃過晚飯或有一些酒意，可以沿著中山北路北上，直達新北投的溫柔鄉，酒客就以「中山北路九段」稱呼新北投。

「我另外約了一個商人為我們舉行慶功會。」劉科長說。

「他為什麼要請客？」于科員問。

「他是一條漏網之魚，他的情節輕微，又託人求情，上

級放過他。」

「你們大家都記功，只有我記過，我有什麼功勞可以慶祝？」陸嬌娘埋怨地說。

「搜查油行的時候我們奉命監視，任何情況你都不應該離開，不過來日有功可以抵消。你不要介意，上級要求我引導你們開開眼界，了解我們的社會。」

計程車在新北投一家旅館前面停下來，旅館裏邊傳來盪漾的歌聲，小鼓的聲音咚咚響著，小喇叭吹奏著悠揚的調子。陳董事長在旅館的一個套房等待他們，他是上了年紀的紳士，臉孔方正，嘴唇飽滿，留著口髭。

套房有一個客廳和一間臥房，裏邊塗著蛋青色的牆壁，鋪著原木的地板，客廳中間擺上一張圓形的桌子和一套咖啡色的沙發，窗口掛著咖啡色的窗簾。臥房裏放著一張鏡台和一張舒適的牀，被套和枕頭套採用百鳥爭鳴的圖案，他們分別坐在沙發上。

「有熟悉的小姐嗎？」陳董事長問。

「你可以找到那兩個時代周刊刊登的照片裏邊的小姐嗎？」鄔專員反問他。

劉科長和于科員咧著嘴笑了笑，陸嬌娘側轉著頭，羞愧而臉紅起來。一九六七年十二月二十二日出版的美國時代周刊刊登一張照片，兩個新北投的女侍裸體泡在溫泉池子裏殷勤地為美國人洗澡，新北投因而稱為「男人的樂園」。

「我要打聽一下，聽名妓談情是人生一大快事，各位真

有雅興。」陳董事長笑了一笑，伸手拿起茶几上的電話筒，詢問櫃台：

「喂，老林嗎？你可以找到時代周刊照片裏邊的兩個小姐嗎？」

「那二個小姐遇到麻煩，」老林在電話中回答，「調查局把她們抓走，一種指控是說她們受台獨指使，破壞國民黨的名譽，另一種指控是她們和共匪有關係，專門收集美國人的情報。」

「她們釋放了嗎？」

「後來釋放了，她們嚇得不敢見人。」

「你能夠找到她們嗎？」

「我已經失去聯絡，客人好奇要見她們，她們都躲起來，好可憐喲！」

他放下電話筒，臉上露出失望的神色。「其實這兩個小姐雖然是名妓，只有漂亮的臉孔，談不出什麼情話。」

劉科長輕輕地笑起來。「這兩個女人打倒了親美派的總統顧問陶希聖，令人覺得好笑，你還是隨便找幾個小姐來讓我們的年輕同志了解社會。」

他又用了電話叫了幾個小姐。這時響起敲門聲，餐廳送來酒席，他們圍坐在圓桌四周，走廊上傳來碰杯的聲音和嘈雜的談話。

「科長，你說那兩個小姐打倒了總統的顧問，這是怎麼一回事？」他用低沉的聲音問。

　　劉科長解開領帶，開始唱歌，然後尋找自己的杯子和大家碰杯喝酒。「陶希聖專門為壞蛋說話，我們早就把陶希聖的資料送給總統，時代周刊刊登裸體陪浴的照片以後，總統召開一次會議，討論這一張裸體照片，總統在會上憤憤地說，中華民國是禮義之邦，不能有這樣的照片。」劉科長的話含有嘶聲，他端杯喝了一口，漱一漱喉嚨，又說：「時代周刊的裸體照片侮辱了中華民國的國格，這張照片是由紐約時報的駐台北記者所提供，因此，我們應該將紐約時報的記者驅逐出境。陶希聖就說，裸體陪浴的事情世界各國都有，如果為一張裸體照片驅逐外國記者未免小題大作。總統十分激動，當場斥責陶希聖：『你認為這是應該的嗎？』」

　　男侍端送一壺熱茶，門外傳來哄笑和敬酒的聲音，鄰室的客人又歌又舞，愈來愈放肆。

　　「這個紐約時報的記者有沒有被驅逐出境？」

　　「沒有，不過他聽到這次會議的爭論以後自動離境，返回美國。」

　　敲門聲又響起來。門慢慢地打開，男侍領著一個纖細的十五、六歲的少女穿著鮮豔的洋裝站在門口，她的嘴裏嚼著口香糖，眼睛看著天花板。陳董事長向她招手，表示歡迎。男侍介紹：「這是小紅。」然後關門退出，她走進客廳，坐在劉科長和于科員的中間，給他們頑皮的微笑。

　　「一朵含苞待放的小花。」鄔專員笑眯眯地說。

　　「這麼小就玩著脫衣陪酒的玩藝兒。」劉科長醉醺醺地

說。

「我不脫衣服，裸體的小姐要另外找。」小紅說。

「把衣服脫掉！」劉科長堅持說。

「那麼她為什麼不脫衣服？」少女指著陸小姐不平地問。

陸嬌娘無法忍受，噘著嬌豔的嘴唇，臉上泛滿了紅暈，把身子一扭，蹬著高跟鞋走進洗手間。

桌子上杯盤狼藉，桌子下和牆角上排列著許多空瓶，臉孔通紅的劉科長伸出顫動不穩的手解開小紅的襯衣。

「老不修！」她尖叫著，撥開劉科長的手。

房間又響起了輕微的敲門聲。一個好像少婦一般豐滿的年輕女人在門口出現，她的頭髮輕盈地垂到肩上，天藍色的裙子下露出一雙修長的雙腿，樂隊也跟著她進來。她走進臥房寬衣解帶，所有的視線都集中在她的身上，她卻旁若無人，在鏡台前面擺動她的腰肢。

陸嬌娘終於忍住逃走的念頭返回酒席，她不想增加臨陣逃走的紀錄，只能僵硬地坐到原來的位置。新來的女郎已經脫得一絲不掛，坐在劉科長和陳董事長的旁邊，這個女郎的乳房有不可想像的豐滿，曬黑的皮膚和強壯的手臂顯出來自農村的勞動女人的特徵。她一直在學校念書，沒有住過農村，也沒有接觸過農村的勞動女人。幾年來她斷斷續續聽過穀價低落，肥料昂貴，農民生活困難，年輕人紛紛離開農村，家庭式的耕耘制度難於存在。片刻之間，她已經遇到太

多的問題。

　　「這裏沒有你們想像那樣醜惡，」劉科長慢吞吞地說。「這些農村少女初到北投總是忸忸怩怩，像小紅一樣。你初到調查局也不忍心用刑，組織首先灌輸你仇恨的心理，受拷打的人就是我們的敵人。蔣先生說，對敵人仁慈就是對自己殘酷。你慢慢熟悉拷問的藝術，現在你們有些人出手已經比我更毒辣。不久小紅也會泰然自若，從容表演脫衣舞，這就是成長。我們在成長的過程中常常遇到許多問題，初次遇到總會覺得尷尬，你克服尷尬的心理會適應你的工作。」

四十六

　　龍生坐在煙霧繚繞的吧台前再叫了一杯威士忌。純威士忌，不加冰塊，他吩咐調酒的人，酒杯映出的紅綠色的閃光使他眼花撩亂。

　　他曾經欣賞一個表演的女郎在銀色的樹木下跳著肚皮舞，手臂、臀部和長腿都隨著音樂的旋律像蛇一樣扭動。今宵他已經看不到載歌載舞的節目，侍者告訴他，酒吧受到警察取締。

　　「他媽的！爸爸可以到新北投吃花酒，我不能在酒吧欣賞肚皮舞，真正豈有此理！」

　　他在嘴裏詛咒著。他還在大學四年級念書。女友陸嬌娘已經從專科學校畢業，考進調查局工作。他們都出身特務世家。她的父親在一次意外事件中死亡，她靠著特務的獎學金讀完大學；他的父親由大特務而當立法委員。這幾天，他很難找到她，她的家人說她在加班。近來她對許多事物抱著批判的態度，他懷疑她的愛情已經轉移。他從酒吧間打了幾次電話給她，已經十二點了，她還沒有回來。他聽說她和一個姓于的特務混在一起，他看過姓于的特務，姓于的特務是貧

窮的退伍士官的兒子，家世不能和他比擬，她怎麼會愛上這種人。他愈來愈喜歡威士忌，他閉上眼睛啜了一口，想起她的誘人的弓型的上唇，又回味醇美的威士忌的酒意。他喃喃地說：

「至少酒比女人忠實。」

他掏出香煙，點燃一支，讓煙霧在彩色的燈光下繚繞。酒吧已經打烊，他必須離開，他又打了一次電話給她，沒有人接電話，他喝乾了杯底的酒，迷茫地離開酒吧。

他難得見到爸爸，爸爸有開不完的會，夜夜都有應酬，清晨兩、三點才會回來，他已經睡覺。他在八點上學，爸爸還沒有起牀，他也難得和媽媽講話，午後兩點他從學校回來，媽媽已經到朋友家裏玩麻將。嬌娘考進調查局以後逐漸疏遠他。她從調查局的資料發現爸爸在外頭金屋藏嬌。爸爸參加一個財團，這個財團常常勾結日本公司包辦電信局的某些電信設備，爸爸預先透露電信局所需要的規格和交貨日期給日本公司，讓日本公司預先製造，公開招標的時候，歐美的公司都受期限限制，不能及時交貨，只有日本公司可以如期交貨，得標的只有日本公司。美國的公司又分割其他的電信設備，每一個外國公司都以高價賣給電信局。由於爸爸在立法院全力為行政院護航，調查局就將案件擱置，做為忠貞黨員的報酬。嬌娘看不起爸爸。漸漸疏遠他；他也漸漸養成粗暴的性格，過著放蕩不羈的生活。

他的細長的身體在街頭搖晃，他覺得昏昏然，嬌娘的影

像又浮現在他的腦海裏。在一個蕭瑟的秋夜裏他們看過電影，從西門町踱步到和平東路，寂靜的街道和寒冷的空氣融合了他們的感情，這些回憶仍然使他興奮。他瞥見黑黝黝的樓房下的公共電話亭，他又打了一個電話給她，電話嗡嗡響著，不能打通。他又在另一個角落找到電話亭，電話還是嗡嗡響著，「他媽的！」人在嘴裏詛咒著，扭斷了電話筒，用力摔到地上。他繞過新公園的邊緣，灌木下面有兩個黑魁魁的身形，他站在牆外窺視，背後傳來愈來愈響的腳步聲，一個大漢突然從背後伸出兩手抱住他的身體，他哼了一聲。也許這是來自四海幫的襲擊，前天他約了一個女孩子喝咖啡，她的男友是四海幫的人。

「等一下，我有話說。」

他提出抗議，另一個大漢的右手握著手槍對著他的胸口，左手摸索他的口袋，好像正在玩著強盜遊戲，他勉強擠出一個笑容，緩和緊張的氣氛。他幽默地說：

「怎麼玩起真刀真槍來了。」

對方似乎認真玩著強盜的遊戲，掏出手銬扣上他的手腕，然後放下手槍。一部紅色的巡邏車從右側的街頭開出來，警察已經出現，他提高警覺，防備四海幫脅持他當人質。紅色的巡邏車停在他的身邊，兩個大漢挾在他的左右推他上車，玩著強盜遊戲的人居然也是警察。

四十七

龍生的罪名是破壞通訊器材。在戒嚴期間破壞通訊器材的人應受到軍事審判，他被警察移送軍法看守所。

「既然是立法委員的兒子就讓他嘗一嘗黑牢的滋味。」監獄官說。

他被關進了第十九號的黑牢，牢裏還有一個二十多歲的年輕人，名叫若水。若水對他彬彬有禮，瘦削的臉上含著一股英勇的氣概。

「我住在三重埔，我是從南部的農村搬過來的。」若水說。

「三重埔？我只到過一次，那是石門水庫洩洪引起大水災的時候，平常我不敢走到延平北路和三重埔，那是台灣人的地區，我不敢踏入這些地區，身懷扁鑽的『友仔』可能隨時襲擊我們。」龍生笑嘻嘻地說。

「石門水庫放水，你坐在海軍的橡皮船上划過被水淹沒的地區。」

「對。你怎麼知道？」

龍生想起洪水的壯觀，表兄從海軍借來橡皮艇，嬌娘和

我都在初中念書，在大學教書的叔叔和我們同船，他是一個詩人，我們的橡皮艇從中山北路出發，路經大龍峒馳向三重埔。平常我不敢徒步走過這些地區。我們時常看到嫩黃的水上出現許多的家禽和家具，嬌娘聽見艇後撲打的聲響，以為鱷魚襲擊橡皮艇，尖叫一聲，叔叔提著棍子撥開艇後的動物，才發現這是一條在水中掙扎的狼狗，「棒打落水狗。」叔叔喃喃地說。橡皮艇沿著公路划行，泡在水裏的樹木露出了錯雜的樹枝，橡皮艇隨著水流旋轉，幾次幾乎撞入樹叢，沿途的居民都爬到毀損的樓上或傾斜的屋頂，向我們揮手呼救。嬌娘和我提議慰問受困的居民，嬌娘的心腸軟弱，還吵著運走襁褓中的小孩，表兄都不肯接受。他先是推託救災是地方政府的事，不是海軍的職務，接著憂慮難民將帶來太多的問題，不是我們所能解決。我們碰見海軍的眷村，表兄趕緊逃走，他說軍眷糾纏不清，比台灣人的要求更多。一棟泥土砌成的兩百年前的房子被洪水侵蝕，紅瓦和碎木撲撲簌簌地掉到水裏。躲在屋頂上的居民撲到水裏。抱住碎木，受著一陣一陣的白浪的衝擊，在水中掙扎。

「真是驚心動魄。」

叔叔感嘆地說，他受政治作戰部委託，寫一首描寫「大陸苦難同胞」受盡中共迫害的詩，他在艇上拍取照片，搜集資料，尋求靈感。嬌娘受不了無情的洪水，雙水掩住眼睛，懇求表兄掉頭離開。我只是癡呆地蹲著，叔叔斥責嬌娘多情善感，大陸苦難同胞正在過著這種日子，等待我們反攻大

陸。

「當時我被困在一棟木造房子的屋頂，等待洪水退卻，許多軍方的橡皮艇在水上閒遊，撈取漂流的皮箱，不肯援救我們。」若水回答。

「我們只是觀光，我看到一些橡皮艇正在打撈漂流物，我們沒有這樣做，你一定恨透了政府。」龍生有一點尷尬，慚愧地說。

「許多專家反對建造石門水庫。他們認為石門的土質不宜建造水壩，政府不肯聽取專家的意見。山洪暴發以前，專家要求事先洩水，防止洪水。政府又不願意接受，一旦山洪暴發，政府擔心水壩崩潰，遂在洪水最高的時候放水。洪水片刻之間淹沒三重埔。我們懂得防備天然災害，但是我們無法阻止人為的破壞。」

龍生感到驚愕，他從來沒有聽過這種想法，政府已經控制所有大眾傳播，不可能讓人民指責政策上的錯誤，他想。但是有些人還會靠著耳語傳播消息，如果不把這些「不合時宜」的人關起來，怎麼統一思想。

「你和我不同，」若水笑了一笑，又繼續說。「山洪暴發的時候，你坐在橡皮艇上觀賞，水愈漲船愈高，優游自在；我被洪水圍困在傾斜的木屋上，任憑波濤衝擊，危機四伏，我們屬於不同的階級。」

四十八

「班長，怎麼把我關到這樣黑暗的地方？我透不過氣來，我看不到東西，沒有講話的人，我會悶死了，地板上都是水，班長，地板都是水。……」

第十五房的黑牢傳出一連串的叫嚷，又是哭又是笑。一個退伍的上尉在台北火車站檢取破爛，販賣廢物，鐵路警察厭惡這些在火車站遊蕩的人，屢次以違警的名義拘留他。他靠旅客丟棄的廢物謀生，不願意離開火車站。警察又以違警的名義逮捕他，痛揍一頓。釋放以後，他檢取一張白紙，寫下「打倒國民黨」，貼在車站的牆壁上，警察以「為匪宣傳」的罪名，送他到軍法看守所判刑。他不能適應冷酷的社會，常常會發出令人難解的傻笑，做著種種奇怪的動作，不斷地吵鬧，監獄官因他精神失常，把他關到黑牢懲罰。

第十五、十六兩房的構造和其他的黑牢不同。廁所和水龍頭移到門邊的兩側，他利用牆角的稜角伸開兩臂，扳住門上的鐵窗的邊緣。塗著石灰的牆上非常光滑，他從門上滑下來，站得不穩，摔在地板上，他從地板上爬起來，再次伸手扳住鐵窗的邊緣，兩腳踩住水龍頭，水龍頭受不了身體的重

量,從接口斷掉,自來水就嘩啦嘩啦流到地板上。

　　不久,一個獄卒用鎖打開鄰室的門,一個獄卒衝進黑牢抱住囚犯的腰,一個獄卒用手捏住囚犯的喉嚨,然後由開門的獄卒毆打囚犯,囚犯的掙扎呻吟逐漸低落,只聽到拳頭砰砰地落在囚犯瘦弱的身上。

　　「幹什麼?」

　　「打人。」若水回答。長期囚禁黑牢的人能夠憑著聽覺研判一連串的聲響。

　　龍生厭惡精神病患者和思想上的異端,現實的社會固然到處充滿了衝突、束縛和矛盾,個人可以改變自己,適應禮教和權威,他想。教條就是人生的規則,個人應該奉行教條,與世浮沈。若水主張推翻專制的政權,實行民主政治,這種人應該關進監獄,就像精神病患者應該關到精神病院,但是我不應該和這種人關在一起。爸爸獨占通訊器材的買賣,抬高價錢,賺取暴利,可以逍遙法外;我酒醉拉斷一條電話的聽筒,怎麼關到軍法看守所?對,這是戒嚴期間,三十年的戒嚴期間,戒嚴期間破壞通訊器材應受軍法審判,戒嚴期間軍警可以任意逮捕在街頭徘徊的可疑人物,便衣警察跟隨可疑人物才發現我扭斷電話的話筒。爸爸在立法院發言說,台灣雖然戒嚴三十年,戒嚴法只實行百分之三,爸爸錯了,我必須告訴爸爸,這百分之三的戒嚴法全部實行到我的頭上,對於受害人來說,這是百分之一百的戒嚴法。

　　若水坐在地板上藉著微弱的光線俯身閱讀《史記》。

《史記》是木刻板，字體較大。他的兩頰紅潤，頭髮卻已斑白，真是童顏鶴髮，看來他是思考敏銳而勤奮好學的人，如果給他適當的環境，也許他可以成為一個學者。他是一個政治犯，也許在我們的充滿衝突、矛盾和束縛的社會，這種單純、誠實和正直的人不願意抑制內心的掙扎，坦率表達自己的意見，容易成為特務迫害的對象。

嬌娘指責爸爸利用立法委員的身分，勾結日本公司包辦電信局採購的電信設備。他想，我也可以抨擊她利用特種工作人員的權力逼害「良心的囚人」。每次約會，她常常引用調查局官員的談話，稱呼爸爸是罪惡的化身，我和她爭吵，弄得不歡而散。現在我已經發現對付嬌娘的話柄，如果爸爸是罪惡的化身，她便是魔鬼的門徒。他覺得不虛此行，洋洋得意。

「龍生的意思就是龍的後代嗎？」若水問。

「對，我們是龍種——龍的傳人。」龍生答。

「杜甫的詩說，『高帝子孫盡隆準，龍種自與常人異。』龍種就是皇帝的子孫，屬於貴族階級，生下來就要做統治者，用現代的術語說，龍的傳人就是應該統治中國的精英分子，人民就是賤種。」

「你不能這樣說，我們自稱龍種，只是要對抗中共，中共以『人民』號召，要求統一台灣，我們自稱『龍種』，反對共產制度。你要克制自己，學習怎樣適應我們的政治制度，選擇妥協的途徑，政府也會諒解你們。」

　　若水含著笑，英勇的眼睛逼近龍生。「根據《辭源》的解釋，古代的人看到在河水裏翻滾的鱷魚誤以為龍，其實龍就是鱷魚。統治者的眼淚就是鱷魚的眼淚，我們不能相信它。龍種是從鱷魚演變出來的，人民是從猴子進化出來的，我們究竟不同。你爸爸和警備總部談妥釋放的條件，就會來接你回家，我還要在政治監獄度過十年以上的歲月。」

四十九

　　板橋文化路的撞球店門外站著兩個十五、六歲穿著米黃色學生裝的男孩，其中一個眼睛著了迷似的盯住坐在球枱旁邊計分的小姐，另外一個正在欣賞球枱上滾動的彈子。店內另外擺著兩個球枱，沒有球客也沒有計分員。兩個男孩都留著軋得短短的頭髮，盯住計分小姐的男孩是體型較為粗壯的季建光，計分小姐的臉型略嫌闊大，卻長著靈活的大眼睛和飽滿的嘴唇。一個架著深度近視眼鏡的瘦弱的青年一面抓著球桿靠在球枱上瞄準，一面不停地和她打情罵俏。

　　「如果我打下藍色的彈子，你要給我幾個吻？」

　　「一個，阿僖。」

　　他打出的白色的彈子在球枱邊緣折回兩次，撞上藍色的彈子。

　　藍色的彈子緩緩地滾進右上角的球洞裏，他露出興奮的樣子。

　　「一個吻，現在我要打黑色的彈子，你要給我多少吻？」

　　「一個，但是打不上要扣去一個。」

「一個太少，這個彈子很難打，我要讓白色的彈子在球枱上旋轉半個圈子才能打到黑色的彈子，至少你要給我兩個吻。」

「好，就給你兩個。」

他的動作在顴骨突出的季建光的臉上激起了變幻不停的表情，他端起球桿換了幾個不同的姿態和角度瞄準黑色的彈子，幾個角度都不太正確。他又移動身體，上身傾向球枱，豎起球桿輕輕地撞了一下，白色的彈子先撞到紅色的彈子，然後碰到黑色的彈子，黑色的彈子在球枱上移動，碰到右下角的球枱邊緣，又折到左下角的洞口附近，終於掉進洞裏。阿僖吹著口哨，洋洋自得地撫摸著球桿。

「這個彈子沒有按照預定的路線滾動，不能送獎。」計分小姐在計分枱的算盤上輕撥了幾個珠子，忸怩地說。

阿僖迸發出一連串的笑聲，上下揮動球桿，像麻雀一樣跳躍著走向計分枱。「我現在要領獎，彈子進洞就要算數。」

門外的季建光抑制不了內心的激動，紅漲著臉，一個箭步衝向計分枱，攔住阿僖。「回去。」季建光叱責。

阿僖困惑地打量比他矮小的中學生，然後向計分小姐扮著鬼臉。季建光捲起袖子，露出胳膊，握著拳頭擺出打架的姿勢。阿僖又發出笑聲，季建光打出右手，被阿僖閃過。計分小姐忽然想起近幾個星期連續收到的信件，信末簽名「愛之光」，發信人稱她是泥坑中的一朵花，願意當她的護花使

者。這個魯莽的護花使者讓她感到尷尬，她的喉嚨哽住，她
挺直上身望著季建光，季建光的左拳打到阿僖的下腹，阿僖
揮動球桿敲打季建光的右肩，球桿打斷，季建光半蹲著身
子，衝上前方，撞到阿僖的腹部，阿僖疼痛而緊縮，兩腿癱
下，向左後方退卻，摔倒在計分枱邊，眼鏡掉在地上，雙眼
緊緊地閉住，鮮血從額頭不斷地湧出，口角也淌著血絲。另
一個學生看到對方的頭部湧出鮮血，趕緊跑回眷村。

五十

張所長踏進所長室，立即差人找來繕寫書狀的外役費老
頭，費老頭帶著一疊原稿紙坐到所長辦公桌的前面，伸手翻
開上衣的口袋，找出一枝黑色的原子筆，夾在手指間。

「你先了解情況，然後再編寫。」所長說，把放在桌子
上的半包香煙和一盒火柴丟到費老頭的手邊，費老頭從盒子
裏摸出一根半截的火柴點燃了香煙，所長伸手掩著呵欠的
嘴，又說：「這次出事的不是我的太保兒子，行凶的孩子是
我的政工長官的兒子，政工長官現在調到外島工作，我奉命
處理這個事件，棘手的是受害人的姐夫，他是有名的八煞之
一。」

陳列在右側的文書櫥上的一張銀牌反射著熠熠的燈光，
那是由所裏的外役以軍官名義參加反共論文比賽所奪取的銀
牌，代寫的囚犯正以「匪諜」的名義在看守所服刑。

「八煞之一。」張所長喃喃地說，想起了青島東路的一
段故事。

著手組織反對黨的《自由中國》半月刊發行人雷震下獄
以後，被移送青島東路的軍法看守所。青島東路的軍法看守

所有兩棟兩層樓房，這兩棟兩層的樓房都由樺山車站的倉庫改建而成，靠近濟南路的一棟稱為「東所」，靠近軍法辦公室的一棟稱為「西所」。「西所」再分為兩半，一半供軍法局使用，一半供警備總部的軍法處使用。軍法處將「西所」留為判決確定的囚犯代監執行的場所。「東所」和「西所」之間另建六間的病房和醫務室連接。雷震就由張所長安排，關在二號病房。後來台大的彭明敏教授也關在這間病房，不過那是雷震離開軍法看守所以後的事。關在病房的目的就在隔離。大押房嘈雜，藏龍臥虎，軍法看守所憂慮雷震通過第三者私通外界，或絕食抗議，增加許多困擾。當然，特務也不願意雷震看到政治監獄的黑暗和垢濁。警備總司令部選擇被特務破壞的真正的共產黨員洪國式和雷震同住。洪國式是中國東北人，由中共派遣來台的間諜，被捕以後和特務合作，扮演「反共義士」的角色，任由國民黨宣傳，後來他在綠島和板橋的政治犯集中營講授中國歷史的課程。

把籌備反對黨的領袖關進看守所，對張所長來說也是一件大事。前任的陳所長曾經在任內，槍決赫赫有名的二次大戰抗日名將李玉堂，那是陳所長最喜歡提起的一個事件。李玉堂是山東籍的名將，黃甫軍校第一期的畢業生，一般稱為山東三李之一。他在長沙會戰中擔任第八軍軍長，長沙會戰是二次大戰的重要戰役，特務指證李玉堂的小太太是「匪諜」，英雄難過美人關，夫婦一齊槍決，雖不同日生，卻是同日死。從這一點來說，參謀總長王叔銘將軍的遭遇就幸運

多了，從王叔銘竊取情報的情婦徐露也倖免於難。徐露是京戲的女伶，王叔銘在空軍總司令任內，曾經為她挪用國防部費用維持一個劇團——大鵬劇團。挪用國防費用從事娛樂活動，本來就是中國的傳統，至於戰爭的勝負，那是兵家常事。清朝的慈禧太后曾經移用海軍經費興建頤和園呢！現在挪用國防費用從事娛樂活動的傳統，就由政工部門繼承；王總司令利用特務頭子蔣經國擴大政工勢力的欲望，以從事官兵休閒活動的名義，出資組織了一個士兵不願意欣賞的京戲劇團——大鵬劇團。當然這是特務頭子支持的活動，被閹割的蔣黨文官武將誰也不敢出聲。至於徐露，現在她還擔任中國文化大學的戲曲講師呢。她所竊取的情報不是愛情的「情」，她所竊取的情報是國防情勢。她的媽媽在約會的牀鋪下面裝置了竊聽器，她的媽媽和同居的男人都判了有期徒刑。張所長已經接任，他還喜歡援用徐露的媽媽在法庭上所說的一句話：什麼情報，還不是男女牀第之間的對話。王叔銘是當權的將官，根據中國的政治傳統，政府永遠不會做錯，它必須掩護人民所注目的大官，不能向人民證明錯誤。蔣介石乃令王叔銘轉任派駐聯合國的軍事代表團團長。李玉堂是失勢的將軍，失勢的將軍就要槍決。失勢和當權究竟不同，但是他們都是女人惹的禍。

　　張所長常常從東所的辦公室經過醫務室和病房的走廊，走到外役工作的廠房巡視，有時候他站在第二號病房靠近走廊的鐵窗口和雷震談話。病房是四公尺平方的房間，抽水馬

桶和洗臉的水槽放在後面的角落上，平常一個房間放著三張
單人木牀。雷震遷入看守所的前夕，他下令把中間的木牀搬
走，病房的灰色的木造門開在靠近走廊的一邊，門後有一座
放置衣物的木架，後面也有一個鐵窗口，窗外卻有圍牆擋住
視線，房內的囚犯可以從靠近走廊的鐵窗口，瞭望在庭院裏
走動的官兵和囚犯。

雷震半躺在靠近後面鐵窗口的單人牀上，戴著玳瑁鏡框
的老花眼鏡閱讀書籍。張所長站在窗口，雷震挺起上半身坐
在木牀上，右手拿著老花眼鏡，紅潤的光頭就像蔣介石一
樣。靠近走廊旁邊的鐵窗口的洪國式婉轉地向雷震介紹張所
長的德政，張所長撫摸著右頰下端的大黑痣，躊躇志滿。

「有一個鄉下老太太從南部趕到台北接見失蹤多年的兒
子。她的兒子已經在看守所服刑，身體強壯，健談如故，她
非常高興，看到我就跪在地上叩頭下拜。她對我說，我養得
比她更好。有一天我帶你到看守所的外役工廠看一看，你就
會相信我的話。」張所長信口開河地說。

「你寫下這一段故事對外招生，或許南部還有更多的鄉
下老太太會把兒子送到看守所託你看管。」雷震幽默地建
議。

「當然，監獄裏邊關著的是政治犯，難免受到不良的影
響。」張所長回答。

張所長佩服洪國式的老練，洪國式奉命監視，居然可以
取得雷震的信任。雷震寫了幾封信件委託洪國式秘密帶出，

交給鐵窗外倖免於難的朋友。根據軍法看守所的規定，來往的書信不得超過兩百字，內容不得談論案情。洪國式可以離開病房，到辦公室和張所長談話，他將這些書信呈送張所長。

「你怎麼能夠騙到這些書信？」張所長驚訝地問。

「我告訴雷震，特務派遣我誣攀他，我不想這麼做。所長帶他到軍事法庭陳述他和投共的國民黨高級幹部邵力子之間的關係，我等雷震說完之後，才警告他這種解釋將給他帶來麻煩。其實，無論他怎麼說，他總是會判刑，不可能放他回去。雷震就信以為真，利用我外出的機會託我帶信。」洪國式回答。

這些書信就由張所長交給保安處的特務，特務審查以後又交給洪國式，讓洪國式傳遞信件，觀察收信人的反應。洪國式騙取雷震的信任以後並沒有得到特務的賞賜。一個寒冷的晚上，八煞裏邊的一些人奉命在一條行人往來較少的黑暗的巷口埋伏，他必須經過這條巷子參加特務的集會，他們從埋伏的地方出現，抽出武士刀上前亂砍，鄰近的人聽到廝殺的聲音。第二天鄰近的人發現他蜷伏在路邊的陰溝裏，烏黑的血液和泥濘沾滿了衣服，呼吸已經停止。報紙僅以小塊新聞報導流氓的械鬥，和他交往的「反共義士」都不敢說話。

張所長不知道他被亂刀砍死的原因。他的行李還放在看守所，所裏的官員猜測他洩漏內部的消息，特務頭子不願意公開審判，才以流氓的誤殺處理。據囚犯的分析，雷震是典

型的自由主義者，所以組織的西方式的反對黨不能改變資本主義的經濟制度，洪國式是共產黨員，有意助長法西斯的國民黨和自由主義者之間的鬥爭，被特務發覺。

張所長的心思像是被八煞的凶狠懾服，再度敘述彈子房的故事，當他提到八煞的時候，總是吞吞吐吐不敢說出來。他的眼睛瞪著費老頭的肥大的鼻子，但是他終於壓低音調指出傳說已久的八煞亂刀砍死洪國式的秘密。

「彈子房的計分小姐和季建光的同學是我們眷村的人，你替他們草擬一份筆錄，證明這是互毆的事件，雙方都有錯誤。我可以要求警察派出所的官員照樣抄寫，留下有利的紀錄，然後找八煞和解。這些殺人不眨眼的人，凶狠成性，很難理喻。還好，我把太保兒子關起來，可算是先見之明。」張所長叮嚀著，張所長曾經把太保兒子關進安坑分所。

五十一

「被告蔣海溶、李世傑早年參加共黨組織、潛伏調查局,根據戡亂時期懲治叛亂條例第二條第一款,判處死刑,褫奪公權終身;被告姚勇來、路世坤早年參加共黨組織,來台以後潛伏新生報社,破壞政府基本國策,判處十五年有期徒刑,褫奪公權十年。……」

審判官念完判決主文,目光朝著天花板避免和庭上被告目光相遇。被告們都沒有驚呼,只是臉孔慘白,僵硬地站在庭上。軍法看守所的張所長特別派遣兩個班長走上法庭扶持瘦骨嶙峋的蔣海溶,讓警衛連的士兵分別帶走其他的被告。

兩個班長扶著蔣海溶走向軍法看守所,蔣海溶扭動著嘴角,蒼白的臉上顯露出更多的皺紋。班長引他走向二樓的所長室,政戰室的外役已經在所長室安置了錄音機,記錄蔣海溶宣判死刑後的反應。當他坐上柔軟的長形沙發,支持他抗拒政治鬥爭的力量突然消失,他的全身幾乎崩潰。張所長踏進所長室,蔣海溶已經沒有招呼的力氣,只是用懇求的探索的眼光望著門口,兩個護送的班長自動離開。

「蔣處長,我了解你的心情,」張所長說。「我剛剛見過

軍法處的范處長。他是你的福建同鄉，非常關心你的事件，特地要求我照顧你。你也知道在軍事審判中審判官不能獨立審判，尤其是重要的案件，刑期都由上級指示，審判官只是宣布上級的意志，軍法處實在是無能為力。但是我們還是站在公正的立場轉呈蔣處長的辯護書狀，拖延一段期間，讓時間來解決調查局的內部鬥爭。在拖延的期間內，我將盡我的能力協助蔣處長。本所礙於規定不能倒下一杯烈酒讓你提起精神，可是我特地吩咐外役沖了一壺濃茶。上級還鼓勵蔣處長繼續奮鬥，不可氣餒。」

在辦公室工作的外役端送一副白瓷的茶壺放在沙發左側的茶几上，張所長坐上大沙發椅，殷勤地倒下一杯熱茶送給蔣海溶，讓蔣海溶在痛苦中得到一些安慰。

「政府遷到台灣以後，調查局的偵訊工作是由我展開的，」蔣海溶改變往日的沈默和冷靜，抑制不住激動的情緒吐露他滿腔的悲憤。「當時我們的公開的聯絡處就設在館前街，我們日夜不停地工作，逮捕數不盡的可疑分子，除了三張犁留置室，我們還利用新竹留置室，日本海軍在萬華留下一棟船形的椰子樹環繞的兩層建築物也讓我們使用。當時調查局的局長是季源溥，我們以有限的人力負擔繁重的工作。」

「你也知道大陸淪陷前陳立夫的 CC 派在黨裏實力雄厚，一般人有『蔣家天下陳氏黨』的說法。可是在特種工作方面，『軍統』總是想盡辦法來打擊我們『中統』，『中統』

的特務處在劣勢。來到台灣，我們才整頓業務，重振威風，最重要的偵訊工作就由我負責。館前街的辦事處讓人民聞風喪膽，我經手的重大叛亂案有兩百多件，有些案件槍決的人數往往數十人，這些死刑囚都由軍事法庭宣判，如果我是共產黨員，貴處的軍事法庭豈不是變成共犯？」

「政府遷台，調查局隸屬內政部，後來台灣人即將出任內政部長，特務機關不能讓台灣人監督，調查局改隸司法行政部，內政部長的職權也因而削弱。季局長留在內政部擔任次長，局長改由『中統』的張慶恩出任，他是最後一位『中統』系的局長，沈之岳以『軍統』特務出掌『中統』的調查局局長。『中統』的主要幹部有的被捕、有的退休、有的轉入其他機關，他引進『軍統』幹部代替『中統』人員，中統的勢力完全被『軍統』的沈之岳瓦解。三國的曹操以老奸聞名，現在沈之岳也抄襲曹操的手法，他提拔范子文當處長，然後藉故下獄，達到整肅的目的，許多『中統』的人都以為范子文是沈之岳所提拔的人，不敢懷疑沈之岳的動機。」

「我參加特種工作是在抗日戰爭期間，那是本黨的抗敵後援會。我把我的一生獻給黨國，『領袖』忽然派遣對立的『軍統』特務沈之岳擔任局長，翻過臉來誣我叛徒。最初我還以為『領袖』正在考驗我，就像上帝考驗約伯，現在我才曉得他將毀滅我的生命。我的工作除了擁護『領袖』以外從來沒有別的動機，反共的政策變成我的行為準則，我傾全力打擊左傾分子。現在『領袖』把我列為敵人，我變成我所討

伐的『共匪』，我已經完全幻滅。」

「沈之岳原來是『軍統』特務，奉命前往中共占領區，參加抗日大學，一度擔任毛澤東的秘書。離開中共區域後，他返回國民黨，出任軍統局中共科科長，我們從大陸撤退，領袖憂慮祖墳被中共挖掘，委託沈之岳打聽消息，沈之岳派遣情報局手下冒著生命的危險，前往中國大陸拍下領袖祖墳的照片。祖墳保持原狀，領袖大悅，乃重用沈之岳，任命他做調查局副局長，並從副局長升任中央黨部副主任。」

「現在領袖已經安排長子蔣經國先生當繼承人，『中統』的創立人陳立夫先生曾經打擊經國先生，那是三十年前的往事。經國先生已經是新的領袖，領袖人物應有領導不同派系的氣魄，不應該念念不忘三十年前的舊恨。當他派遣『軍統』特務沈之岳出掌調查局長的時候，他駕臨調查局，支持沈局長的任命，沈重地勉勵所有的工作人員放棄派系成見，衷誠合作。他親自安撫『中統』舊部，消除他們的疑慮。沈之岳雖然出身『軍統』，但曾經一度出任調查局副局長，『中統』舊幹部也未敢表示反對。現在沈之岳已經陷害不少『中統』幹部，經國先生不應該保持沈默。」

「出任調查局長以前，沈之岳經常穿著『我是罪人』的白色衣服，在台北濟南路口阻攔過往的路人參加禮拜，許多人看到他的狂熱的宗教活動，以為他是虔誠的基督教徒。但是三〇年代芝加哥大流氓頭子 Al Capone 也一樣熱中宗教活動。我們必須分析他的動機，他的一生已經充滿了罪惡，

狂熱的宗教活動可以減輕良心的譴責，可以掩飾滔天的罪行。」

「沈之岳就任局長以後，首先拿出每月二十萬元新台幣——相當於五千六百元美金——的局長特支費分賞每一個職員，施惠於人。當時幣值較大，每一個職員每年可以分配一件或兩件沈局長賞賜的西裝料子。如果我們分析他就任以後逮捕『中統』幹部的措施，我們就可以了解他的施惠行為就在收買人心，減少整肅的阻力。他是懷著敵意接掌調查局，他的動機和行為都已經顯露，無論沈之岳的整肅是否出於經國先生的意思，經國先生都應該說話。他保持沈默，就是支持整肅，他不能推卸責任。」

蔣海溶雖然保持處長的風度，他的尊嚴受到嚴重損傷，他的生命遇到生死關頭，他不能不有所辯護。張所長看起來好像不知所措，他沈默了一會兒才說：

「上級希望你了解並不是所有的人都要陷害你。本部的高級長官對你的事件十分關懷，你也知道軍事法庭不便替你洗雪，但給你相當的時間讓你有挽救的餘地。調查局固然對本部無可奈何，還是厭惡本部的作風。對於一般政治犯，我們絕不會這樣做。」

張所長又叫外役送來沸騰的開水，沖進茶壺，親切地倒了一杯熱水給蔣海溶。沈默片刻，原來的兩個班長過來帶走蔣海溶，在警衛室釘上腳鐐。

五十二

　　馬正海的女兒向監察院控訴警備總司令部陷害忠貞幹部，虐待未決囚犯，並沒有減少馬正海所受的逼害。軍法看守所反而對他禁止室外活動、禁止通信、禁止接見，他愈掙扎，捆縛的鎖鏈愈緊。他單獨困在狹窄的陰暗的第二十一號囚房，懷著卑屈的心情讓生命萎絕。

　　炎熱的夏天已經度過，秋雨不斷地打著走廊上的窗子，窗外飛來一隻大蒼蠅嗡嗡地繞著囚房，撞向鐵窗上的玻璃。馬正海已經吃過晚飯，他拿著拍蚊子和蒼蠅的塑膠拍子站在鐵窗的窗框下面。一條鉛線從第二十二號黑牢的鐵窗口緩緩地沿著第二十一號房的鐵窗窗框爬向第二十號黑牢，一條字條夾在鉛線的尖端顫動，鉛線的尾端纏在一枝竹竿上。他好奇地瞅著字條，爬行的鉛線往前移動，即將到達第二十號黑牢。

　　他趕緊搬動棉被、書籍和行李堆到牆角下的地板上墊腳。他踏上棉被往上跳躍、雙手抓住門楣，左腳踩在木門的橫杆撐住身體，左手扳住鐵柱、右手伸向鉛線，抽下字條，然後一躍而下，跳到地板上，砰然響著。

　　馬正海抽走配線尖端的字條，震彈了爬行的竹竿。手臂勾在第二十二號黑牢上端的鐵柱上的林水泉發覺掃把竹柄震彈，忖度遇到阻礙，緩緩抽回掃把竹柄，果然鉛線尖端的字條已經消失。他頹然跳下門楣，帶著迷惑的表情站在地板上。他的左手仍然緊握著纏著鉛線的竹竿，他連續咳嗽三聲，讓第二十號房的同案知道他已經放棄輸送字條。

　　林水泉坐在窄小陰暗的牢房裏，苦心思索，設計種種途徑聯繫第二十號黑牢的同案。他分解掃把，抽出編織蘆葦的鉛線，一頭縛在掃把的竹柄上，另一頭夾住字條，竹炳和鉛線的長度可以到達第二十號黑牢的鐵窗口。他早年所學的一身功夫正好可以施展，牆上塗著光滑的石灰，他的背靠在牆角，他藉著兩片石灰牆的支持往上一躍，扳住門楣上的鐵柱。他的上半身靠在門楣，他的右手手臂勾著鐵柱，左手握著握把竹柄，一節一節向右伸長。他衡量伸出的竹柄和鉛線的長度，顯然尚未到達第二十號黑牢，鉛線尖端的紙條一定落在第二十一號黑牢。他記得第二十一號黑牢曾經砰然作響，那是從門楣上跳下的聲音。他立即斷定馬正海盜取紙條，他發出低微的呻吟，道德感受到震驚。他不斷地和政治監獄搏鬥，破壞他的戰鬥的竟是同難的囚犯，他已經發現前後受敵，他的遲鈍的悲痛的眼睛無可奈何地看看上端的鐵窗。實際上政治監獄就是靠著囚犯彼此間的監視和告密來維繫，他想。

　　馬正海展開捲起的紙條，字條上密密麻麻地寫著：

推翻虛構的口供必須強調下列數點：

一、　否認聯合陣線行動委員會組織。

二、　揭發調查局工作人員雲林人陳光英的特務背景和陷害陰謀。

三、　分析調查局破壞民主體制的非法活動。

四、　列舉刑訊逼供、非法羈押的事實。

這是調查局派遣工作人員陳光英勾結潛入日本的表兄郭錫麟所設計的陷阱。郭錫麟有獨立運動的關係，而陳光英則與本案羈押被告交往酬酢，遂因緣附會、編造而成。所有證物皆由這兩人所虛構，所有證言都是這兩人的談話。事發以後這兩人居然可以逍遙法外，調查局以國家的稅收傾力陷害政治上的反對者。

馬正海眉飛色舞，這是串供的行為，他想。林水泉是台北市議員，黨外的市長高玉樹的重要幹部，特務逮捕林水泉就在削除高玉樹的羽翼，抑制台灣人民的民主化運動。特務指責我助長台灣人民的反抗，如果我檢舉政治犯的串供，我可以證明我還是蔣先生的忠實幹部。對，蔣先生是我的主人，他運用特務鎮壓台灣人民，林水泉就是我的敵人，我是富於機智的軍人，我不會輕易放棄打擊敵人的機會。

他的左耳貼在左側的牆壁傾聽對方的動靜。水聲嘩啦嘩啦響著，這是小便的聲音。林水泉是經過大風大浪的好漢，或許小便以後就會心平氣和、面對冷酷的人生。果然他已經

聽不到隔壁的聲響,林水泉沒有唉聲嘆氣,林水泉沒有粗魯的動作,他感傷起來。他很想知道對方的反應,可是他聽不到對方的反應。他只好蹲下來草擬檢舉書狀。

他把串供的字條附在正楷書寫的檢舉書狀的後面,整齊地放進塑膠盆裏,擺在送飯的洞口。明天早上,外役將收取每一間囚房的菜盆,放在菜盆裏的書狀就由外役彙集呈送監獄官。他脫下衣服蓋上棉被,躺在地板上,寂靜的監獄不能平定起伏的思潮,他翻來翻去不能入睡。這是漫長的黑夜,他爬到左側的牆上傾聽隔壁的動靜,鼾聲如雷,林水泉居然可以睡覺,沒有考慮對策。

走廊上傳來巡邏官員的腳步聲音。他趕緊躺在地板上,腳步的聲音愈來愈大,終於停在第二十一號房的前面,他看到在窺視孔上轉動的一對探索的眼睛。在軍法看守所的官員心目中,他是一個難纏的角色,他控告所有和軍法看守所有關的官員,包括警備總司令、軍法處長和審判官員。所有的人都說我壞,他躺在地板上幻想,也許我真的壞,可是我不能困死在黑牢裏,我必須掙扎,我像一隻受困的野獸一樣向所有接近的人吼叫,我像聖經裏邊被挖掉眼睛的參孫受到戲耍。我要報那剜我雙眼的仇。窺看的官員已經離開,腳步的聲響漸漸從走廊上消失。

五十三

　　馬正海穿著寬綽的藍色的長袍站在軍事法庭答辯，由於黑牢裏長期折磨，他的頭髮已經斑白，他的宏亮的聲音震動了法庭。

　　「審判長，這個案件是在蘭嶼受勞動改造的所謂『流氓』逃亡而引起的。」他握著拳頭，憤慨激昂地說：「貴部的官員對管訓的隊員殘酷剝削激起他們的反抗，官員和隊員之間的關係完全靠著冷酷無情的暴力維繫，人類的尊嚴和勞動的神聖都被官員的棍子所粉碎，它是以赤裸裸的暴力代替經濟制度和政治制度所掩蓋的迫害。」

　　三個軍事審判官好像聾子一樣端正地坐在審判桌的後面閉目養神，似乎聽不到他的呼喊。他好像站在深山裏，他的聲音被四周的高山擋住，只在山谷裏嗡嗡響著，沒有人聽到他的呼救。

　　「在蘭嶼受勞動改造的所謂『流氓』早已流傳押送的軍警趁著黑夜，將六百名所謂『流氓』趕進洶湧的大海，然後從船上開槍掃射的故事。」馬正海口吐泡沫，揮動兩臂繼續講下去。「即使他們忍受五年一期的勞動改造，他們還要逃

避官員的摧殘和毒害。有一個晚上，以飛賊高金鐘為首的六個隊員竊取海邊的竹筏趁著黑夜逃向大海。他們必須越過洶湧的大海，才能獲得生存。但是他們畏懼官員的摧殘和毒害，情願忍受大海的風浪和鯊魚的襲擊。勞動營的官員卻血口噴人，誣告我挑撥和造謠。」

「軍事檢察官控訴我叛亂。在我們的國家愛國有先後五個次序，那就是『主義』、『領袖』、『國家』、『責任』和『榮譽』。我是建國中學的教官，我首先奉蔣經國主任的指示，在建國中學推行學生集體入黨運動。入黨是奉行三民主義的具體表現，就愛國的次序來說，入黨是第一優先，還有那一個人比我更愛國嗎？我推行的學生集體入黨計畫受校長和學生家長阻撓未能實現。我再三請求鈞庭傳問蔣主任，他是本案最重要的人證，鈞庭始終沒有傳問。」

「我被列入黑名單是從選舉而來的，我的上級反對我參加選舉，他們所持的理由是選舉在應付台灣人參政的要求，他們強調這是國民黨的基本國策。就違反這種基本國策受到特務逼害的大陸人來說，我不是第一個犧牲者，第一個犧牲者是福建籍的國民大會代表林紫貴。第一屆台北市民選市長的選舉，國民黨決定支持黨外親國民黨的吳三連競選市長，對抗黨外反國民黨的候選人高玉樹。這是『以夷制夷』的政策。林紫貴以大陸籍的國民黨員出馬競選，保安處召集所有工作人員，懸賞尋找逮捕他的理由。一個特務發現他曾經保證香港的華僑入境，入境的華僑涉嫌政治案件，保安處乃以

保證可疑分子入境的理由逮捕他。在競選期間他就關在保安處，競選結束，他才獲得釋放，他在保安處關了四個多月。審判長，請你留意，在林紫貴的案件中，特務逮捕他不是他違反法律，而是特務奉命逮捕他，尋找一個藉口下手，這就是叛亂罪。只要有『匪諜』嫌疑，不需要任何證據就可以逮捕。『由憲法規定兩個以上的證人，那是美國人的迂腐。』特務輕蔑地說：『那我們怎麼辦案？誰也抓不了匪諜了，台灣人隨時要造反、要出頭天、要做主人，我們的國情不同。』審判長，我的叛亂就是這樣戴到我的頭上。」

「軍事檢察官指責我參加競選，和台灣的『陰謀分子』沆瀣一氣，所謂『陰謀分子』究竟陰謀什麼？如果他們是在推動民主政治，觸犯什麼法律？何況我是公開參加競選活動，陽謀而不是陰謀，軍法看守所把所謂『陰謀分子』關在我的隔壁黑牢，讓我和他們沆瀣一氣，我沒有自由意志，如果這種行為構成犯罪，應該受到懲罰的是軍法看守所的官員。最近我從軍法看守所檢舉林水泉的串供字條，林水泉是台北市議員，典型的所謂『陰謀分子』，事實證明我和他們勢不相容。」

「我的上級又說，大陸人不能批評政府，為什麼大陸人不能批評政府？我參加市議員的選舉，就是為了蔣經國主任推行的學生集體入黨計畫受到校長和學生家長的反對，校長和學生家長都是和財閥勾結的官僚，他們希望他們的子弟全心讀書，順利考進大學，然後留學美國，享受他們的既得利

益；他們不願意看到他們的子弟參加蔣主任的革命陣營，我反對這些維護既得利益的腐化分子，蔣主任不敢得罪這些既得利益階級下令逮捕我。逮捕我的人說：『家有家法。』審判長，請你想一想，難道大陸人就是家奴，所以不能批評政府？……」

馬正海的臉孔已經火紅，他拉高寬綽的長袍，伸手從長褲的口袋掏出一條揉成一團的手帕揩掉額頭的汗水，恢復他的力氣。

庭上異常的沈默打開了審判官閉著的眼睛，審判長的冷淡讓馬正海打了一個寒顫，他知道審判官聽而不聞，他檢舉林水泉的串供沒有給他帶來他所期待的熱烈反應，他感到羞憤。

「被告馬正海還有什麼話要說嗎？」審判長問。

「我希望能針對起訴書的內容，給我公開辯論的機會。」馬正海答。

審判官抬起頭來看一看坐在軍事法庭門口旁聽的小玉和小玲，她們幾乎抑壓不住哭泣，淚水已經湧上美麗的眼睛，她們很難了解為什麼審判官心不在焉，為什麼爸爸合法的要求得不到適當的尊重，審判長感到不自在，急促地宣布：

「審判結束，聽候判決。」

五十四

　　黑夜已經降臨軍法看守所，庭院下著濛濛細雨，四周的燈光從二樓的頂端照射鐵窗和水泥牆交織的樓房。所有的景物都交叉著明亮的燈光，只有電燈熄滅的地方才能找到陰暗的影子，地面上被燈光照亮的人是來回踱步的管理班長。押區的外役早已關進押房，警衛連的衛兵只能在屋頂上巡邏，不能接近問題人物。

　　梅班長已經在軍法看守所當了二十年的獄卒，他總是放輕腳步慢吞吞地走路，他的頭部左右搖晃，眼睛不斷瞟動，那些緊閉的囚房似乎都包藏著不少的秘密，每一個囚房有他們的陰謀，每一個囚犯又有他的詭計，每一人的腦筋都在轉動。上級常常說，政治鬥爭是生死鬥爭，稍稍不謹慎就要斷送自己的生命，每隔一段時間，他都從窺視孔裏查看那些在陰暗的囚房裏活動的囚犯。

　　他還是喜愛青島東路的「東所」和「西所」。他曾經在「東所」當過領班，「東所」的押房是由樺山車站的倉庫改建。看守所使用粗大的木材將倉庫分隔為四排，排與排之間是一條圓形的木柱環繞的走廊，每排又以木板分隔為許多囚

房，囚房鋪著地板，囚犯就在地板上睡眠，沒有牀鋪。靠走廊的一邊是一排粗大圓形的木柱，木柱和木柱之間架著橫木嵌在木柱上，成為木格子。他可以站在門口觀看走廊對面的囚房的生活。實際上，整區押房就是一個政治犯社會，人聲吵雜、空氣污濁，政治犯在窗口上端懸掛軍毯，軍毯的下端縛著掃把，值班的囚犯輪流拉動掃把的柄子，疏通污濁的空氣。每逢他送進一個囚犯，靠近大門的囚犯便好奇地訊問：

「紅帽子嗎？」

如果新來的囚犯點頭，押房裏就轟然高呼：「又來一個政治犯。」整個押房就像一個市場，可以溝通消息、可以互相鼓舞。

「東所」的押房後來換用粗大的鐵條改裝，一個在押房關過的工程師捐了兩部大型抽風機給軍法看守所，疏通污濁的空氣，囚犯不必輪流拉動懸掛的軍毯。押房雖然還是充滿惡臭，對巡邏的人來說，鐵格子押房一目了然，視線較為清晰。

特務興建景美軍法看守所，意在孤立政治犯，使他們斷絕外界的社會關係，使他們困苦無依，任憑特務擺布，因此，景美軍法看守所大部分是密閉的押房。

他的面前浮現許多被槍決的臉孔，一個幻化的龐大的身軀拖著腳鐐逐漸迫近他的身邊。

「這是馬驪。」他喃喃地說。

帶腳鐐的馬驪是判處死刑的中校警長，每逢囚犯散步的

時間，馬驫都拖著腳鐐跑到病房的窗口，踢著正步舉手敬禮。馬驫是北方人，一條難得的好漢。台大教授彭明敏和學生就關在病房，死刑囚的執行都在星期二和星期五，囚犯稱為「黑色的禮拜二」和「黑色的禮拜五」。一個黑色的禮拜五，一群官員擁進押房抱住馬驫，一個士官抓握成一團的毛巾塞進馬驫的嘴裏，馬驫已經有所準備，寬闊的肩膀在許多士官的肋膊下掙扎，健壯的頸子不斷地扭動，擺開了握成一團的毛巾，張開嘴巴高聲呼喊：

「毛澤東萬歲！共產黨萬歲！」

這些勇敢的人都在他的眼前幻化。從昨天下午，他日夜不停地賭博，他輸光所有能輸的金錢，包括叔父贈送的娶妻費用，其他士官不願意代替他的夜班，他睜著惺忪的睡眼巡邏。

他站在橫過看守所中間的走廊上，四周都是嵌著鐵窗的樓房，樹木的稠密的枝葉都被剪除，庭院幾乎找不到陰影，狹窄的水泥路繞著樓房通過草地伸向黑牢。他走向草地上的水泥路，瞥見樓上搖晃的人影。一個穿著柔軟的白色睡袍的女人坐在第四區的窗邊，手拿梳子整理垂在肩上的黑溜溜的長髮。他覺得他的精神恍惚，他看到這個梳髮的女人已經第二次了，第一次是在青島東路的『東所』。『東所』將倉庫分為四區，樓下是第一、第二兩區，樓上是第三、第四兩區，第四區也是女囚區，當時女監也人滿為患，軍法看守所為她們帶來的子女開了一間幼稚園，地點就在散步場所的圍

牆後面。特務用銅刷磨刷女囚的陰道，一個女學生的陰道發炎，不敢開口求醫，忍不住小便時的痛苦，就在四區的囚房自殺。他記不清楚穿白色睡袍梳頭的女人是不是上吊的女學生。第一次，她在「東所」的二樓窗口出現，他站在病房的走廊上，中間隔著網球場一般大小的散步場，高大的椰子樹在窗口搖曳，他實在看不清楚，只留下模糊的影子。他趕緊踏上陰溼的水泥路靠近樓上的窗口，雨中的燈光朦朧，窗口的人影已經消失。他記起上次看到的時候，他也輸光了所有值錢的東西。

庭院仍然下著淅瀝的小雨。他抱著胳膊，默默地走過水泥路，踏上黑牢的台階。

這些整天關在狹窄而陰暗的小囚房的政治犯一定又在設計什麼陰謀。他放輕腳步的聲響，穿入黑牢的走廊。他聽到演說中的抑揚的聲調，這是馬正海的演說，馬正海是單獨囚禁，究竟誰是他的聽眾？難道馬正海已經發瘋？他伸手移動窺視孔上的銅片，眼睛伏在孔上探索，他已經看到馬正海的斑白的頭髮，馬正海坐在地板上抱著胳膊欣賞自己的演說，闊大的嘴巴卻是緊閉著。今夜鬼影幢幢，他曾經向監獄官報告夜半出現的穿著白色睡袍的女鬼，被監獄官訓斥一頓，或許這也是幻化的形狀。他又伏在窺視孔上觀察，馬正海闊大的嘴巴仍然緊閉著，抑揚的演說還在持續。晚上八時以後打開囚房必須由監獄官核准，他趕緊離開黑牢，跑到第一區門口的管理室，打了一個電話給監獄官。

「你確實沒有看錯嗎？」監獄官在電話裏訊問。

「沒有。」梅班長答。

「你有沒有吃酒？」

「沒有。」

「你有沒有打牌？」

「我在值班怎麼打牌？」

不久，監獄官帶來兩個士兵打開第二十一號黑牢的綠色的門扉，士官擁進囚房搜索馬正海的行李，從他的棉被下面找到一部小巧的錄音機。

原來牢外的小玲巧妙地偷運一部小錄音機給牢房裏的馬正海。馬正海穿著寬綽的長袍受審，他的長袍裏隱藏著那部小巧的錄音機。他聽說軍事審判就是一場鬧劇，軍事審判官可能聽不進他的議論，書記官可能更改他的審判紀錄，於是他就靠著隱藏在長袍裏的錄音機保留他的答辯。在單獨監禁的小囚房裏，他打開錄音機，重播他的答辯。

五十五

「被告馬正海著手顛覆政府，根據戡亂時期懲治叛亂條例第二條第一款判處死刑……。」

審判官宣讀判決的主文，如釋重負一般愉快地離開軍事法庭。

「報告審判官，我所提的人證和物證都沒有經過調查。」馬正海提高喉嚨說。

「不服可以上訴。」審判官輕鬆地回答，繼續走向審判台側面的小門。

馬正海的兩手被兩個士官上了手銬，士官帶他離開法庭，在雨中步行，穿過軍法處的庭院。

「反正結果就是這樣。」一個士官說。

他抿緊嘴唇，忍住了眼淚，腦海裏出現了往日的種種。「我並沒有走錯路線，」他想，「在陳副總統和蔣太子的鬥爭中，我選擇在野的蔣經國鬥爭陳副總統。蔣經國已經在政治鬥爭中獲得勝利，他是一個反對中共的共產主義者，有意爭取蘇聯的支持在台灣實行集體主義，他又是蔣介石的兒子，必須繼承父親的權力和事業反共抗俄。他的心裏充滿了矛

盾，他當權以後仍然繼續蔣介石所走的親美路線。可是每當美國和他的關係惡化的時候，親蘇的想法就要出現。也許這是第三世界的國家領導人的一種典型，不過我總覺得他缺乏開國帝王的氣魄。他要求跟隨的人都跟隨他的指揮棒活動，一個命令一個動作，這不是有作為的人所能接受的。他的路線又是舉棋不定，如果他改變路線，我可能成為犧牲品，我沒有部隊、我沒有實力，我必須參加競選爭取群眾的支持，這是民主的常軌。我犯了什麼錯誤？」

軍法處的禮堂面對軍法看守所的大門，軍法看守所的醜陋的樓房蒸發污濁的囚犯的體臭和呼吸，即使鄰接的軍法處庭院也充滿憂鬱和恐懼。一面磚石疊起的石碑像墓碑一樣樹立在禮堂的門口，石碑以正楷浮雕「公正廉明」四個大字。雨水淋溼了石碑，碑上的字體淌下水滴。禮堂前面的花圃滿開著深紅色和黃色的菊花，像是獻給死神的花朵。

「這裏埋葬著『公正廉明』，讓囚犯憑弔，」他搖了搖頭，感嘆地說。「如果『公正廉明』就不需要交付軍事審判，明知軍事審判不公、不正、不廉、不明，又交付軍事審判，就是一種技巧的謀殺。」

五十六

「被告屢次請求閱讀家人送來之聖經，始終未見批准，聖經為宗教書籍，縱然基督教長老會批評政府，馬克思主義書刊與聖經同時禁閱，似非允當。倘若勢必禁閱聖經，亦請批示，以便轉告家人帶回，被告鄭慕聖敬上。」

政戰室的外役李仕材和吳力生站在辦公桌的前面，看到從警衛室轉來的報告，他們相視而笑。李仕材把這張報告交給審查書籍的外役甘衍流。

「特務指定必須隔離這個政治犯，」甘衍流說，「所以我不能交給他聖經。據李幹事說：第一、聖經上每一節每一句都編著號碼，囚犯可以援用句節上的號碼對外通信；第二、聖經給予受難者無限的勉勵和安慰，在特務逼迫囚犯屈服的過程中會增加阻力。」

對於政治犯來說，書籍可能是囚犯生活的最佳伴侶，它給囚犯知識、勇氣、安慰和消遣。政治犯的起居、衣著、談話、飲食、通信和閱讀都要受到軍法看守所的控制，書籍的檢查是政工部門的主要工作。

甘衍流打開抽屜，翻出一大捆囚犯的報告捧到辦公桌

上，「你看，這些報告都是要求閱讀家人送來的文藝書籍。
平常我們不禁止聖經，只是對一些特務單位命令隔離的政治
犯禁閱。可是文藝作品就不同，譬如：『一群鴿子在蔚藍的
天空翱翔，一個農村青年站在屋頂舉起紅色的旗子揮動，鴿
子振動著小巧的羽翼飛向紅色的旗子，在屋頂上環繞。』對
政工人員來說，紅色的旗子代表共產主義，鴿子代表人民，
農村的少年代表共產黨或同路人，揮動紅色的旗子就是『為
匪宣傳』。文藝作家的問題最多，我們看守所就關了兩個作
家，一個是台灣鄉土作家陳永善，筆名陳映真；一個是東北
作家郭衣洞，筆名柏楊。對於文藝作品，我們無從審查，只
能盡量限制。」

　　甘衍流替軍法看守所擬了一份苛刻的審查辦法，限制囚
犯的閱讀和通信。這一份審查辦法曾在海外的台獨刊物登
出。根據這份審查辦法，囚犯除了技藝書籍、國民黨的教條
和中國古籍以外，不能閱讀哲學、文學和社會科學之類的書
籍。這個書刊審查辦法是「政工文化」的規則。

　　蔣經國培養政工人員，主要的任務就是限制人民的思
想。根據政工人員的分析，文學敗壞社會秩序，三〇年代的
文學瓦解國民黨的社會基礎，替中共鋪路；哲學引入西方民
主思想，瓦解了傳統文化。政工人員又認為社會科學就是社
會主義，可能煽動人民推翻政府。政治監獄的目的，是在將
那些受了西方民主思想「毒素」的人關起來，禁止他們閱讀
哲學、文學和社會科學書籍，重新灌輸國民黨的教條。

　　李仕材轉過臉去對著吳力生。他受不了甘衍流的胡說八道，甘衍流繼續發表他的文學誤國論。從他的口氣聽起來，他似乎已經發現永垂不朽的真理。

　　孟班長從門外伸出微禿的頭。「立法委員的兒子保釋，你們來一個人收拾他的文件和書籍。」

　　「我下去。」李仕材說，跟隨孟班長走下樓梯。

　　他在樓梯口瞥見一個臃腫的太太伸出戴著鑽石戒指的滾圓的手和張所長握手。他走到龍生的身邊收拾政戰部門的文件。一陣陣香粉味道從她的身上發出，她展開滿臉的笑容向張所長解釋她的立法委員的丈夫和關進來的兒子。

　　「龍生，你對這次的事件有什麼感想？」站在所長身邊的輔導官問。

　　「鐵窗的內外是兩種完全不同的世界，我好像遊歷一次地獄。短期的觀光是值得嘗試，可惜政治監獄的刑期太長，一般刑期都在十年以上，人生有幾個十年？一旦掉進牢裏都要浪費一個人的青春。」龍生答。

　　「治亂世用重典，我們不拿出繁重的懲罰，還是很難改變這些執迷不悟的政治犯。外面還有不少的人好談民主，批評政府，尤其是留學生。在政治上，他們像白癡一樣很難了解政府的苦衷。如果我們不用這種高壓政策，我們怎麼維持社會秩序？」輔導官說。

　　「龍生，你要好好記住輔導官的話，將來你還要留學美國，總會遇到這些問題。」胖太太叮嚀著。

　　「政府已經開始注意留學生的活動，我們曾經關過維斯康辛大學的研究生黃啟明，夏威夷大學研究生陳玉璽，東京大學研究生劉佳欽、顏尹謨，岡山大學研究生陳中統等人。政府也經常派遣有關官員出國，給予留學生適當的政治教育。」輔導官又說。

五十七

　　國民中學的鐘聲叮噹響起來，第四節課的幾何老師丟下粉筆，脅下夾著大圓規走出教室，留著兩個大小不同的圓形的圖樣在黑板上交叉。班上的女學生已經飢餓難忍，紛紛從書桌下拿出便當，翻開盒子，連續吃了幾口。

　　姜英已經在第三節課下課後的十分鐘休息時間吃完了便當，從書桌下的書包裏拿出一件淺藍色底子的裙子，上面印著許多蝴蝶的圖樣。「這是我媽媽最近替我選購的花裙，佩玉，你看怎麼樣？」

　　坐在她旁邊的佩玉放下便當，伸出纖纖玉手鑑定花裙的質料，連聲讚美，然後從書桌下掏出一雙黑白相間的高跟鞋給姜英看。「這是我從姐姐偷來的鞋子。」

　　她們要在午後三點半下課，下課後她們預定參加一個年輕人的狄斯可舞會。雖然學校規定頭髮不能太長，只要換上花花綠綠的衣裙，她們還是充滿青春氣息的好舞伴。

　　坐在姜英背後的琴心伸出夾著筷子的手，用筷子的另一端敲著姜英的綠色的學生裝上衣。「我問你，你看過阿月吃過便當嗎？」

她們轉過頭來看佩玉後面的阿月的桌子，阿月早已離開教室。她們每天看到阿月把便當盒子放在書桌上又收起來，從來沒有人看過她吃便當。

「奇怪。」她們異口同聲地說。

佩玉伸手從阿月的書包抽出便當，打開盒子。盒子裏空無一物，沒有裝飯的痕跡。

「奇怪。」她們又異口同聲地說。

許多同學放下便當圍攏過來嗡嗡地吵嚷著，她們七嘴八舌發表意見，談話的內容是關於阿月的事，阿月似乎有與眾不同的身世。

「她把空便當盒子擺在書桌，讓大家瞧一瞧，表示她和大家一樣吃便當，其實她從來沒有吃過便當。」

「她家裏很窮，沒有錢做便當。」

「她的爸爸好像經常不在家。」

「她的爸爸在坐牢。」

「她的爸爸是政治犯。」

「她的爸爸是共產黨。」

高雄的苓雅寮是工廠林立的地區，即使國中的上空也充滿煤煙的氣味。每天早晨，阿月赤腳走過一段泥濘不堪的小路，在學校附近的水溝裏洗淨腳上的泥土，擦掉臉上的油煙，露出淺黑的清秀的小臉，然後穿上爸爸坐牢前替她購置的球鞋走進校門。早上一頓稀飯要維持一天的體力。如果她從稀飯裏撈出一個便當的飯，她的弟弟妹妹只能喝湯。她畏

懼同學的嘲笑，帶著空便當盒子上學。在吃午飯的時間，她獨自走到校園的一角，複習學校的課程。從校園裏，她可以看到聳立在空中的黑色的煙囪，那是爸爸坐牢前做事的工廠。她已經兩年沒有看到爸爸。

上課的鐘聲響了，她趕緊跑回教室，當她踏進教室的時候，她發現所有的視線都集中在她的身上。她感到一陣驚慌，叮噹的鐘聲還在響著，她應該沒有遲到，她裝出勇氣走到她的書桌。啊！書桌上擺著她的空便當盒子，盒子已經被打開，蓋子放在一邊，她滿臉通紅，像一朵鮮豔的玫瑰花。班上的學生忍不住笑出來。她的自尊心受到嚴重的損傷，她的雙手掩住小臉，臉上的肌肉正在顫抖，眼淚奪眶而出。爸爸！也許我太懦弱了，她自言自語，現在我最恐懼的事情終於發生。我能夠接受貧窮、我能夠忍住飢餓，但是我實在受不了人類的歧視。

五十八

　　林老師用右手拿著筷子夾起一塊蘿蔔乾炒蛋下飯。高雄的報紙已經放在圓桌上，他瞥見囚犯子女攜帶空便當盒子上學的故事。他不是這所學校的老師，報紙上沒有指出她的父親所犯的罪名。他伸出左手翻開折疊的報紙，一邊嚼著炒蛋的蘿蔔乾，一邊閱讀這一則新聞。

　　他穿著白色的襯衣和米黃色的卡其褲，打了一條紅白相間的斜條圖樣的領帶準備上課。他是半工半讀完成師範大學的課程。他生在偏僻的鄉下，在中學那一段期間，每天早上他睜著惺忪的睡眼，沿著稻田邊緣的小徑走兩小時的泥濘路上學。二十年了，結實的身體也隨著年齡的增加而出現臃腫，沈重的下巴已經下墜，他戴上黑邊的眼鏡，披著咖啡色的西裝上衣，脅下夾著報紙走向學校。

　　他在課堂上提到他的求學的經過，吃的都是番薯簽粥——曬乾的地瓜細條做成的稀飯，下飯的是沒有油水的南瓜、蘿蔔和小魚乾。吃飽飯已經很不容易，即使燒爛的稀飯也要嚥下，沒有選擇的餘地，那敢奢談味道。四十多個學生筆直地坐在椅子上傾聽他的教誨。

　年輕的陳老師在教員休息室和他攀談起來，她有鬈曲的黑髮和小巧的嘴唇，相當健談，她生在富有的家庭，從來沒有嘗過貧窮的滋味。

　「我只到過雇農的家庭，那一對夫婦都替我家做事，後來移到台東開墾。我很難想像工人的生活，工人整天操縱機器，千篇一律，生活一定很枯燥。我曾經看到他們在小攤子喝酒，唱些難聽的小調，像野獸一般互相毆打。你能告訴我他們的妻子是怎樣生存的嗎？」她天真地問。

　「也許我們可以訪問攜帶空便當盒子的女生家庭，你不僅能夠觀察工人的家庭，還可以發現工人犯罪的背景和動機。」他提出意見。

　他們打電話向國中詢問那個學生的地址，各自騎著腳踏車馳過泥濘的小路。她捲起牛仔褲的褲管，噗哧噗哧作響的污泥飛濺雪白的小腿。她還是興高采烈、仰著頭向前踩去，從一條彎彎曲曲的小路進入一個小庭院。那是用稻桿和黏土建造的泥屋，從中間的泥屋又一間連接一間搭起許多房間，牆上塗著牛糞，他們手牽腳踏車繞過泥屋走上一條小徑，兩側都是破破爛爛的木屋，充滿難聞的氣味。

　一個面目污黑的男人在門後扭住妻子的頭髮揮拳毆打，夾雜著粗野的謾罵。鼻青臉腫的妻子流著委屈的眼淚叫喊，幾個小孩站在門口圍著，鄰近的一對夫婦進去拉開受傷的妻子，妻子的衣服已經撕破，卻不忘破口大罵。

　他們在一間小木屋的後面找到女生的媽媽，鄰近的人都

叫她福財嫂仔。她用乾瘦的雙手舉起鐵槌朝下打進煤球的模子，平常這是粗壯的男人操作的生意，她已經累得氣喘吁吁，太陽曬黑的臉上不斷地流下汗水，她休息片刻才能說出話來。她的手臂還不斷地抖動，他們把腳踏車停靠在屋外牆邊，站在空地上談話。

「我的丈夫叫做黃福財，伊現在關在軍法看守所。」福財嫂仔說。

「為什麼伊關入軍法看守所？」林老師困惑地問。

「伊本來是工廠內最好的鉗工，伊的生活也最守規矩，不吃酒、不打人。十餘年前，物價每日波動，阮的工資實在吃不飽，有人要求提高工資，伊也去簽名，後來帶頭簽名的人都抓去槍殺，特務講，做勞工運動的人攏是共產黨。但是每隔一、兩年，特務就來抓去很多人，前兩年特務才來抓伊，阮是歹命人，不做工就沒飯可吃，軍法處講伊是共產黨，判伊十五年。你是讀書人，你會想，你想阮要怎樣過日子？」福財嫂仔憂傷地說。

「什麼？伊是——政——治——犯？」林老師現出驚愕的樣子，像口吃一樣地說。

「有人講，政治犯是讀書人，但是特務偏偏抓阮做工打拚的人。」福財嫂仔說。

林老師感到膽怯，他的左邊的膝蓋正在抖動，他緊張地牽著腳踏車急欲結束談話，陳老師侮蔑地瞪他一眼，又掉頭問福財嫂仔：

「那些抓進去的人是不是有人放出來？」

「有。苓雅區關出來的政治犯就有三百多人，你到戲院門口等人，總是會遇到一個政治犯，大部分都是工人。」福財嫂仔又說。

在福財嫂仔的關著的門前，有一個喝得酩酊大醉的中年人把門打開，伸出細長的頭探看。

「有人來了。」陳老師說。

「那一個？狗仔又來了，伊是替警察監視我的人，這兩日常常來，真討厭，總是有這種人。你看！什麼人敢來阮厝？我差不多和社會切斷關係，一家快要餓死，警察還不放過阮。你們最好從後門的路走，有閒再來。」

福財嫂仔悽苦地目送兩個老師離開，然後從後門走進小木屋。他們騎著腳踏車穿過木屋的間隙，沿著原來的泥濘路回去。林老師懷著恐懼頻頻回頭探看，防備線民跟蹤，陳老師帶著調皮的微笑問：

「林老師，你還緊張嗎？」

「咳！你要了解我是屬於挫傷的一代。我到台北的師範大學求學，以前師範大學稱為台灣師範學院，當時通貨膨脹嚴重，物價天天上漲，學生要求調整公費、改善伙食。有一個晚上，保安部隊包圍學校宿舍，逮捕幾百名學生。我是漏網之魚，在逃亡和流浪中度過許多恐怖的日子。我的同學都被送到綠島集中營，從此以後我不敢談到政治。我們訪問政治犯的家屬，特務可能誤會我們是國際特赦協會的人權工作

人員，政府指責國際特赦協會是國際陰謀分子，我們會惹來很多麻煩。我還感到心慌意亂，改天我再告訴你逃難的經過。」林老師憂鬱地說。

五十九

　　黃福財的女兒攜帶空便當盒子上學的報導，經過幾個人轉手已經到達安坑分所。國民黨的宣傳機關想盡辦法來封鎖有關政治犯的新聞，除了封鎖不住的消息以外，台灣的報紙從來不刊登有關政治犯的報導，他們有意讓人民遺忘政治犯的存在。雖然有關攜帶空便當盒子上學的故事故意不提政治案件，究竟已經透露了政治犯家屬所遭遇的困難。

　　頸粗如牛的黃福財坐在囚房靠近糞坑的一角，糞坑散發著刺鼻的臭味，他的黝黑的臉上長著一雙大眼睛，他的臉形寬闊，兩眼的距離也比一般人大，他穿著一件短袖汗衫，伸出赤裸的胳膊，嘴上帶著懊喪的苦笑，講起家人困苦的生活。從四周的外役的臉上，他可以看出蘊藏在他們內心的友愛和同情。他們都是洗衣部的外役，燙衣部的外役還在加班。有些人經過一天的苦役已經疲倦不堪，不斷地替換著腳站在地板上旁聽。他繼續說。

　　「阮牽手去工廠和別人的厝做女工，警察也去調查雇主和我的關係，讓雇主的內心產生恐怖，不敢讓伊做工。警察又叫我的厝邊一個酒鬼做線民，阮牽手去每一個所在做工，

伊都聽得到，阮牽手無法度，自己打煤球挑出去賣，這是粗工，阮牽手不夠力，燒煤球的人也減少，賺錢不夠吃飯，生活實在真艱苦。」

一個圓滾滾的新來的囚犯坐在黃福財的身邊，他的頭倚著牆壁，嘴上含著溫和的笑意。他眨著微微發紅的眼睛補充黃福財的話說：

「管區的警察對我的太太服務更為周到。我被捕以後他每十天就訪問我的家庭一次。我的家庭只有太太和一個周歲的小孩。太太在一個學校教書，學校給她種種刁難，她請教熱誠的警察她應該怎麼辦？警察告訴她，她應該離婚，和叛徒斷絕往來。她問警察，那麼她要嫁給誰，警察表示願意介紹。過了幾天，警察果然帶來一個男人，現在這個男人已經露出特務身分，糾纏不清。以前，我不太了解極權的含意，現在我才曉得無所不管的特務就是極權的具體表現。」

他記起她的緊壓在自己胸口的小臉，沈重地嘆了一氣。他的小孩是在坐牢時候生下來的，雖然他自稱小孩是革命種子，他從來沒有抱過。從悲慘淒涼的日子裏，他逐漸體會了監獄的單調而乏味的生活。

「毛料組的孫秋源也相當悽慘。」一個身材很高的老人低聲說。「他是黨外雜誌《自治》的編輯。雷震組織反對黨，他當籌備會的秘書，特務逮捕他，一方面想從他得到一些情報，他方面想從他下手編造一些黨外領導人的罪名，他是台灣人，和共產黨毫無關係。特務所虛構的『匪諜』故事

得不到上級的批准。雷震又在香港出版《自由人》三日刊發表一篇公開信，指責特務所製造的孫秋源事件。特務不便利用他，他就單獨判刑。特務懷疑孫太太向黨外領導人通報消息，以種種方式打擊她，她不能謀生，子女也沒有人撫養。他不但傾家蕩產，而且妻離子散。」

巡邏的班長站在囚房的門口張望，他以矜持的表情仔細打量這些熟習的外役的面孔。從鐵窗上可以看到蒼茫的暮色，他向囚犯警告謝副所長晚上可能到工廠巡視，所裏的官兵都稱謝副所長「老二」。「老二」每次巡視都給官兵和囚犯增加刻薄的規則。圍攏在囚房裏的外役立刻散開。黃福財披上一件夾克離開囚房，走向冷霧瀰漫的曬衣場，秋夜的寒意讓他覺得更為淒涼。

「幹你娘！」他在曬衣場踱來踱去，眼睛燃燒著怒火，他背著同伴以惡狠狠的語句向空中發洩內心的創痛。國民黨的產業黨部控制工會，工人沒有屬於自己的組織，罷工就是著手推翻政府，集體交涉就是共產黨的活動，這些行為都要構成叛亂罪，工人只有任憑資本家宰割。他在一家國營企業工作，他的老闆就是政府，工人投票支持一些熱心的人出任工會理事，有的理事被調到別的國營事業、有的理事遇到壓力而退縮、有的理事被黨工人員收買，國民黨不會讓工人的領導人物存在。物價不斷波動，一部分工人簽名要求提高工資，他也參加，那是二十年前的事情。特務逼迫他承認簽名的人都是屬於共產黨的外圍組織，共同被告刑訊中的自白就

是人證，簽名的名單就是物證，軍事檢察官指出人證物證俱在，刑期是十五年，這是從寬處理。審判官宣布：「事件發生在二十年前，姑念被告血氣方剛，缺少思慮……。」他按捺不住憤怒，在空中揮動拳頭怒罵：「幹你娘！」

　　暮色轉濃，燙衣部傳來清晰的吼叫。他沿著押房牆邊的小徑走向末端的燙衣部。謝副所長和往常一樣呲牙咧嘴，冒出尖刻的詞句焦躁地指責，他從圍看的外役的肩上望著謝副所長的扁形的腦袋、突起的顴骨和單薄的嘴唇。謝副所長抓住一件燙過的白襯衣的領子，露出冷酷的表情翻來翻去，燙衣部的外役局促不安。

　　「你們看，像這樣燙不平的衣服怎麼送給客戶？」謝副所長說。

　　外役互相遞了一個眼色。微駝的組長以沈著的態度講起話來。「報告副所長，我們每個人每天要燙九十幾件，一天的工作時間至少十幾個小時，抓熨斗的時間太久，手指已經僵硬。有一個外役經過台大醫院的醫師檢查，診斷這是『板機手』，手指像扣槍枝的扳機一樣不能伸直，每隔幾星期就要在手指的指節間注射藥液。實際上我們不可能得到治療，我們也不要求治療，我們所要求的只是減輕工作負擔，產品的質量不能同時並重。」

　　謝副所長怒沖沖地摔掉手上的白襯衣，他的病態的蠟黃的臉色更為顯出，配上單薄的嘴唇和窄細的眼睛，好像一副刻板的面具。他是軍法看守所的第一任副所長，在他到任以

前，軍法看守所不設副所長，由於洗衣工廠以低廉的價錢爭取台大、三軍總醫院、郵政局等大單位的生意，業務繁榮，才增加副所長的編制。他到差以後第一個傑作就是增加圍牆的高度，那是青島東路的軍法看守所，在興建景美軍法看守所的時候，他曾經提議仿造憲兵隊樣式，設計升降式天花板的囚房，使桀驁不馴的囚犯不能站立，長期蹲在黑牢，求生不得求死不能。他說：「人在矮簷下，怎能不低頭？」由於成本太高，升降式天花板的囚房未曾採用。但軍法看守所仍然在第一區留下八個密閉的小囚房，懲戒那些不肯低頭的囚犯。

「哼！你們負擔太重？那不是理由，」謝副所長環顧燙衣部的外役說。「如果負擔太重，怎麼還有一些人聚在囚房嘀嘀咕咕，你們在看守所沒有什麼秘密，我要讓你們筋疲力盡，躺在牀上就能呼呼入睡，白天又沒有精神，一天到晚空思幻想。」

靠近副所長的兩腮下陷的小老頭，彎著上身小心翼翼地從地上撿起摔掉的白襯衣。副所長的臉皮抽動，發出咆吼的聲音撲向一件件整整齊齊地疊起地燙衣台上的衣服，狠狠地揮舞著雙手。一件件燙過的衣服簌簌地掉到地下，麻木的外役呆呆地站在燙衣房。黃福財悄悄離開燙衣房，監獄裏籠罩著一片晦暗的氣氛。

六十

　　班長揮動鐵槌在范根才的腳上釘上腳鐐，腳鐐是由小鐵環連接起來的鐵鏈，兩端各附一個可以解開的鐵圈分別套在兩腳的腳上。鐵圈子交叉的地方，兩端都各自留著洞口，班長將鐵圈子套在腳上以後連接交叉的洞口塞進粗大的鐵釘，用槌子打牢，鐵圈子就不能脫掉。通常腳鐐的長度約三十公分，重量約三斤，有些腳鐐的長度縮短到十五公分，重量增加到五斤，讓帶上腳鐐的囚犯寸步難行。

　　鐵槌鐺鐺地打入鐵釘，范根才毫無表情地瞅著警衛室牆下滿櫃的刑具。他在牢裏已經度過十年，歲月不饒人，他的軋短的頭髮和刺蝟般的鬍鬚都已經斑白。他來自中國大陸的上海，操著滿口的上海話。他原來是台灣銀行的職員，與主管官員意見不合，他勤勉守法，主管官員沒有理由調動他，於是主管官員祭起「紅帽子」的法寶，以「匪諜」名義逮捕他，判處十五年有期徒刑。他的兄弟也受株連，判處五年徒刑。

　　「『老二』有『老二』的好處。」范根才逢人便說，「老二」是指謝副所長而言。「『老二』對待官兵和囚犯一樣刻

薄，囚犯已經麻木不仁，被他斥責的官兵卻是吃不消，何況他常常召集囚犯談話，官兵懷疑囚犯揭發他們的陰私，有所忌憚。」

副所長常常當眾刮監督洗衣工廠的監獄官的鬍子，監獄官總是覺得范根才的話是在諷刺他。范根才必須靠著洗衣工廠的微薄的工資補助妻子兒子的生活，監獄官懷恨故意找一個藉口懲罰他，他就這樣繫帶腳鐐關進押房。

范根才抱起日常換洗衣服和飲食器具，嘩啦嘩啦地拖著腳鐐，一步一步移動兩腳，跟隨班長走到第十九號黑牢的門口，班長拿著鑰匙插進門上的鐵具用力鑽動，打開綠色的門扉。門外的光線射進幽暗的囚房，照明蹲在牆角的一個頭髮蓬鬆、骨格粗大的台灣青年，台灣青年眯著眼睛遮住光線，臉上長著雀斑，嘴唇噘起，裸露著上身，顯出一臉剛強的氣概。范根才放下日常換洗和飲食器具，踅進囚房，軟弱無力地半躺在地板上。班長砰然關上門扉，繫帶的腳鐐碰到另一副鎖鏈鏘鏘地響著，原來另一副鎖鏈繫帶在這個台灣青年的腳上，這個台灣青年的雙手似乎還扣著什麼東西。范根才仔細觀察這個台灣青年的手腳，不僅雙腳繫帶腳鐐，而且雙手扣著手銬。雖然這樣，這個青年還蹲在地板上糊紙，把牛皮紙的紙袋拆開，塗上漿糊，貼上另一張拆開的紙袋，一張一張貼上，變成一塊紙板。

范根才幾乎忘記了講話。

「我叫范根才，上海人，從洗衣工廠來的政治犯，你能

告訴我你的名字嗎？」范根才問。

　　這個台灣青年搖搖頭，眼睛盯著范根才。

　　「你是政治犯嗎？蘇東啟是雲林縣議會議長，你應該知道，他被關在安坑軍人監獄，我在洗衣工廠和蘇案的李慶斌、洪才榮等人相處得很好，你可以信任我。」范根才又說。

　　這個台灣青年保持緘默，范根才以為遇到了啞巴，和啞巴關在一間密閉的囚房，也是難得的人生經驗，范根才半信半疑又問：

　　「你來多久了？」

　　「四百多天。」這個台灣青年簡短地回答。

　　這個台灣青年已經在黑牢裏手扣手銬、腳繫腳鐐，度過了四百多個日子，腳鐐上的鐵鏈比范根才更短更粗。

　　朋友們，請您想一想：當一個人的雙腳繫帶腳鐐的時候怎麼換洗褲子？兩隻褲襠顯然不可能同時拉出，他必須從一隻腳的腳鐐鐵圈中輕輕地拉下一隻褲襠，然後把這隻褲襠從另一隻腳的腳鐐鐵圈上端塞進腳鐐鐵圈，通過腳鐐上的鐵圈以後才拉下另一隻褲襠，脫下褲子。如果他的雙手又扣著手銬，他將怎麼脫下他的上衣？他也要用同樣的方式脫下上身的衣服，他就這樣裸露著上身。

　　他的緘默引起范根才的種種的猜測，他不願意吐露他的案件，也許他有難言的苦衷，也許兩人之間存著鴻溝。范根才想起馬正海檢舉林水泉的字條的事件，馬正海判處死刑以

後已經從第二十一號黑牢遷到第十八號黑牢，和他們結鄰而居，馬正海是大陸人而林水泉是台灣人，這是一條鴻溝。

「馬正海像一隻受困的野獸，所有接近他的人都可能受到傷害。」范根才說。「他必須在冷酷的現實中求取生存，我們不忍心苛責他，當兩個當事人分屬不同的人群的時候，這種情況可能加深兩者之間的鴻溝。譬如說，美軍在韓國的戰場上俘虜一個中國狙擊手，交給國民黨的特務逼取情報，然後移送青島東路的軍法看守所『東所』判處死刑。東所的親中共的地下組織秘密輸送一條鐵鋸給押房裏的狙擊手，從軍法看守所的牆外密運一條鐵鋸給牆內關在押房受重重警衛守護的死刑囚不是一件容易的事。『東所』的押房是鐵格子圍繞的房間，狙擊手坐在鐵格子的邊緣，一手捧著書本閱讀，一手遮蓋一條衣服，由衣服遮蓋的手拉動鐵鋸，一條一條鋸斷鐵格子的粗大的鐵柱和腳上繫帶的腳鐐，他正在等待逃亡的機會。一個台灣青年抓緊鐵柱拉上兩臂，右手手上的鐵柱突然折彎，他難於相信臂力在一夕之間驟然增加，他俯身察看折彎的鐵柱，上端已經鋸斷，下端向內折彎，台灣青年不知所措，向看守所報告鐵柱已經彎曲。監獄官檢查房間，發現狙擊手的腳鐐已經鋸斷，軍法處遂提前槍決狙擊手。我們就事論事，在林水泉案件中，串供即使順利，特務也不會改變案件的判決；在狙擊手事件中，狙擊手逃生的機會實在渺小。這兩個人的行為都不影響大局，但是對於軍事看守所的台灣人和大陸人來說，兩個事件都加深了彼此間的

鴻溝，由於鴻溝的存在，蔣政權才取得漁翁之利，你說對嗎？」

　　他繼續用扣上手銬的手細心拆開牛皮紙的紙袋，折成一樣大小的紙型，撕掉多餘的部分，然後塗上漿糊。他沒有回答，間斷幾分鐘，范根才又說：

　　「在台灣的大陸人，總是有人懷著統治者的心態，縱然受盡蔣黨迫害，也不肯和人民攜手合作，這些人就是馬正海所說的蔣家『家奴』。馬正海也是其中的一個，在台灣人中間，總是有人懷著被統治者的心態，奴顏卑膝，爭取統治者的歡心，不敢爭取『出頭天』，我們必須了解這種觀念，你說對嗎？」

　　他的兩手捧著紙板衡量它的厚度，囚房沒有書桌，他要用它當墊板寫字，紙板還嫌太薄，他又繼續拆開另一個紙袋。過了片刻，他抬起頭來，臉上閃過一線希望，緩緩地說：

　　「你繼續講。」

　　范根才覺得乾渴，拿起杯子從塑膠壺中倒下半杯冷開水喝了一口。

　　「我在牢裏遇到許多從國外回來的人，」范根才繼續說。「我對國外的情形也有一點了解。PEOPLE'S REPUBLIC OF CHINA 和 REPULIC OF CHINA 不同的地方，就是後者沒有 PEOPLE。中華人民共和國既然以『人民』來號召，應該以人民的立場來衡量是非，肯定台灣人民所做的努力，不

應該和台灣的統治者握手。就台灣人民的利益來說，爭取中國政府的支持，遠比其他外交工作更為重要，你說對嗎？」

他把紙板放進行李的下面壓平，抬起頭來微笑著說：

「中國太大，台灣太小。就台灣人民來說，中國是龐然大物，即使不使用武力，也難免令人發生恐懼，何況中國的領導人一再使用『血洗』、『武力』、『戰爭』等等可怕的字彙。美國一方面支持中國對抗蘇聯，他方面協助蔣政權牽制中國，從中操縱。就中國政府來說，台灣猶如美國南端的古巴，總是心腹之患，國家固然強大，保留一個敵對的蔣政權，絕對沒有好處。兩者的溝通，應該從大的開始，中國政府的領導人應該表現泱泱大國的風度，伸出和平友好的手來。」

他從地板上站起來，腳鐐叮噹響著。他趔向水槽，打開水龍頭，伸出兩隻扣上手銬的粗大的手掬取冷水潑到臉上，冷水從他的長滿鬍鬚根的臉上流下來。范根才讚美他的結實的肌肉給人強壯的感覺。一雙探索的眼睛塞在牆外的窺視孔的玻璃上，兩顆褐色的眼球像貓眼一般在黑暗中閃閃發光。

附　錄

他們為什麼「吞吞吐吐」？

吳達（謝聰敏筆名）

1 / 軍事審判就是技巧的謀殺

台灣的國民黨常常將人民分為兩類，一種是白癡，一種是叛徒。蔣介石當著美國杜勒斯國務卿承認「反攻大陸」是不可能的，卻不容許人民懷疑「反攻大陸」的神話。那些不敢懷疑「反攻大陸」神話的便是白癡，他們必須接受國民黨的愚民政策。那些批評「反攻大陸」神話的便是叛徒，他們常常受到軍事審判。

美麗島雜誌批評國民黨的愚民政策，推動民主運動，已經使特務頭子蔣經國「幾乎發狂」。他再度起用退休的前調查局局長沈之岳設計一次事件，他利用美麗島雜誌社在高雄舉辦人權遊行的時候，調動警察包圍群眾，濫用催淚彈，逼迫人民反抗，然後以「反抗」為藉口逮捕美麗島雜誌社的領導人和工作人員，囚禁二個月，以「叛亂」起訴。

在軍事審判中，兩位能言善辯的民主鬥士張俊宏和姚嘉文提到羈押的經過，都「吞吞吐吐」，不便說話。被告林義雄說：「如將自白取得的經過公布，對國家、對我們均不

好。」勇敢的演說家失去公平的審判也說不出來。

辯護律師領悟其中必有緣故，責問軍事法庭：這八位被告逮捕後羈押在什麼地方？這個問題正好擊中要害。三十年來，蔣經國一直不願意解答這個問題。當然，許多讀者都可以回答：這八位被告是羈押在特務機關。蔣經國是以特務奪權，特務機關是他精心設計的人間地獄，蔣介石的文臣武將已經被蔣經國的特務閹割，他們不敢說話，只能等待蔣經國的死亡。政治犯囚禁在黑獄之中，他們的呻吟已經消失在黑獄之中，我們聽不到他們的聲音。

為什麼政治案件需要經由特務機關偵訊？被告呂秀蓮的辯護律師呂勝傳指出：

呂秀蓮被捕的第二天就送去調查局四、五十天，只弄出一個自白書。如果要自白，大可以在今天這種場合自白個清潔，為何要弄到那種秘密地方？呂秀蓮已聲淚俱下的說過，有過比刑求更屬害的，自白書連會使自己判死刑的顛覆這種話都說出來。……政治案件交給特務機關偵訊，因為特務機關善於編造罪狀。

為什麼政治案件要交給軍事法庭審判？國民黨回答：這是戒嚴時期。但是這個戒嚴令是不是合法？謝長廷律師分析說：

　　十八日那天本辯護人曾提到關於審判權問題，問過庭上所依據的戒嚴令是什麼時候頒布的，審判長說是三十八年五月二十日。這個戒嚴令事實上是警備總部臨時頒布的台灣地區戒嚴令，未經立法院追認。立法院通過追認的戒嚴令是三十九年一月，那是全國戒嚴令。這是兩個戒嚴令，那麼為什麼不提立法院追認的這個戒嚴令呢？因為代總統李宗仁滯美不歸，始終未批准公布。軍事機關自不得依據一個未經立法院追認的戒嚴令審判被告，凍結憲法保障之人身自由權。

　　軍事審判的目的，就在維持軍隊的紀律，不在主持正義。軍法官的判決必須經過司令官的核准。軍法官的身分不受憲法特別保障，司令官可以決定軍法官的升遷，操縱審判的結果。由軍事法庭判平民的政治案件，就在維持統治者的地位，既沒有正義，也沒有公平。

　　國民黨讓特務機關移送沒有正義和公平的軍事法庭審判，實際上就是謀殺行為——一種較為技巧的謀殺。因此，政治犯常常說：「叛亂就是亂判。」

2／情治單位

　　台灣的每一行業都有特務組織監視或控制。無論軍隊、行政機關、事業機構、學校或工廠，都設置安全系統，幾乎每一個人的背後都有負責的特務看住他，即使路上的行人，特務機關也經常派人巡邏。台灣是一個典型的警察國家。

幸而國民黨早已腐敗，特務也忙於結黨營私，大部分的特務機關已經僵化，只辦例行公事，人民才能得到一些生存的空間。那些遇到小麻煩的人民，往往送上紅包便可以逢凶化吉。如果說西方人是以流血爭取自由，東方人則以賄賂維持生存。

在特務機關中最活躍的是負責偵訊的情治單位——情報和治安單位的簡稱。許多政治案件都在情治單位羅織成罪，台灣各地情治單位密布，政治犯落入特務的手裏猶如落入土匪手中的人質，有的眼睛被蒙蔽，有的坐上「玻璃貼有牛皮紙的車子」（陳博文語），即使出獄也未必知道他們所囚禁的拘留所，一般市民更難了解特務機關的所在地。

在美麗島事件中，有的被告說，不知道關在什麼地方；有的說，關在調查局；有的說，是在保安處。從前，調查局在館前街、萬華和三張犁都有留置室。現在，它又在安坑增建拘留所。警備總部的保安處原來設在西寧南路的東本願寺和六張犁，台灣的人民稱呼東本願寺是閻羅殿，它是蔣介石恐怖政治的象徵，東本願寺出售以後改設博愛路（地方法院對面）。六張犁的拘留所設在警察倉庫的旁邊，後山就是六張犁公墓，刑訊中死亡的屍體就埋葬在後山。現在六張犁的拘留所又再擴建，山腰挖掘陰森森的山洞，有些偵訊工作就在山洞裏進行。警察單位的偵訊是由安全室和刑警大隊主持，刑警大隊是以寧夏路的大隊部——早期稱為「北署」——和北投的保安大隊為中心，各分局也分配偵訊工作。情

報局則以新北投的招待所為主，情報局的前身是保安局，以殘酷聞名。台北大橋的「高砂鐵工廠」和南門的「南所」已經停止使用。憲兵隊則另設拘留所。至於青島東路的「東所」（警總軍法處）和「西所」（軍法局），景美的舊戲院則已拆除。當年軍法局局長包啟黃下獄，就在「西所」接受拔除牙齒之刑，然後在他自己興建的新店刑場槍決。由於特務機關繁多，被告實在難於判斷自己被囚禁的地方。

　　台灣各地方都有各情治單位的所屬機構，各地方所逮捕的政治犯首先經過地方情治機關修理，然後移送台北再次羅織。在高雄事件中，移送地方法院的吳振明先在憲兵單位受刑，然後送到台北三張犁的調查局留置室。吳文賢則先在警察單位受刑，然後移送南部警備總部。警察人員威脅他：「要送警備總部好受。」警察人員譬喻警備總部更為野蠻。

　　政治犯移送軍法處看守所並非脫離特務的虎口。美麗島事件的被告林義雄詢問軍事檢察官，為什麼政治犯移送軍法處看守所後還要接受特務的「訪問」？特務可能還要嘲笑耿直的林義雄少見多怪。在中廣公司總經理大華晚報董事長李荊蓀案中，特務運用的共同被告俞棘始終未送軍法看守所，一直囚禁在調查局。開庭期間共同被告俞棘則從調查局直接送到軍事法庭作證，特務始終不肯放鬆對共同被告俞棘的控制。不僅如此，無論景美軍法看守所或台北地方法院看守所都設有特務機關的偵訊室。調查局往往先以普通刑事案件嫌疑——如詐欺、賭博、毀謗等等——逮捕政治犯，囚禁地方

法院特設的偵訊室羈押。特務利用羈押期間羅織成罪，然後以叛亂案件移送軍法審判。在王幸男案中，特務首先秘密囚禁王幸男，由於國際輿論的呼籲，特務乃將王幸男移送軍法看守所，在軍法看守所特務的囚房中繼續偵訊。政治犯一旦落入特務手裏，始終擺脫不掉特務的控制。

3／人格解體

　　被告呂秀蓮向軍事法庭舉例譬喻特務所使用的偵訊方法。她說：「調查人員有時會用很不雅的詞句對我說：『你必須脫衣服，讓我們看透你。』」美聯社的女記者報導「脫光衣服」的新聞，竟被國民黨驅逐出境。被告呂秀蓮是婦女運動的領導人。

　　特務似乎忘記了他們的刑訊課程中「脫光衣服」只是用刑的開端，尚有數不盡的固有技藝。那些受到文明洗禮的政治犯，遇到中國傳統野蠻刑訊，往往「吞吞吐吐」說不出話來。例如美麗島事件的吳振明就在法庭提出一條帶有血跡的內褲，法官問他那裏受傷，他指著他的下體，法官問他是不是生殖器？他才點頭。據政治犯作證，特務曾經對女性民意代表的乳峯施用羽毛和電震。特務更擅長對生殖器用刑。金門縣政府有一個科長拒絕調查局官員借用公共財物，特務就以「匪諜」名義逮捕他，特務用煙蒂燒焦了他的生殖器，他在軍事法庭掏出傷痕斑斑的生殖器，使軍法官不忍卒睹。許多男性政治犯的生殖器受過電刑或過分手淫以後，失去了性

行為的機能。有一個女學生的陰道被特務用牙刷摩擦而受傷，到了軍法看守所，她的陰道已經發炎而腐爛。女學生嬌羞不敢求醫，又痛苦不堪，遂在軍法看守所上吊自殺。據特務解釋，書生論政，好談人格，偽裝聖人，對付書生之道，就是脫光他們的衣服，赤裸裸地恢復他們原來的面目，讓他們體會自己也是一個求生存的動物。

灌尿和吃大便、跪鐵鍊等故事也時有所聞。這種侮辱性的刑訊也是人格解體的有效方法。前調查局第四處處長范子文曾在軍事法庭作證，他被捕以後，調查局的工作人員曾經在他太太滿素玉面前逼迫他吃狗屎。范子文已經出獄，在中國文化學院教授英文法。

特務不但脫光囚犯的衣服，還要剝開囚犯的腦袋。政治犯一旦落在特務的手裏，特務往往說：「我們要把你榨乾淨才能讓你離開。」這是實在話。台大附屬醫院的精神科醫生徐某與特務機關合作，提供精神病患者使用的針劑。精神科醫生常常使用針劑，讓患者說出潛意識裏所隱藏的故事，尋求精神病的病因。特務機關的醫生就用這種針劑注射政治犯的血管，讓政治犯胡言亂語，透露心裏極力隱藏的東西。這種針劑打入政治犯的血管以後，發生麻醉的作用，政治犯就醉醺醺地說話。特務隨時提示談話要點，被打針的政治犯就不加思索，如反射般說出來，即使私人的性生活也不能掩飾。這種針劑不能過量，打針的醫師必須能夠觀察政治犯的反應，避免睡眠作用。

在雷震案，共同被告劉子英虛構匪諜故事；在李荊蓀案，共同被告俞棘在軍事法庭和李荊蓀對質，主張自己是匪諜；在余登發案，另一個案件的被告吳泰安在軍事法庭排演匪諜的戲劇。現在，我們又在美麗島事件中讀到另案辦理的洪誌良受審的新聞。據國民黨的報紙報導，這場鬧劇性的審判只進行七十分鐘就結束。特務利用洪誌良的證詞，證明美麗島案的被告黃信介派遣洪誌良前往中國大陸。就一般所了解，黃信介是極力反對中共的人，許多主張和中共合併的人都指責他頑固透頂，為什麼洪誌良不能和黃信介公開對質？為什麼洪誌良案要在美麗島案審判後舉行審判？一個人落在特務的手裏，特務先是威脅利誘，逼迫他虛構犯罪故事，陷害其他共同被告。一旦虛構的故事完成，他的人格已被扭曲，特務就要防止他自殺或翻供，使他求生不得，求死不能。洪誌良案挑在美麗島案後審判，就是保持威脅的力量逼迫洪誌良就範，任憑特務支配。洪誌良和黃信介不能公開對質，就是防止他翻供。

4 / 鍛鍊成罪

特務常常對政治犯說：「我們真的也要，假的也要。」特務機關長期羈押政治犯，目的不但在獲取情報，而且還要編造罪狀。辯護律師鄭慶隆指出，黃信介自被羈押之日到撰寫「自白書」為止，紀錄中只有一份「自白書」，漫長一個月中竟是一片空白，他詢問：被告究竟在做什麼？據政治犯

分析，被告是在被「榨取情報」和編造「自白書」。搜集證據最容易的辦法是「自白」，但是警察人員取得自白也最容易忽略被告的權利。在英美法上，非法方法所得到的證據，猶如「毒樹上摘下來的果實」，不能採為證據。日本憲法限制長期不當的羈押或拘禁所得到的自白，不得採為證據。蔣政權的刑事訴訟法和軍事審判法也規定，被告的自白須非出於強暴、脅迫、利誘、詐欺或其他不正之方法，且與事實相符，才能採為證據。

政治犯是良心的囚犯，他們相信自己的抱負和理想，他們肯定自己的方向和行為。他們不致輕易逃避現實而「自白」。因此，政治犯的自白幾乎都是以非法的方法得到的。

就特務來說，編造罪狀也是一門學問。在受訓期間，特務必須學習「羅織經」——在什麼時候、使用什麼方法、編造什麼罪狀、達到什麼目的……。在名作家郭衣洞（柏楊）的答辯書中，調查局台北處的科長劉兆祥自稱以「擠牙膏」的方式，羅織了郭衣洞曾經在「匪黨受訓」的故事。把人當牙膏來擠，無論特務或政治犯都相當辛苦。特務不但要以強暴的方法取供，而且還要利誘。有些政治犯固然吃到「鹽水飯」，有些政治犯卻分享豐富的筵席。據政治犯分析，伙食愈好、要求愈多、判刑愈重。特務常常要求政治犯「合作」，共同編造罪狀。

特務擅長用刑，從「脫光衣服」到「對生殖器用刑」，只是刑訊方法的一種。在中國傳統文化中，刑訊方法層出不

窮，史不絕書。據說，重慶市還陳列當年國民黨統治大陸所用的刑具。

在美麗島事件中，所有的被告都陳述他們受過疲勞訊問，從三天到十天，日夜不准睡眠。疲勞訊問將產生什麼效果？辯護律師尤清在軍事法庭上說：

人在睡眠長時間被剝奪時，會很快失去平時具有的能力，變得疲勞、情緒不穩，對外界事物的認知發生錯誤，嚴重的發生錯覺、幻覺、妄想等等，甚至情緒混亂，變得思想不合邏輯，價值觀念被扭曲，以想像的情景歪曲對外界的認知……。

另案處理的被告邱垂貞追憶疲勞訊問的情形說：「因為我以前患有胃潰瘍和神經衰弱，所以幾天未睡，造成胃出血、昏迷、神智不清、滿腦子都是幻想。」陳樸生教授的刑事證據法也指出：「過度長時間訊問即所謂疲勞訊問，則屬強暴之一種。」但是國民黨的御用文人卻睜著眼睛說瞎話，說疲勞訊問不是刑訊。

另案審判的被告吳振明在法庭上指出，調查局的特務要用「十八般武藝」對付他。什麼是「十八般武藝」？它包括剝指甲、夾手指、拔牙齒、蹲木幹、灌辣椒水、灌汽油、入冰室、捆打、吊打、背寶劍、轉車輪、通電、電療、強光燈照射、遊地獄、陰道通牙刷、燒龜頭，過分手淫、塞石灰、

灌尿、吃狗屎等等。「十八般武藝」只是概括的稱呼，刑訊的種類實際上不只十八種。剝指甲是以燒紅的針刺進指頭，指甲往往因而掉落。夾手指是在手指間夾住鉛筆，然後抓緊手指旋轉鉛筆、指間皮肉裂開；或以鉗子夾住手指尖端，然後用力扭轉，指尖破爛、指甲裂開。拔牙齒是不經麻醉，拔掉牙齒。蹲木幹是犯人跨騎在細尖的木材上，兩人在犯人雙肩用力往下壓，讓木材尖端插入肛門。灌辣椒水和汽油是讓囚犯仰臥條凳或單人牀上，捆縛頸子、胸腹和四肢，用膠紙封閉嘴巴，特務提水──冷水、辣椒水或汽油──向囚犯的鼻孔徐徐地灌入，囚犯呼吸困難，耳膜膨脹，有人稱為「醍醐灌頂」，因為囚犯往往不能忍受，立即「想通」而承認。入冰室是將囚犯關進一間冷凍小房間，地上結冰，囚犯不能坐下，屋頂矮低，囚犯不能站立，囚犯必須在「冰天雪地」中半蹲著，能維持兩個小時者實不多見。捆打是囚犯仰臥捆縛在條凳或單人牀上，揮動桿子猛打。吊打是將囚犯的雙手或雙腳吊在梁上，揮鞭抽打。背寶劍是將右手從肩上拉到背後，左手從肩下扭向背後，然後用手銬將兩手扣在背後，兩臂成一直線，像背負一支寶劍。特務還會進一步旋轉兩臂，猶如轉動輪子，稱為「鳳凰展肢」，兩手手臂幾乎裂開，痠痛難受。通電是將人捆在椅子上，然後用電線纏住手臂，開動電池，電波流動全身。電療是使用美製電棍，觸動全身敏感部分，例如乳房或生殖器。強光燈照射是以強烈燈光照射臉部，經過幾小時，瞳孔腫起，腦袋膨脹。遊地獄有幾種方

式，有時候讓犯人進入陰森森的山洞，然後以錄音帶播送人
類受刑的慘叫哀呼的聲音，這是警備總部使用的方法；調查
局則在水牢之中，讓囚犯坐在一個浮在水上的桌子，牆角掛
上人頭，桌子在水上浮動，人頭會發出聲音。第一個人頭
說：「想一想，外面是陽光普照，風光如畫，你為什麼進入
地獄，過著痛苦的日子。」第二個人頭說：「想一想，你的
親人正在等待你回家團聚。」第三個人頭說：「如果你合
作，你可以立即回家，享受人生。」第四個人頭說：「如果
你不合作，有一天，你的人頭也會像我一樣掛在牆上。」陰
道通牙刷是對女性政治犯使用的刑訊。燒龜頭是用鋼繩縛住
龜頭，然後敲打或針刺或點燃煙蒂燒焦。過分手淫是將囚犯
捆縛在椅子上或牀上，然後使用器具手淫。塞石灰是以石灰
塞進嘴裏。灌尿和吃屎是侮辱性的刑訊。刑訊沒有一定的規
則，特務可以根據上級指示變動刑訊的方式。

　　早期的政治監獄更是黑暗。由於政治犯的人數太多，特
務不勝其煩，用手招住囚犯咽喉，囚犯不招認，往往招死。
特務常常以這種方式對待流亡來台的外省人，尤其是無人喊
冤的流亡學生。屍體就在安坑山裏或六張犁的山上埋葬。近
年來，刑訊致死的例子仍然發生。在台南吳炳坤的案件中，
其弟在調查局受刑致死，屍體被運到鐵路軌道上讓火車輾
過，然後以「交通事故」呈報死亡。其父向省議會控訴，軍
法處才釋放吳炳坤。警備總部的處理方式略有不同。一九七
五年警備總部清理香港來台旅客，發現雲林縣某鄉公所退休

民政課長，以新台幣兩百元的代價保證旅客入境。警備總部逮捕這個民政課長，刑訊致死，特務以棺材運回屍體，要求家屬立即埋葬，不准開棺。特務機關是鬼門關，政治犯被捕以後，能夠順利離開特務機關移送軍法處判刑，已經是不幸中的大幸。

囚犯到了特務的手裏，就像一隻小羊，任憑特務玩弄。被告呂秀蓮在軍事法庭上說，特務還要求她寫遺囑。以前，廣東籍的第一銀行中山分行的王經理也遇到同樣的要求，他的體重九十六公斤，大腹便便，經常在酒家應酬，特務指出腹中所裝的是「民脂民膏」，要求他寫下遺囑，刑訊死後必將屍體捐獻台大附屬醫院，他依照特務的指示寫下遺囑，只是附帶一個條件，保留他的腦袋給寓居香港的太太。特務讓他穿上棉大衣，在炎夏的陽光下伏地挺身，匍匐前進，甚至於在地上滾動，移送軍法看守所的時候，他的體重已經減到七十二公斤。

被告呂秀蓮又說：「調查人員假定你是 CIA，你是台獨的人，然後反覆不斷的問你類似的問題。如果你說不記得，調查人員會對你說：『在我們這裏是沒有記不清楚的事。』法律上羈押被告原來的目的只是保證受審，不在取供。特務羈押被告主要目的則在取供。雖然刑事訴訟法和軍事審判法規定被告的默秘權，被告羈押很久，默秘權已經失去意義。如果囚犯向特務抗議，特務會明白地說，他們所用的是『霸王法』。」

5 / 接見前的調查庭

偵查期間，囚犯不得會見家人或聘請律師。被告林義雄
埋怨他在保安處羈押四十多天，究竟囚犯要在特務機關羈押
多久？在法律上，特務機關必須在二十四小時內將囚犯移送
軍法看守所，但是通常囚犯要在特務機關拘留四個月。蔣介
石曾經下令，特務機關可以羈押囚犯兩年。前台北市市黨部
主任委員羅衡即在調查局三張犁留置室羈押達兩年之久。在
台灣，蔣氏父子的命令的效力高於法律，法律的效力高於憲
法。

刑訊所受的傷痕，往往由三軍總醫院治療，然後移送軍
法看守所。囚犯移送軍法處，傷痕已經消失或縫合，縱然檢
查，法庭也不予採證。前台北市市黨部委員羅衡囚禁兩年，
移送軍法處，在軍法處檢查，醫師給予膝骨受傷證明。同案
被告許衡峯，曾任湖北省縣議會議長，在議長任內槍決共黨
黨員數名，仍以「匪諜」判刑。許衡峯鼻梁被打歪，向軍事
法庭呈送血衣和受傷證明，軍事法庭就以公文函問調查局，
被告主張受刑是否事實？調查局覆文：「本局訊問被告，從
未使用非法方法。」軍事法庭就根據這份公文，否定被告所
有的證明。

囚犯離開特務機關，往往必須簽署一份保證書，保證不
得洩漏特務機關偵查經過和所見所聞，否則將受任何報復。
中共社會部派遣來台的洪國式，被捕後和特務合作，特務利

用他宣傳，到處演說。後來，他偶爾洩漏一些見聞，特務派人埋伏巷口，他路經巷口，被特務包圍，亂刀砍死。蔣介石是幫會出身，治理國家數十年，所作所為仍然保持黑社會的作風，許多特務機關的故事就是這種方式埋葬在暗室裏。囚犯移送軍法看守所尚不准立即會見家屬或聘請律師，必須等待起訴，開過一次調查庭，才能接見家屬。特務編造的罪狀要在秘密調查庭預演，在預演之前，特務往往利誘被告或威脅被告依照特務編造的罪狀供述，這種秘密調查庭就是將來判刑的依據。

政治案件最容易引起偏見和歧視，審判應該公開，讓人民直接監視審判過程是否公正無私。因此，有些國家的憲法特別規定政治犯犯罪案件的審判應該公開舉行，例如日本憲法第八十二條即有類似規定。實際上，台灣的政治案件層出不窮，多年都是秘密審判，即使家屬也難得旁聽。一九七一年的謝聰敏案，初審舉行秘密審判，引起抗議，發回更審以後，記者聞風而來，軍事法庭仍然公開宣布秘密審判，家屬也不得旁聽。一九七五年的陳明忠案，則以特務為聽眾，舉行審判，家屬律師不得參加，然後對外宣布審判已公開舉行，欺騙人民。美麗島事件的審判公開，則為難得一見的例外，但是第一次調查庭仍然秘密舉行。

美麗島事件的律師們終於指責這場未曾公開的第一次調查庭，法庭未曾給予被告充分的防禦權和選擇律師的權力。律師的「詢問證人可在場的權利」、「申請調查證據的權

利」、「請問證人的權利」都被剝奪。律師指出其程序不合法，要求重新調查，軍事法庭未予採納。在法律上，法院對於律師和被告的權利沒有自由裁量權，軍事法庭不得依訴訟指揮權加以變更或拒絕。

特務常常逼迫共同被告自白，然後引用共同被告的自白做為判刑的依據。反對黨領袖雷震以共同被告劉子英的口供判刑；大華晚報董事長李荊蓀以共同被告俞棘的口供判刑；前高雄縣長余登發則以共同被告吳泰安的口供判刑。現在，美麗島雜誌發行人黃信介又以共同被告洪誌良的口供判刑。就法律上言，共同被告的自白和本人的自白都有被強迫的可能，以本人和共同被告的自白做為判刑依據，偏重自白的危險性並沒有什麼不同。而且，假定共同被告的自白可以做為判刑的依據，則一個共犯先對某些事項自白，他人縱然否認，如果提不出補強證據，就要構成犯罪。換句話說，先自白的人無罪，後來否認的人就要構成犯罪了。在台灣的政治冤獄中，囚犯屈打成招，親友往往受到株連，變成共同被告。東海大學化學系二年級的學生吳俊輝被調查局逮捕，中學同學被株連者達九十餘人，後來，家長連名抗議，調查局才釋放八十餘人。共同被告的自白應該和本人的自白相同，都是必須提供補強證據才能採證。

從美麗島事件的審判過程中，我們可以發現特務羅織的罪狀包括下列幾種：

一、 五人小組研商實施顛覆政府步驟。

二、 研擬長程和短程奪權計畫。

三、 勾結海外叛國分子。

四、 策畫高雄暴力事件。

美麗島雜誌既無「顛覆政府步驟」也沒有「奪權計畫」。高雄事件的策畫者則為蔣經國所委託的前調查局長沈之岳,不是美麗島雜誌社。軍事檢察官也在法庭上承認「長程和短程奪權計畫」是特務杜撰的名詞,特務根據「羅織經」編造罪狀,每個政治犯都必須有組織、有計畫、有路線。特務所虛構的組織是「五人小組」,計畫是「長程和短程的奪權計畫」,路線是「海外叛國分子」。

美麗島事件的初審,果然根據未曾公開的第一次調查庭判決,公開審判的過程並未影響判決的內容。猶如「伊索寓言」的故事,飢餓的狼遇到出生的小羊,無論小羊提出什麼理由,狼都要吃掉牠。

6 /「木」與「土」合,國有內亂

木星和土星是太陽系最大的和次大的星球,根據中國傳統的天文學,木星和土星接近,政府就要遭殃。一九八一年,木星和土星的影像將合在一起。《隋書》第二十卷指出:「木」與「土」合,國有內亂。換句話說,一九八一年以後,台灣的人民將起義反抗。國民黨的學者呈報蔣經國佔

計天文上的預言，忖度體力日衰，民心思變，決定清除台灣
有影響力的領導人，鞏固蔣家的統治，遂任命前調查局局長
沈之岳設計「高雄事件」。

沈之岳的手法果然不同。

被告林義雄不管特務的警告，在接見前的調查庭翻供，
並且向他的母親透露刑訊的消息，特務警告他，將對他的家
人「不利」，三小時後，林義雄的母親和三個女兒都遭受屠
殺。

沈之岳曾經以同樣的方法對付嚴以勤。在一九七二年基
隆大走私案中，調查局發現警備總部業管處處長和基隆處處
長包庇走私，呈報行政院長蔣經國。業管處處長嚴以勤被
捕，嚴以勤指責調查局向警總挑戰，揚言「此仇必報」；不
久，嚴家家屬就遭受屠殺，這就是聞名的北投查家滅門慘
案。嚴妻就是查家的女兒，嚴家的子女沒有一個倖免。當時
的調查局局長就是沈之岳。後來，沈之岳失去了局長職位，
明升暗降，升任中央黨部社工處主任，然後退休。他常常訓
示他的部下：政治鬥爭是無情的、殘酷的、不擇手段的。

有人詢問：國民黨為什麼要製造混亂？就國民黨來說，
這並不是製造混亂。沈之岳所設計的是一石雙鳥之計，國民
黨的報紙在血案發生之際就虛報消息，說被告林義雄和特務
合作，然後又假借黨外領導人康寧祥的名義，說這是林家的
「叔叔」所殺。林義雄在軍事法庭表明未曾「合作」，而康
寧祥則在《八十年代》雜誌否認謠言。國民黨欲蓋彌彰，終

於沈不住氣，透露了原來的陰謀，由警務處長孔令晟揚言，這是「眾所周知」的人和國際陰謀集團教唆殺人。「眾所周知」的人是影射誰？那是指未曾羅織入罪的黨外領袖康寧祥、黃順興和高玉樹；國民黨可以一網打盡，清除台灣人民的領導人。「國際陰謀集團」又是影射誰？那是指美國在台協會和國際人權組織；國民黨可以嚇阻美國輿論和國際人權組織的關心。就蔣經國而言，人民和友邦都是叛徒。警務處長孔令晟按照原定計畫，宣布三天破案。可是人算不如天算，林義雄九歲的大女兒居然挨了六刀而不死，她認得兇手的真面目，沈之岳精心設計的栽贓計畫落空，一個活的證人打翻了沈之岳的狠毒計畫。警務處處長孔令晟不得不改變計畫，將「破案」日期無限期延期。

現在，特務又假借被告施明德的逃亡事件，逮捕基督教長老會的總幹事高俊明。蔣經國顯然恐懼台灣的基督教領袖高俊明將成為伊朗回教領袖柯梅尼，領導人民推翻暴政，善用心術的蔣經國已經感到草木皆兵。

「木與土合，國有內亂」，蔣經國逮捕美麗島領導人，以防止一九八一年以後的革命，這些勇敢的演說家已經說不出話來。且看台灣的人民是否前仆後繼，說出他們所要說的話，做出他們所要做的事？且看蔣經國能否抗拒「木與土合，國有內亂」的命運？

沈之岳這個人

梁山（謝聰敏筆名）

　　沈之岳原屬「軍統」特務，奉命前往中共占領區，參加抗日大學，一度擔任毛澤東的秘書。離開中共區域後，他返回國民黨，出任軍統局中共科科長。國民黨自大陸撤退以後，蔣介石憂慮祖墳被中共挖掘，委託沈之岳打聽消息，沈之岳派遣情報局手下冒著生命的危險前往中國大陸拍下蔣介石祖墳的照片，祖墳保持原狀。蔣介石大悅，乃重用沈之岳，任命他做調查局副局長，並從副局長升任中央黨部副主任。

　　沈之岳和芝加哥大流氓頭子 AL CAPONE 一樣，熱中宗教活動。他經常穿著「我是罪人」的白色衣服，在台北濟南路口阻攔過往的路人參加禮拜。他的一生已經充滿了罪惡，狂熱的宗教活動可以減輕良心的譴責，可以掩飾滔天的罪行。

　　調查局是國民黨元老陳立夫所領導的「中統」系特務的根據地。特務頭子蔣經國派遣與「中統」對立的「軍統」特務沈之岳出任調查局局長，清除元老陳立夫的勢力。沈局長

就任以後，首先拿出每月二十萬元新台幣——相當於美金五千六百元——的局長特支費，分賞每一個職員，施惠於人。當時幣值較大，每一個職員每年可以分配一件或兩件沈局長賞賜的西裝料子。特務頭子蔣經國又親自駕臨調查局，支持沈局長的任命，沈重地勉勵所有工作人員放棄派系成見，衷誠合作。他親自安撫「中統」舊幹部，消除他們的疑慮。沈之岳雖然出身「軍統」，但曾經一度出任調查局副局長，「中統」舊幹部也未敢表示反對。

　　沈局長上任之前，約定屬於「中統」的總務科長朱慰孺做他的機要秘書，表示不用私人。朱科長曾經擔任文書科長和檔案科長，文字清秀。調查局呈送蔣介石的文件，都由朱科長用毛筆以正楷抄寫。朱科長身材瘦長，善於交際，頗得上級信任。但是，朱科長在新任命未曾發布以前就被逮捕。他未曾擔任沈局長的「親信」，沈局長又調升調查局的主任秘書「中統」出身的范子文出任第四處處長，他不能讓精明的「中統」大特務范子文處理局長的行政工作，范子文調升不久就被下獄。他沿用三國時代曹操的手段，先提昇不同派系的部下以示大公無私，然後藉故懲罰，達到整肅的目的。「中統」老幹部紛紛知難而退。他引用「軍統」特務取代「中統」幹部，同時招考大學學生，消除派系劃分。從此，他的老練和狠毒震撼了調查局。擔任調查局局長期間，沈之岳以「匪諜」名義逮捕的國民黨幹部遠比共產黨員為多。由於沈局長曾經一度擔任毛澤東的秘書，許多國民黨的高級將

領懷疑沈局長才是真正的「共產黨」。其實，沈局長只是忠實執行蔣經國所賦予的任務，代人受罪而已。

　　乾瘦、短小、貌似慈祥而心狠無比的沈之岳，善於扮演各種不同的角色，他是一個性格相當複雜的多面人。他可以擔任極左傾的毛澤東秘書，而不洩漏國民黨地下工作人員的身分；他可以忠心耿耿地執行國民黨反共策略，殺害往日朝夕相處的共產黨同志；他可以一方面逼害愛國人士，他方面從事狂熱的宗教活動。他可以用「軍統」經歷出任敵對的「中統」的調查局局長，公然整肅「中統」官員而不露痕跡；他可以代人受罪不吐怨言。

　　一九七九年，蔣經國外受國際革命潮流衝擊，內受台灣人民政治改革運動和黨內鷹派的不同壓力，遂再度起用「國策顧問」沈之岳鎮壓台灣黨外人士，安撫黨內鷹派，抗拒國際潮流。沈之岳每天到總統府辦公，擬出幾件方案，呈請蔣經國批示。蔣經國批示以後，沈之岳才召集各情治單位主管，包括警備總司令汪敬煦、調查局局長阮成章和警政署長孔令晟等人開會，面授機宜，製造美麗島高雄事件，逮捕黨外領導人物。

謝聰敏獄中來信

　　謝聰敏於一九六九年出獄後，仍百折不撓的繼續與蔣家政權進行鬥爭，終在一九七一年二月再次遭捕。他在獄中受盡慘無人道的酷刑與折磨，還不氣餒，再以大無畏的反抗精神，而把獄中慘狀，用密信報於外界，使讀者淚流滿腮，而更引起大家自覺。

親愛的朋友們：

　　魏先生（指魏廷朝先生）和我是在一九七一年二月二十三日被捕的。當天，一群秘密警察蠻橫地闖入我的房間，將一把反蔣的刊物（包括美國眾議員 Fraser 的演講文）塞進我的皮包，拿它當做控告我們的證據。

　　從此之後，調查局警察局的血腥魔鬼們開始了血的祭禮。他們拷打我，並在二月二十三日至三月二日以及八日至三月十三日的兩段期間內不讓我睡覺。他們歇斯底里地怒吼狂叫，把一大堆反蔣活動的罪名（包括爆炸台北美國商業銀行在內）加在我身上，並強迫我說明這些活動的經過。用這些我聽也沒聽過的活動來指控我，實在令我莫名其妙。他們將我的雙手反扣在背後，拳打我的雙耳，猛踢我的腹部，痛擊

我的胸骨，一股褐色的物質從我的口中噴了出來。我感覺到胸口一陣陣刺骨的疼痛，足足有一個星期無法走路。

在我被捕的數天之後，他們展開了一陣恐怖的搜捕：李政一、吳忠信、郭榮文、劉辰旦、詹重雄、陳賢進、楊鴻鎧等人相繼被捕了。這群血腥的野獸拿他們的供詞當做再度對我刑求的藉口，他們反扣我的雙手，用力扭轉到即將折斷的程度，然後又向我猛烈地毆打，我一再咳血，無法進食長達兩周之久。他們一面叫醫生給我打補針，一方面則繼續反覆地拷問我，他們又故意要我聽到朋友們受酷刑時痛苦與憤怒摻雜在一起的號叫聲。在他們瘋狂的拷打之下，我只好採取較溫和的態度，我答應說明去年我所寫的東西，接受一些反蔣活動的指控（包括爆炸台北美國商業銀行的誣告），並承認以著作聞名全台的傑出學者的李敖是台灣獨立聯盟的中央委員（其實，我對這些中央委員一無所知）。

李敖先生於四周後被捕，他著有二十本書，其中十六本已被列為禁書，他大膽向國民黨全體主義式的統治提出問難，並因之被尊稱為反蔣運動中的英雄鬥士。

稍後，中國文化學院的研究生林順益和曾勝輝兩人也被關了進來，說是他們去年以彭明敏教授之名投寄聖誕卡。

蔡金鏗及孟祥柯是以盜取國民黨列為極機密的政治犯名單遭捕。張茂雄因為幫助一些處於飢餓狀態中的政治犯家屬也遭逮捕。其中孟先生是一位多產作家。

吳松枝律師曾被關過四個月，原因是秘密警察想向他逼

問省議員郭雨新的消息，吳先生已於一九七一年八月二十三日被釋放。政大畢業的白先生也因為國民黨想調查非黨籍議員或候選人的背景而遭捕。身為新聞記者又與彭先生有親戚關係的陳炳煌先生，在訪問彭先生的兄妹之後被捕，並且被逼提供彭教授家屬的近況。

安全室警官洪武雄被控以在彭教授離台後，將警察局找我麻煩之方法的資料輸送給我。（但在地方法庭，警察局安全室曾經否認對我找過麻煩，倘說他們的否認是真的，為什麼洪武雄還會被控告呢？多麼自相矛盾啊！）

治安措施真有點像女巫之獵（witch hunting），我的很多好友都貼上反蔣的標織，分門別類地放進黑名單的檔案中，他們以後會遭受逮捕的。

我不確知到底有多少人牽涉此案而遭逮捕或折磨，秘密警察提過很多我從未聽過的名字。一個叫做洪昭男的台大畢業生，被控以企圖把我從這個無法忍受的地方走私出去，這完全是虛構的故事，因為我根本不認識他。

一九七一年七月六日，蔣經國前來秘密警察及監牢的總部以遂行他們的密謀。一小撮將軍圍住在他的四周，就像撲火的飛蛾。三周過後，一個省刑警大隊的專家來告訴我，爆炸美國商業銀行的不是我，而是李政一和他的朋友們。我確知那也不過是另一宗誣告而已。他們拿李政一和他的朋友來當代罪的替身。於一九七一年八月二十八日早，我收到起訴文的要旨，裏面共牽涉四個人：魏先生、李政一先生和我被

引用懲治叛亂條例第二條第一項，李敖先生則被引用第二條第三項起訴。其他的朋友未被提及，爆炸銀行一事也不在內。顯然地，其他朋友一定在另案中被起訴，而李政一和他的朋友們將在另一案中被審判。這群血腥的魔鬼準備把他們埋葬於暗室之中。多狡猾的計謀啊！我很為他們擔心。

國民黨靠陰謀生存，乃不得不經常懷疑別人對他的陰謀。在這幾個月當中，他們一次又一次這樣問我：美國大使教過你如何推翻政府嗎？他告訴過你美援如何減少嗎？日本想用什麼方法來取代這個政府呢？——我的好友啊！我從未會見過美國大使館的任何館員，你能幫助回答這類問題嗎？

另一方面，他們說，他們那種既短視又反動的政策是不能改變的。蔣政權不會自行下台的。他們問：羅德西亞可以被接受，為什麼國民黨不能呢？（我為美國在台灣仿製一個羅德西亞感到遺憾。我對那些反對非洲的羅德西亞、卻支持亞洲的羅德西亞的很多非洲國家也感到遺憾。）

自從被捕以後，我們一直被監禁在秘密警察的總部。他們拿走我身上所有的金錢，直到最近幾個月才讓我有休復的機會，但仍禁止來客訪問。我們被隔離關閉在裝有電視傳真鏡頭的隔音房間，房間的四周沒有窗戶也沒有掛圖，我們不准到陽光下「散步」，同時，我們的一舉一動都在警衛人員的監視之中，我們被當做是對國民黨構成威脅的不友善的活動分子。

我認為我個人有責任把這件事情告訴你們，並設法使這

案件不再像其他很多案件一樣被埋葬於暗室之中。這樣做了，我至少也會感到心安。

你忠實的朋友　**謝聰敏**
一九七一年八月二十五日於台灣台北

台灣的煉獄
——評《談景美軍法看守所》

江南（劉宜良）

　　斷斷續續，我們也聽到不少國民黨人對付異己分子的殘暴故事。但是，由受難人現身說法，把它有系統地見諸文字，梁山的《談景美軍法看守所》，尚屬破題兒第一遭。

　　讀吳哈的《朱元璋傳》，那位洪武皇帝的手段，極盡酷虐的能事。想不到時代雖前進了幾個世紀，統治階層的心態、行為，除了變本加厲之外，對人權的保障、人格的尊嚴，絲毫沒有半點覺醒悔悟的契機，玩的還是刀俎魚肉的把戲。

　　婦女運動領導人呂秀蓮被迫脫光衣服，特務說：「你必須脫光衣服，讓我們看透你。」但這只是一個開端，尚有很多野蠻的刑訊。包括在乳峯上用羽毛和電震、陰道用牙刷摩擦、香煙頭燒男性生殖器等。

　　特務們振振有詞，尚有大道理：「書生論政，好談人格，偽裝聖人，對付書生之道，就是脫光他們的衣服，赤裸裸地恢復他們原來的面目，讓他們體會自己也是一個求生存

的動物。」

　　作者的結論，凡是來自台灣的人，都有切身體會：隔牆有耳，已夠危險；為人誣陷，更是防不勝防。

　　統治層的理由是，共「匪」無孔不入，萬事莫如防諜急。有防諜那道令箭，官民迴避，所向披靡，為了政權的存亡掙扎，執法嚴，情有可原。問題在無「法」可執，屬下的情治單位，不過現代東廠西廠的翻版。工作人員，配合上級意旨，邀功心切，根本無法律意念可言。這是個什麼邏輯？書生難道沒有論政的權利？更不應侈談人格？在毛澤東的無產階級專政下，由反右到「文化大革命」，已發揮得淋漓盡致；國民黨人，打著三民主義、中國文化捍衛者的旗幟，原來也不肯稍遜風騷。

　　蔣介石當年以軍隊特務起家，經國繼承其衣鉢，特務權力的無限滋長，為情勢所必然。

　　「台灣的每一行業都有特務組織監視或控制。無論軍隊、行政機構、事業機構、學校、或工廠，都設置安全系統。幾乎每一個人背後都有負責的特務看住他。」

　　上級放手，下級樂得胡作非為，於是公報私仇，無辜株連的冤魂冤獄，成千上萬。

　　范子文、蔣海溶，一為調查局四處處長，一為第三處處長，就是本書提供的典型自相殘殺的例子。

　　范在沈之岳接掌這個情報機構前，是前局長張慶恩的主任秘書，協助張綜合全局行政工作。沈奉命整飭「中統」，

乃以范為對象，先調升為第四處處長，並派遣東京，主持一九六四年奧林匹克運動會的情報工作，范不知有計，自東京返國，即遭逮捕，罪名是「有人檢舉他在東京和中共的代表見面」。

范被捕，其妻滿素玉，調查局醫務室護士，同時被捕。公開理由：二十餘年前曾參加學生運動；幕後原因，怕滿找范的關係人投訴營救，防止反擊。

范子文結果坐了十五年的牢，現在中國文化大學教英文，免於一死，已算萬幸。

蔣海溶的第三處，職司偵訊，所有的政治案件，悉由他批准，再移軍事法庭。因不見容於沈之岳，沈藉口蔣於抗戰期間，參加屬於中共的後援會，下令鋃鐺入獄。

其真相是，後援會員中某一成員，後來出任中共福建省委。審訊時，雖蔣當時的上級監察委員陳肇英等出庭作證，做絕對有利於被告的陳述，亦無濟於事。

該案擴大，株連到《新生報》的姚勇來、沈嫄璋夫婦及陳石奇等。沈嫄璋受辱自盡，蔣遭同樣命運。

審判非憑藉證據，而靠刑求來的自白，對所謂公正司法，已是莫大諷刺。更精采的把戲，受害人尚無翻供平反的權利，正符合殷海光先生所說認真作戰的原則。其作業程序如下：

一位被告提出證據，指調查局刑求逼供。軍事法庭即以公文函詢調查局，被告曾經受刑是否事實？覆文千篇一律：

「本局訊問被告，從未使用非法方法。」軍事法庭因此名正言順地照上級意旨辦事。

衛道者為國民黨當局辯護，認為下級枉作非為，老小二蔣，並不知情。其實，這全是掩飾之詞，為了維護政權於不墜，二蔣和一切獨裁統治者的心態，殊無二致，只要在「人人為我」的前提下，法律除了有利己的工具作用，別無新意。

最明顯的事實是，有那位特務分子，因非法侵犯人權而入獄治罪的？

本書做大膽揭露，對了解國府統治的本質，有其巨大貢獻。幻想台灣有自由、民主、法治、人權等等，應是一帖清涼劑。

作者謝聰敏，文筆流暢、思想敏捷，以其獄中觀察採訪所得的第一手資料，始能寫下這部信史。可惜，文體缺統一，有些個案的來龍去脈，不夠清楚，係美中不足。

繼第一集後，尚有續篇問世，個人愚見，如果以報導體，分案敘述，當更具實感，不知作者以為如何？

轉型期的不義

謝聰敏

　　民進黨執政，立即宣布「人權立國」。這是針對國民黨長期戒嚴踐踏人權的殘暴統治而說的。在長達三十八年的戒嚴統治下，國家不但不能保護人民，反而從事迫害行為，而立法委員、法官和官僚體系都是踐踏人權的兇手，國際人權團體和國際輿論都曾經記錄和報導這些嚴重的侵權行為。

　　長期戒嚴之後，承繼的政府常常在既存的法律系統中懲罰舊政府的惡行，賠償舊體制暴政的受害人，我們稱為「轉型期的正義」。「轉型」就是朝向自由化的方向改變。轉型期的法律就是對舊政權「去合法化」，對原來的反對運動所建立的新政府「合法化」。但是國民黨政府卻在戒嚴解除前由立法院制定「國家安全法」，在第九條第二款規定：「刑事裁判已確定者，不得向該管法院上訴或抗告。」「國家安全法」的規定，剝奪了人民的上訴權或抗告權，將長期戒嚴期間的殘暴統治「再合法化」。「國家安全法」，經大法官會議似是而非的第二七二條解釋，確立「轉型期的不義」。立法院、法官和官僚體系在解嚴之後仍然扮演過去罪惡政府踐踏人權的兇手角色。

　　戒嚴是一種行政獨裁。無論德國、美國、法國或英國，行政機構都在緊急狀態下獲得獨裁的權力處理內亂外患，立法機關在軍事統治下沒有作為。立法機關只是在開會期監督非常權力。根據中華民國憲法第三十九條規定，總統依法宣布戒嚴，但須經立法院之通過或追認。台灣省警備總司令陳誠在一九四九年五月十九日佈告台灣戒嚴。依照戒嚴法第三條第二項的規定，陳誠必須按照程序呈請上級，提交立法院追認。當時台灣既無戰爭，亦無非常事件，陳誠也未曾提交立法院追認。無論實質上或程序上，陳誠的戒嚴都是違憲。

　　一九四九年七月七日，李宗仁總統下令三地區及六省戒嚴，台灣、新疆、西康、青海等省仍未予戒嚴。當時蔣介石已辭去總統。行政院通知台灣戒嚴是在一九四九年十二月二十八日。但是一九四九年十一月二十一日至次年三月一日，李宗仁總統已經離開中國，未發表任何人代理總統。李宗仁總統未公布台灣戒嚴，也沒有任何總統宣布台灣戒嚴。行政院在一九四九年十二月二十八日通告台灣戒嚴，也違反憲法第三十九條及第四十三條的規定。一九五○年三月一日，蔣介石在台北宣布復職。辭職總統如何復職，中華民國憲法實無「復職」規定。「復職」的辭職總統在三月八日任命陳誠為行政院長。陳誠院長在三月十四日提請立法院追認一九四九年七月七日李宗仁總統宣布之未包括「台灣」在內的戒嚴。但是立法院卻將李宗仁總統未宣布之「台灣」戒嚴案夾帶作弊，一併通過。台灣仍在實施陳誠總司令一九四九年五

月十九日的戒嚴令，陳誠的戒嚴始終未經立法院同意，保持「違憲」之真面目。台灣實施長達三十八年的違憲戒嚴。

　　戒嚴就是政府或個人不惜犧牲生命或財產以維護公共秩序。戒嚴不一定要執行軍事審判。軍事審判是在叛變或侵略危害法庭執法，導致事實上有必要由軍事法庭來取代法院時才是可接受的。一般法院的地位就是軍事審判的主要檢驗。軍事審判絕不是法院，只是行政機關用以恢復公共秩序而已。軍事審判必須向上級法官上訴。換句話說，軍事審判必須由普通法院批准或上訴。戒嚴解除之後，禁止受害人上訴或抗告，當然違反戒嚴之憲法規定。

　　台灣在長達三十八年之戒嚴中，外有美國第七艦隊協防，內無戰事，依據 Ex Parte Milligan 案中的法官所說，戒嚴法施行，不能僅僅是基於侵略之威脅。戒嚴的必要性必須是實存的和當前的，侵略必須是現實的，例如，它實際已經使法院關閉，使文官管理失效。在 Duncan vs. Kahanamoku 案中，美國法院更明白地指出，當普通法院尚能運作之時，不能用軍法來管理人民。陳誠在台灣宣布戒嚴，明目張膽把特權集團的生存當作國家的需要。在長期戒嚴下濫用權力，任意否定人民的基本人權，改變政府和社會的結構。

　　兩年前，偶然在圓山大飯店遇到一位中年婦女哭訴不幸身世。她的父母是來自中國東北的知識青年。在她五歲時，父母半夜被秘密警察帶走，她躲在衣櫃哭泣幾天，被路過的和尚撿去扶養。她是在和尚廟裡長大的「小尼姑」，不知父

母的名字，無從申訴。

我在立法院提出「戒嚴時期不當審判補償條例」，那是李登輝總統領導國民黨政府的時代。受害人的上訴權或抗告權受到「國安法」第九條剝奪，把不當統治「合法化」，受害人得不到「賠償」，國家只能以「慰問金」方式救濟。除此之外，之前受害人被沒收的財產也都尚未歸還。

民進黨政府對於前任國民黨政府的責任和義務都需要概括承受。民進黨政府應該調查過往的犯罪事實，以有限度的制裁，譴責過去的罪行，把不當統治「去合法化」，以及把反對運動「合法化」。對受害人的賠償計劃是藉著恢復失去的權利，來創造新的政治認同。民進黨除了對受害人金錢賠償以外，也應該公開塑造政治地位，否定舊政府長期毀謗所形成的污名。

現在民進黨執政已經七年。舊政權犯下罪行的人不但不必道歉，反而地位愈崇高。舊政權的受害人卻繼續付出代價。民進黨已離「希望」愈來愈遠。我們必須提醒民進黨當權者，應該對過去國家的錯誤負起責任的是繼任的政府，而不是錯誤的個人。同理，轉型的賠償也必須由國家來負擔。

在檔案之間

謝聰敏

　　當我第一次站在軍事法庭接受公開審判的時候,我已經走過情治單位的腥風血雨,知道自己只是一大群思想犯之中的一個。在監獄裡,我遇到許多無辜的受難人,他們所受的酷刑和虐待已經給我深刻的印象。為什麼非軍人要送軍事審判?我在大學畢業論文就以「現行法律所保障的人身自由」為題目提出質疑。現在腦中的非軍人已經變成黑牢亡魂,他們就是學生、作家、工人和農人。眼前審判席上的軍法官都穿著草綠色的制服,於是我想起海明威小說中的軍法官,我當庭質問:「非軍人不受軍事審判是憲法給予的保障,我要依提審法的規定,請求貴庭將本案移送台北地方法院審判!」

　　我的請求立即獲得我的辯護律師李琳的響應。他說,非軍人不受軍事審判,但是台灣宣佈戒嚴已經十幾年,在長期戒嚴之下,「惡法亦法」。他送上他手中的資料給法官,在法庭上來回踱步,分析長期戒嚴所剝奪的個人自由。旁聽席上的聽眾屏息傾聽他的雄辯。

　　「辯護律師的言論已經超過辯論的範圍。」審判長范明

立即出聲制止。

　　審判首先應該討論法院的管轄權，但就警總軍法處而言，被告在庭上質疑管轄權，這是第一次。我懷念四十年前能言善辯的李律師，我翻開檔案的每一頁，找不到開庭紀錄、答辯書和有關訴訟文件。我翻看其他卷宗，其他卷宗都附有訴訟文件，為什麼我的檔案缺少訴訟文件？

　　李琳是上海人，又是國民黨籍。在二次大戰中參加國民黨的地下組織，曾經體驗過日本黑牢生活。他的辯護立刻獲得社會好評。彭明敏教授也聘請他當上訴律師。不幸彭教授的另一律師梁肅戎「另闢後門」，以政治解決的方式處理本案。

　　管轄權的移轉，可由直接上級法院依職權或依當事人之聲請為之，我在開庭前、開庭後，都以書狀請求移轉台北地方法院管轄。警總判決書和國防部判決書卻都隻字不提，檔案中也看不到任何裁定。

　　台灣的戒嚴是在 1949 年 5 月 19 日由台灣省主席陳誠宣佈的。台灣從此開始長達三十八年的戒嚴統治。陳誠的戒嚴沒有呈請立法院同意，也沒有經過總統公佈。戒嚴三十八年來，台灣從來沒有發生戰爭，法院也從來沒有關閉，就軍事上來說，台灣的戒嚴沒有「必要性」，也失去「比例原則」。在台灣的法律上，長期戒嚴無論在在程序上或實質上都違反憲法的規定。

　　在西方國家，軍事法庭絕不是在輔佐普通司法制度。軍

事法庭是在普通司法制度實際停止運作時才產生的。英美軍
事法庭只是行政機關用來恢復秩序的機構。以軍事法庭替代
法院，只是一種錯覺。軍事法庭的運作可以呈送法院認定。
公共秩序恢復正常，人犯必須立即移送法院。在美國，若普
通法院沒有「立即的危險」，並且能夠執行職權，軍事法庭
是對平民沒有管轄權的。在長達三十八年的戒嚴中，軍事法
庭對平民的審判都是違憲的。

　　卷宗中有關出獄後的跟監紀錄、1975 年的判決書和判
刑後的洗腦附卷，足以證明情治單位十多年來對我們的歧
視、折磨和糾纏。

　　現代刑事制度對出獄受刑人設有更生保護制度來輔導。
國民黨政府對政治受難人則苛求迫害，極盡報復之能事。社
會歧視和政治迫害使政治受害人面臨重重打擊。附卷之跟監
紀錄足以證明國民黨政府迫害之事實。

　　在跟監中，我曾經向台北地方法院檢察署控訴台北市警
察局安全室主任盧金波妨礙自由。跟監的便衣警察竟目無法
紀，侵入呂一鳴檢察官的偵訊室監視。呂檢察官簽出傳票、
定期開庭，褚檢察長隨後發出公文阻止開庭。呂檢察官立即
被調職。檔案看不到訴訟資料，執法的官員就是玩法的惡
棍。

　　我第二次被捕是由警察局安全室主任盧金波以栽贓的方
式陷害的。當然這是執行上級的命令。我受盡人間煉獄的刑
求，李敖被株連，就是冤獄的證明。蔣經國在刑求之後到黑

牢巡視。鄰室日本人小林正成可以作證。我在保安處刑求室
中送出一封英文信，敘述所受酷刑和所株連的友人。這封信
由鄰室小林攜帶出獄。小林目睹我被毒打後的蹣跚身影和浮
腫的臉。〈獄中來函〉遂在《紐約時報》刊出（即本書附錄
〈謝聰敏獄中來信〉）。

　　1975 年 11 月 14 日國防部呈送總統的文件中指出：美
國安德魯海斯等五人致總統電稱：「謝聰敏受虐待，請予治
療，並在公開法庭重審該案。」上級未曾再調查案情，疾病
則送三軍總醫院，由國防醫學院教授檢查，三軍總醫院最後
判定「輕度胃炎」。但我的腹部絞痛依舊，遂絕食一個月。
警總改送台大醫院複檢，判定「膽結石」。我又被送回三軍
總醫院開刀，手術醫生剖開腹部，看到除膽結石外，「盲腸
已爛至膈膜」，險險救回一命。李敖也在酷刑中病倒。

　　美國安德魯海斯等五人要求「在公開法庭重審該案」。
警總重審該案，但卻未公開審判。重審時美國記者及人權機
構使者六人在法庭外等候旁聽。軍事法庭宣佈事關軍事機
密，不准旁聽。在卷宗中除了刑求逼供虛構罪名以外，沒有
任何軍事機密，羅織罪狀之原判決也未見附卷。

　　檔案中另附洗腦評語，則可列為監獄鬥爭之紀錄。

　　「一把辛酸淚，滿紙荒唐言」，每一個政治受難人都有
同樣的感覺，往事已經隨風而逝。我整理舊檔案留給後人，
但願有作為的領導人能負起轉型期政府的責任，還給人民公
道。

白崇禧和賴阿統
——一個客家白色恐怖案例

謝聰敏

一

政論家阮銘曾經告訴我，國民黨和共產黨各有專長，國民黨是以「謀殺」除敵，共產黨是以「分化」取勝。國民黨謀殺的對象固然是蔣家政敵，與人民無關，但是政敵周邊的小民卻受到無妄之災。賴阿統就是一個殃及池魚的典型案例。

賴阿統案是魏廷朝臨終前帶給我的。魏廷朝——我的患難之交——在中壢設有辦公室，協助政治受難人和他們的家屬申請補償金。我在立法院提案成立「戒嚴時期不當叛亂及匪諜審判案件補償委員會」，申請補償的人需要提供原判決資料或證明文件，由於年代已久，許多受迫害人證物證遺失，魏廷朝為人追問遺失的迫害證據。我最後一次和他見面是在 1999 年秋天。他在台北希爾頓大飯店二樓餐廳帶來賴阿統案的關係人——賴阿統女兒的親人敘述賴阿統的故事。

賴阿統是台北市鄭州路「美記貿易行」總經理。美記貿

易行進口釣具和獵具，賴阿統酷愛打獵和釣魚，因而與當時名流何應欽將軍、白崇禧將軍、楊森將軍及前外交部葉公超部長常有來往，擔任獵槍教練。1952 年某日深夜，賴阿統忽然被不明身分的幾個便衣人員逮捕，神秘失蹤。在五○年代的戒嚴中，台灣最大綁架集團就是特務組織。果然，1961 年 1 月 24 日，賴阿統就從台灣警備司令部職業輔導第三總隊開釋。他已失蹤七年多。她的女兒在「陳情書」中說他「對其被捕、拘禁、管訓之原委，始終未向家屬親友透漏一語。」我記得我離開政治監獄時也在一份保證書上簽署：「在監中所見所聞如有洩漏，願受法律以上的任何處分。」一個政府機關在任意綁架人民之後，又以「法律以上的任何處分」恐嚇人民封口，那就是無所不在的白色恐怖。

我看到這份陳情書就猜想賴阿統的失蹤是和他所認識的名流有關。當時我到洛杉磯探訪家人，購讀《李宗仁回憶錄》，尋找蔣介石和他的將軍們的關係，發現名流中以白崇禧與蔣介石的恩怨最深。不幸，1999 年年底魏廷朝在慢跑中因心肌梗塞昏倒病逝，留下未解開的「賴阿統案」。

二

「賴阿統案」是由他的女兒張賴瑞雲向張旭成立法委員陳情而開始的，日期是在 1999 年 7 月 7 日。張賴女士以手稿寫出簡短的事件經過。她說：

在白色恐怖的年代裡，先父賴阿統在莫須有的罪名下遭受逮捕，一關七年多。當年本人姐妹四人均年幼無知，對當時的真相，先母甚少提及。就記憶所及，被捕時約在民國41年左右、49年左右釋放回來。數年前立法院討論二二八及白色恐怖平反事件，本人曾向先母提及此事，無奈年事已高的先母罹患失智症，已不復記憶。更不幸的是，先母也在數月前仙逝。

在先父釋放回來之後不久，一位自稱台北菸廠（台北市華陰街，現在為建成國中）廠長任先生不定時的造訪先父，美其名是探訪先父居家生活安適與否，實則是暗中監視，時間長達數年之久。試問任廠長是接到什麼單位的命令來造訪先父？任先生除了是台北菸廠廠長的身分外，又兼具何種身分？再說，先父被關的地區不出台北市區，是否有關單位未有存檔，實讓人難於信服。

懇請有關單位查明，還我真相。

申請人 張賴瑞雲

賴阿統次女張賴瑞雲先是在 1999 年 5 月 3 日向軍管區司令部軍法處申請「賴阿統判決書」。軍官區司令部軍法處在 5 月 11 日覆文，台灣省保安司令部留存資料中沒有相關涉案資料，建議向原審判機關國防部軍事情報局查詢。賴阿統是從台灣警備總司令部開釋的，開釋文件的文號是「台灣省警備總司令部職業輔導第三總隊開釋證明書（50）總特

字第 001 號」。「特字第 001 號」，非常奇怪的案件，因為
賴阿統是由國防部保密局——軍事情報局的前身——移送
的。換句話說，賴阿統是由國防部軍事情報局逮捕的，逮捕
的理由應該就是「國家安全」的政治因素。

於是，勇敢的張賴瑞雲得到張旭成委員的支持，7 月 7
日向國防部軍事情報局陳情，索取「賴阿統案」檔案。國防
部軍事情報局在 7 月 19 日覆文，覆文的內容如下：

> 經再詳查本局現存檔案，確無台端之父賴阿統遭受羈押
> 等相關資料可循，惟因所陳事件年代已久，為恐疏漏，煩請
> 台端提供有關書證或案情內容，俾便查考該案之原轄機關。

軍事情報局沒有任何「賴阿統」資料，不知道「賴阿
統」是由誰送到軍事情報局，也不知道為什麼軍事情報局會
羈押了「賴阿統」，更不知道釋放後負責監視的「任廠
長」。

三

軍事情報局是從保密局演變而來。李敖介紹保密局偵防
組長谷正文給我。我曾經安排李敖和谷正文到立法院為「李
登輝是否參加共產黨」聽證會作證。谷正文組長曾經透漏，
軍事情報局龍潭營區還羈押蒙古籍的俄國軍官「圖畢」。我

在立法委員任內約中國時報記者張平宜到龍潭營區探訪「圖畢」空軍少校。當時他已經被囚禁四十年——台灣坐牢最久的政治犯，他和賴阿統一樣被囚禁但是沒有判決書，自由時報和中國時報曾經分別報導。

圖畢是外蒙古籍的俄國空軍少校，父親曾經是外蒙古的外交部長，二次大戰在德國作戰，與美軍接觸。1946 年，他駕駛飛機，從外蒙古經哈爾濱到美國駐北京辦事處請求政治庇護，轟動國際。國民黨政府自中國撤退，他也隨美國大使團來台，住在高雄。1949 年 7 月，他駕駛吉普車，路經高雄要塞司令部，保密局官員從埋伏中出現而逮捕他。圖畢被捕後爭吵不停。美國大使館向國民黨政府抗議，保密局遂逼迫圖畢躺在地上，塗抹紅藥水，覆蓋泥沙，拍下圖畢槍決照片以欺騙美國。圖畢則被移送龍潭營區長達四十年。

我在立法院向國防部提出質詢，孫震部長答詢承認確有此事，並且指出圖畢尚在營區，可自由出入。2000 年，我返回台北，參加魏廷朝喪禮，訪問保密局谷正文組長，向他求證「賴阿統案」，他承認他奉命暗殺「白崇禧將軍」、逮捕「漁獵用品店老闆老賴」。他曾經口述「三次制裁白崇禧致死」故事，刊登在《白色恐怖秘密檔案》中，1995 年由獨家出版社刊出。兩年前，我請谷正文組長在書上簽名，並請民視異言堂莊小姐在太平洋百貨公司樓上餐廳採訪，留下紀錄。

四

　　白崇禧在抗戰中立有大功。根據李敖、汪榮祖合著《蔣介石評傳》，1948 年 12 月 24 日，白崇禧在武漢擁有大軍，卻以密電告訴蔣介石應該停止軍事活動，由美英蘇三國斡旋和平。12 月 30 日，白崇禧又以密電告訴蔣介石「趁早英斷」。蔣介石卻是計劃內戰國際化，提請美、蘇、英、法四國干預，被四國拒絕。

　　據谷正文「三次制裁白崇禧致死」，美國駐軍大使司徒雷登欲以李宗仁、白崇禧為中心，另建第三勢力，白崇禧與河南省議會議長張軫聯合通電，「要求蔣介石下野，舉行國共和談，希望能與共黨隔江而治」，據汪榮祖和李敖前書，李宗仁和白崇禧確有「保衛大西南計畫」，被蔣介石暗中破壞。

　　谷正文指出白崇禧眼見和談陷入僵局，提出「以蔣介石出國換取國共隔江和平相處」方案，據汪榮祖和李敖前書，李宗仁擬定甲乙兩個方案，甲案要蔣出洋，乙案要蔣交出權力。蔣介石所擬的是「代行總統職權」，白崇禧借漢高祖的話說：「要做就做真皇帝，切不要做假皇帝！」由於蔣介石下台後，暗中操縱如故，李宗仁在 1949 年 5 月 2 日向蔣攤牌，促蔣「去國愈快、離國愈遠為最好。」

　　廣州撤退前，據汪榮祖和李敖前書，蔣介石離間李宗仁和白崇禧，白氏反共心切，保衛兩廣之心更切，經蔣一番慰

勉，動之以情，白盡釋前嫌，信其誠懇，促李歸政於蔣，真心合作。白崇禧撤退海南島。據谷正文所述，蔣介石從台灣派遣陸軍副總司令羅奇、前上海市長陳良飛到海口，攜帶信函和金磚，遊說白崇禧來台組閣。白崇禧派李品仙來台試探蔣介石用意，李品仙電告「蔣介石是出於至誠」。於是白崇禧在 1949 年 12 月 30 日來台，他一下飛機，「即再也不能離開台灣一步了」。

汪榮祖和李敖在前揭書中則說：

最後白崇禧顯然誤信蔣介石晚來的「誠懇」，失敗後前往台灣與蔣共患難，結果不但當不上官，還遭到冷漠與歧視而又不得離境，鬱鬱以終。（見第 788 頁）

其實汪和李都錯了，死因應該是李敖的朋友谷正文「三次制裁白崇禧致死」。

五

白崇禧來台以後，失去海南島的軍隊，與何應欽將軍「打獵」是他生活中的一大樂趣。他們兩人聘請販賣獵槍的「美記貿易行」總經理賴阿統為「打獵」師傅。賴阿統是定居台北的客家人，為人豪爽，交遊廣闊，在客家宗親中人緣極佳，在戒嚴時期，「交遊廣闊」就是罪名。蔣介石得到一則情報說：「白崇禧不甘寂寞，意圖發展客家組織，再造勢

力，聯絡地點是一名客家人在台北市鄭州路經營的一家漁獵用具店。」

這一則情報勾起了蔣介石的新仇舊恨。蔣介石電召保密局長毛人鳳查辦。在白色恐怖中，許多政治迫害都是由蔣介石父子親自指揮的。毛人鳳將查辦任務交給偵防組長谷正文，告訴谷正文：「領袖認為老妹子可能謀叛，你去調查。」保密局奉命跟監十餘名政治敏感人物，白崇禧就是其中一人，代號就是「老妹子」。

根據谷正文口述記錄，暗殺工作執行三次。首先，偵防組從鄰居獲悉「賴阿統有一個嗜好，天氣好的時候，喜歡趕早騎腳踏車到處逛逛。」於是谷正文派兩人騎腳踏車在鄭州路中原路口守候，賴阿統騎車出來，便被守候人員撞倒，製造假車禍和賴阿統爭吵，賴阿統要求到警察局理論，三人走到預先埋伏的偵防車前，製造假車禍的兩人立刻將賴阿統架起來，推進了偵防車，然後亮出證件。谷正文組長就在偵防車上等候，賴阿統驚愕地辯解他是生意人，沒有犯法。

根據賴家女兒賴瑞琦回憶，賴阿統是在半夜失蹤，我告訴她谷正文的故事，她回想當年猶在小學讀書，有早睡習慣，清晨醒來父親已經不在。

賴阿統被捕後，谷正文問他：「白崇禧常到你店裡活動，買了多少槍彈？」

「他自己有獵槍，所以來店裡只買散彈。」賴阿統謹慎地說。賴阿統堅決否認獵具店是政治活動基地，也沒有客家

組織。據賴家女兒回憶，許多親友陸續被逮捕，特務無不施以酷刑。記憶最深的是特務人員對生殖器官的刑求特別感興趣，他們偏愛以牙籤刺入龜頭，但是他們羅織不出足以讓人信服的罪狀。

谷正文提出偵查結果，由毛人鳳轉呈蔣介石，蔣介石不滿意，向毛人鳳施壓說：「事情豈可這樣簡單，況且，他是一個歷史罪人。」偵查的結果是什麼？還是由蔣介石親自決定。於是蔣介石正式下令毛人鳳採取制裁罪人的行動。谷正文說暗殺不能留下半點痕跡，以免外界懷疑「政治暗殺」。

谷正文強化跟監，收買了白崇禧的楊姓副官，跟監人員被白崇禧識破，白崇禧幽默的說，跟監人員是蔣總統派來「保護我的」！楊副官給谷正文捎來白崇禧已經約好花蓮鄉鄉長林意雙到壽豐山打獵的信息。登山須坐小型山間鐵軌的人力軌道台車，谷正文提出「軌道謀殺」計畫，派人在白崇禧一行人上山後破壞一處木製小橋──鬆開橋面木墩上的螺絲──待白崇禧等人下山行經橋面，連同軌道台車一起墜入五十餘公尺峽谷。

當日下午三點，高山上滑出兩部軌道台車，相差三十公尺，白崇禧是在第二輛，第一輛滑落谷底，副官見狀，急煞車無效，使力將白崇禧推出車外，跌到地下，自己則脫逃不及，隨車跌落谷底。白崇禧看到荒野中四具血肉模糊的屍體，已明白真相，由同時脫逃的另一個副官循軌道下山報案。谷正文隨毛人鳳第三度前往官邸向蔣介石報告，蔣介石

遺憾地說：「再從長計議吧！」

六

　　賴阿統失蹤以後，太太帶著小女兒賴瑞琦向何應欽和白崇禧兩將軍求救。據賴家女兒回憶，她還記得將軍府的大宅院和慈祥的將軍，兩將軍雖然地位崇高，眼見特務人員心黑手辣，胡作非為，受害人橫禍飛來，啼天哭地，也不敢作聲。

　　賴家終於獲悉綁架的是國民黨政府。博愛路總統府對面的警備總部公共關係處可以轉送衣物和食物給賴阿統，但是不能面會。她們除了依照規定檢送日常用品及食物以外，也到處打聽賴阿統的囚禁場所，她們聽說政治犯流放綠島，也坐火車、換小船遠赴綠島尋親。但是無論台灣或綠島，她們都找不到賴阿統的監牢。在賴阿統囚禁期間，賴阿統不能見到他的家屬，包括妻子和女兒。

七

　　谷正文沒有放棄他的暗殺行動。當時，毛人鳳病死，保密局長由張炎元接任。谷正文構想「毒殺計劃」。白崇禧有一情婦是民社黨之主席傅榮之妻。傅太太與白崇禧有三十五萬元債務糾紛，谷正文的計劃就是企圖收買傅太太毒死白崇禧。傅太太是精明幹練的女人，張局長不甚支持谷正文的計劃。谷正文的「毒殺計劃」未曾執行。

八

　　谷正文調保密局督察室，他深知蔣介石必除白崇禧，繼續尋求暗殺的機會。白崇禧在夫人死後常常到易怡醫院染髮，由張姓護士按摩筋骨，兩人來往頻繁。白崇禧購買美軍用蒸餾水和米酒泡藥酒，中藥是從中醫協會理事長賴少魂購買，谷正文終於發現為蔣介石下手暗殺的機會。

　　據谷正文描述，他給賴少魂理事長打電話，谷正文錄下一段精采的對話。

　　「昨天是不是有位四星將軍來過？」谷正文問

　　賴少魂是個機靈人，谷正文是保密局官員，賴少魂聽後心知不能隱瞞，只好托出實情：「白將軍不是病，他想補……」

　　「不管是什麼，你可要發揮專長，蔣總統要你多『照顧』將軍，重病得下猛藥。」谷正文暗示他在劑量上動手腳，使垂垂老矣的白將軍不勝藥力，一補不起。賴少魂一聽，忙說：「明白，明白。」

　　於是賴少魂給白崇禧重新開了一帖強力的藥方，並電請白崇禧立刻更換新藥。1966 年 12 月 1 日，張小姐再到白宅夜宿，第二天，白崇禧原有南下行程為吳梅村主持的高雄楠梓加工出口區剪綵，跟監人員訊問白崇禧官邸人員，推開虛掩的房門，隔著紗帳叫喚，仍無回應，副官揭開紗帳，發現張小姐早已離去，白崇禧赤裸著身體趴臥在床，副官伸手一

摸，才知主人已氣絕身亡，肢體冰冷了！谷正文揭穿了蔣介石如何利用特工人員制裁桀驁不馴的將領。

九

　　谷正文在《白色恐怖祕密檔案》敘述「一代名將」白崇禧的死亡，卻未曾交代賴阿統的去向。谷正文綁架獵槍教練賴阿統是為「制裁」白崇禧，對白崇禧的「軌道謀殺案」失敗，賴阿統就沒有作用，但是谷正文沒有撕票。

　　原來谷正文綁架賴阿統後，將賴阿統寄存在警備總統保安處──台北市西寧南路東本願寺──一般市民稱為「閻羅殿」，賴阿統失蹤是在 1952 年。1959 年 4 月 17 日才由警備司令部裁判，交付感化。開釋日期是在 1961 年 1 月 24 日，開釋的機關是台灣警備總部職業訓練第三總隊，那是專門管制流氓的機關。事實上，他被囚禁七年又二十八日，囚禁的場所就是警備總部保安處，沒有移動，可是白色恐怖補償基金會只承認交付感化的一年九個月。至於從 1952 年至 1959 年的七年四個月，賴阿統從人間蒸發，政府不願意負賠償責任。

　　1961 年 1 月 24 日，警總官員發動六輛軍車浩浩蕩蕩護送賴阿統回家，警總的護送陣容不但威嚇賴家親友不能為「客家會」的事呼冤申訴，而且逼迫賴阿統參加國民黨，可是賴阿統始終拒絕加入禍國殃民的政黨。

　　2005 年 11 月 18 日，我帶賴家兩女兒訪問高齡九十六的谷正文。他歉疚地說：「我逮捕賴阿統的時候就知道他是冤枉的，但是上級要辦他。」

　　上級是指保密局長毛人鳳。谷正文已經中風，牆上還掛著毛人鳳和沈醉的筆跡，沈醉是投共的特務頭子。谷正文年輕時還是演員，有一本大陸出版的書還刊出他在八路軍中演話劇的照片。他拿出從賴阿統店裡買到的釣魚桿撫摸，他出國旅行也隨身攜帶釣魚桿。

　　賴家小女兒賴瑞琦在爸爸被捕時只有三歲，她的媽媽需要賺錢扶養四個女兒。瑞琦懂事以後從來沒有看過爸爸，她常常自問：「為什麼我沒有爸爸？」每星期她要給爸爸送牢飯，她盼望在送牢飯的時候碰到爸爸，但是她在每星期都落空，她不知道爸爸的模樣。她從小就是自閉兒，她不斷自問：「為什麼爸爸是壞人？」親友們疏離賴家，只有鄭爸爸和正隆紙廠的黑狗伯照顧她。家裡缺錢，媽媽就送她去鄭家伸手借錢。

　　每年過端午節，媽媽做了粽子送給兩家好人，有時候也送粽子給何（應欽）公館和白公館。爸爸每天寫一封信給媽媽，她也從送牢飯的簽收單知道爸爸還活在人間。

　　七年又二十八日，六輛車送回爸爸。這是她第一次看到爸爸。高大、豪爽、英俊、好客，她心目中的好爸爸。

　　爸爸坐牢的朋友來了。一個手指受到酷刑，不能拿東西；一個已經發瘋；有一個變成白癡。爸爸的右手也常常抖

動。爸爸認為何將軍和白將軍救他生命，在家裡的牆上，右邊掛起白將軍照片，左邊掛起何將軍照片。

媽媽從鄰近吳家以高利貸借錢，爸爸必須賣掉店面還債，一家搬到第九水門附近，幸好爸爸發明一些小器具維持一家生活。爸爸在牢裡背讀書上的句子，告訴她：「吃得苦中苦，方為人上人。」但是不能告訴她發生什麼事，怕她講出去後被抓走。她遺憾小時候失去父愛，她立志要還父親清白。

我臨走前問谷正文，為什麼保密局（軍事情報局）和警備司令部沒有賴阿統被捕的資料，也沒有判決書？谷正文爽直地回答：

　　許多人被拘禁沒有登記，所以在牢裡也沒有軍糧，只記我的帳。我退休的時候，這些情治機關向我索取三萬公斤軍糧。這三萬公斤軍糧就是沒有名的囚犯吃掉的。我也沒有還給情治機關。

除了賴阿統以外，究竟還有多少沒有名字的政治犯吃掉了谷正文三萬公斤的軍糧？他們的名字被埋沒在黑暗中，等待我們去發掘。

謝聰敏的政治心理世界

林海慧[1]著　　蕭長松[2]譯

1 / 序言

　　本文是關於謝聰敏（又稱羅傑謝）的政治心理描述。謝氏是台灣解放運動的主要領導人。以謝氏為研究主題，良有以也。

　　台灣人為掙脫中國國民黨高壓統治的艱鉅奮鬥事蹟，少有人完全清楚。希望在本研究中能完成的第一個任務是要明瞭一段數十年來台灣動盪年代，由擺脫高壓獨裁而導致1990年代的初期民主台灣。我著手研究的目的是希望在1947年被屠殺的28,000台灣人及隨之而來的受壓迫與受酷刑的人，不會憑白犧牲，也不可再重蹈覆轍。

1　林海慧（Jean Lin），1978年出於台灣新竹，在美國長大。經歷豐富，曾在華爾街工作、曾參與國際人道組織、也曾任職報社。目前正在法國巴黎高等政治學院修習國際關係碩士學位。

2　蕭長松，1938年生於台灣屏東，1992年高雄師範大學英語系退休，現為社區服務志工。

在我們說「不可重蹈覆轍」之前，必須先知道所發生的事實，而這事實是鮮為人知的，這正是本研究存在的理由。

當我 2003 年在台北與謝君見面時，我察覺到他還存有在牢獄中所遭受折磨的肉體傷害。雖然我有意想要了解他囚牢受酷刑的經驗，但不知如何與他談及此問題。這一次我不願意再失去瞭解他在台灣歷史黑暗年代經歷的機會。再者，雖然謝氏是台灣自救宣言的主筆，近來他的一些活動消息，也常在英法媒體上出現，然而有關他涉入台灣解放運動的訊息，卻仍然付之闕如。

對如謝氏及其他人的犧牲才造成今日的自由民主台灣，本研究要謹致敬意。未及經歷國民黨專制政權的青年無法瞭解，能生活在民主體制是一種殊榮。我本人在美國民主社會長大，但經歷這種啟示是來自我在 2002 年到台灣為一所昔日在野黨的報社服務。我瞭解到，早些年為這類報社服務，可能招致牢獄之災。我希望本研究能對於過去嚴酷的犧牲表達謙恭之意；正因有這些犧牲才能享受今日台灣的自由社會。

最後，我要感謝我的教授——Madame Francoise Sironi——好意允許我的研究寫成英文。以英文才能與謝氏分享研究的成果。其中有些資料因首次曝光而彌足珍貴。英文版也增加台灣閱聽人的管道而使之受益。

2 / 研究方法

在為本研究而與謝氏接觸之前，我先盡可能地研究他個人涉入台灣解放運動的事蹟。我的資料來源主要是彭明敏所著的《自由的滋味》一書。彭氏常有台灣獨立運動之父的美稱。該書是我唯一能找到的可提供謝氏涉入解放運動細節的英文資料。我也找到一本中文版的謝氏生平年表，由他人幫助我翻譯。經此探究我才能找出他生命中的重點，以備後來當他未提及時，能向他請益。

謝君與我分處台北與巴黎兩地，而我們只在三年前曾直接見過一次面。我沒有把握謝氏願意接受如此敏感與遠距離的訪問。我先以電子郵件附上提問與他連絡，提出一些他可能回答的問題。如此，讓他知道要分享哪些資訊並有足夠時間考慮是否接受訪問。

我也向他表明可以書面回應，也可以網路訪談。郵件中附提問的理由有二：首先，我沒有把握這種電話訪問而非當面訪談，是否造成尷尬，不便觸及私密的細節。其次，六個鐘頭的時差在時間的協調上有困難，這也是以書面提問的另外一個理由。

至此，謝氏與我均以英文溝通。然而這次訪談的敏感性，我願意以台語或北京話來訪談，這對謝氏而言較為自然。因為我這兩種語言的水平不足以讓我有合宜的訪談。我向他提議我們可在台北安排可靠又精通相關語言的第三者。

或是他可以中文書寫，我可隨後翻譯。

謝氏欣然接受訪問，他提議直接透過網路電話，如此可將花費降至近乎於零，同時不減聯絡品質。因此促成完整研究資訊。

大量研究資料基於我與謝君兩次訪談。訪談皆以英語進行且相當順利。第一次為時三個鐘頭，了解在謝氏生平年表中的事件。細節分類則在第二次訪談。此訪談與第一次相隔一週，歷時兩個小時。

3 / 心路歷程

【出生之前的時代背景】

謝聰敏於 1934 年出生於二林，台灣中部一個人口 20,000 的小鄉鎮。然而，謝氏政治參與的故事在他出生之前就已開始。在 1920 年代製糖甘蔗是二林地區的主要經濟作物。蔗農要向鄰近糖廠借貸，製糖公司控制了蔗價，比其他糖廠更低價收購甘蔗。當時日治台灣，日本商人控制製糖商務，當地台灣人向糖廠抗議不公平的措施，並進行罷工。自 1895 年日治以降，這是台灣第一次罷工。農人的抗議成為反日帝的象徵。

謝氏族親多人為地方領袖而遭到警方逮捕。為表示與台灣人團結，一些日本反對黨律師來台為蔗農與地方領袖辯護。由二林事件，台灣知道抗議的意義。

【對中國國民黨政權的失望：心智啟蒙】

　　謝氏幼年曾聽過二林甘蔗事件的故事。童年時，父母在鄉裡一間兩百年歷史的廟前住家並開一雜貨店。廟埕很熱鬧，是平時拜拜、廟會和鄉民聚會之處。住家及商店既然面對廟寺，小謝便長年目睹廟埕的種種活動。在二戰及國民政府之前，倡議民主的鄉民都到廟埕與其他鄉民共聚議事。謝氏雖然不記得他們所討論的細節，但此情此景深植腦海。他們象徵著該鄉的民主時刻。

　　謝氏小學時，二次大戰開始。先是日本佔優勢，隨之美國勝利，美軍轟炸二林糖廠。終戰後，日人離台，中國國民黨軍人來到台灣。

　　台灣目睹美軍優勢，但看不到中國國民黨軍的優勢。更進一步發現，來台的中國國民黨軍毫無紀律又無衛生習慣，對之印象極差。

　　國民黨人帶來大規模的腐敗。此現象在日治下，聞所未聞。日人在台灣開庭很公平，在中國國民黨人的法庭上，法官和警察要賄賂，而囚犯的家產要沒收。日治下，擾亂治安罪，十個月囚牢即為重刑；中國國民黨統治下，刑期可長達十年。

　　即使在校園內，也可以感受到差異。與高品質的日本教師相較，中國國民黨教師品質的低劣恰好形成強烈對比。

　　其實在二次大戰初期，有一些二林鄉民去替中國打仗，

因為他們不願意與日本帝國合作。終戰後，回台的軍人發現，這些在台灣的中國國民黨政府是如此腐敗，逗留在台灣對他們而言毫無前途。這些台灣人因此再次離台，前往共產中國。

謝氏初中時，二二八事件震驚全台。1947 年 2 月 28 日，國民黨警察毒打無照販賣香菸的老婦。這是導火線，台灣人的失望與無助，隨即爆發大混亂。在短暫的緊張平靜之後，國民黨開始在台灣鎮壓知識份子和社會精英，怕他們會爭辯政權的合法性。這就是所謂白色恐怖的開端。在 1947 年中，僅數週內就屠殺約 28,000 台灣人，恐怖統治就此開始。

謝氏在台中就讀高中，是台灣中部名校（台中一中），只有成績好的學生才有機會就讀。白色恐怖期間，一些謝君的同學或鄉民被捕入獄一至十年。大部分被捕者都未曾參與政治活動。一般情形是，一位老師被捕，曾與其接近的人或聽過他（她）們上課的學生也遭殃。

1954 年，年輕的謝氏有幸完成高中學業而沒有遭到逮捕。他選擇就讀台大法律系。他受到美國第十六任總統林肯精神的激勵，林肯自學法律，並以法律為工具替受壓迫者辯護。謝氏相信法律是可為人民發聲的工具。在大學，他有機會閱讀和購買有關民主制度的書籍以及研讀在日人統治下台灣人的民主運動。時逢中國變成中華人民共和國，這引起謝氏對共產主義的興趣。在就讀法律系時，有機會遇到哲學教

授殷海光。他為黨外雜誌《自由中國雙週刊》寫社論。社長雷震被捕入獄。此事讓謝君了解中國國民黨的本質是高壓獨裁。此時二戰剛結束，謝氏評比中國國民黨與納粹相似。

當謝氏提及曾對他有所影響的政治性書刊時，他特別強調在大學時期所讀的 Karl Popper 的《開放的社會及其敵人》（*The Open Society and Its Enemies*）一書。一些與謝氏同年的大學生選擇到美國深造，少有人想去中國。很多台灣人不了解中國，對共產主義的概念更為陌生。然而，謝氏既讀過 Popper 的作品，也讀過馬克思的《共產主義者宣言》（*Communist Manifesto*），他清楚自己追求的是民主制度而非共產主義。

他在法學院期間寫過一篇文章批評當時台灣法律剝奪台灣人權。瞭解到台灣的基本問題在於政治，使他決定研讀極權主義的作品。因此他碩士班就選擇政治大學。這是一所中國國民黨的學校，也是當時在台灣唯一有政治研究所的學校。雖然幾乎沒有教授講授民主制度，但謝氏懂得利用圖書館資源來使自己更了解民主制度。

【軍民關係：教導台灣民眾】

在政治大學期間，謝君給中國籍的教授們很好的印象，就被推薦為政治學教官，在高雄鳳山的陸軍官校任職。這是在台灣訓練國民黨軍隊的軍官學校。

在官校，謝君認識另一位教官翟恆。兩人交往甚密，相

處愉快。翟君來自中國，被孫立人將軍任命訓練一支由台灣人組成的特別軍官，此事非比尋常。通常，長官（軍官）是中國人，下屬（士兵）是台灣人。孫君與翟君都在中國讀過清華大學，然後赴美深造，再到台灣要訓練士兵。孫將軍後來到台北就以煽動政變為由被捕，軟禁在台中。孫將軍的軟禁讓翟將軍印象深刻。為安全計，他想退離軍職，只在軍校教導自然學科。當時法國和阿爾及利亞戰訊每天上報，謝氏的興趣轉向阿爾及利亞的獨立運動。

在阿爾吉利亞事件期間，翟君在一次與謝氏的經常性見面中，表明他願意成為台灣人的拉法葉，如同身為法國將軍的 La Fayette（拉法葉），願意幫助美國為獨立而戰。翟君是一個中國人，要幫助台灣人爭取獨立。對翟君而言，他很清楚中國國民黨政權是毫無希望的。翟氏就問謝君，是否能將他引薦給台灣的領導人，幫助動員台灣獨立運動。

謝氏很驚訝，竟然有從中國來的人會有這種想法。當時謝氏問翟君為什麼要告訴他這種事情。翟君回答：「謝兄，你是台灣人，你讀過政治學，你在軍官學校教書，不為台灣獨立，所為何來？」

在此之前，謝君打算在軍校教書十年左右，給士兵們知道民主制度的真諦。這次談話，引起他的激進政治活動。

謝氏因兩人情誼相信翟君，不懷疑他的真誠。但謝氏警告翟君不要再進一步計劃，怕招致叛國罪刑。

謝君到台北見他以前在台大的教授彭明敏，告訴他有關

翟氏想見台灣領導人之事。彭告訴謝，要他離開高雄，因為他可能會被懷疑在軍校圖謀暴動。謝君便離開高雄，但仍與翟君保持聯繫。

謝氏繼續研究軍隊如何用軍事政變改變政體。他受 Max Lerner 的文章《革命論》（ *On Revolution* ）的影響很深。該文分析在同一歷史時期，為何法國革命成功，而奧地利—匈牙利的軍事政變失敗。依 Lerner 的看法，法國軍隊由法國人組成，不可能向自己人開槍。而奧匈帝國的軍人剛好相反，要奧地利人向匈牙利人開槍，要匈牙利人向奧地利人開槍。謝氏才知道，為何孫將軍要培養一支全由台灣軍官組成的部隊，以及他為何會因此被捕。孫氏，像翟氏，要訓練一批台灣軍官來推翻中國國民黨政權。

因為中國國民黨軍隊中的軍官與士兵，通常分屬不同民族。所以，如果中國軍官不能同情人民，那麼台灣士兵應該會同情人民。謝君因此決定，首要工作是先教導人民要為民主而奮鬥的理由。因此，他起草台灣自救宣言，要分發給台灣人民。他要傳播的訊息是：台灣只有靠自己才能擺脫中國國民黨的壓迫統治。

【第一次入獄：人權工作的開端】

1964 年，在宣言印好未及分送之前，謝君與同事彭明敏和魏廷朝，在旅社房間密會，結果警方衝入。謝君被特別毒打一番，三人同時被捕，謝君感到整個世界要塌下來了。

他一向傾全力要給人民勇氣，要勇敢站起。在國民黨的白色恐怖下，台灣沒有言論自由。任何不滿的表示，都立刻被冠上親共的罪名。謝君要為人民打破禁忌，但他感到失敗了。

謝君被送到衛戍部隊的秘密警察總部，當時所有政治囚犯都送到軍事監獄，謝君受拷問三天三夜，不能睡覺。如眾所周知的，他常被拷問者摑打。

此時，謝君很擔心彭氏，他在另一房間受拷問。拷問者想全歸罪於彭氏。因彭氏有聲望，有外籍友人幫助他，更能進一步幫助台灣。謝君竭盡所能讓彭君有機會離開牢獄，如此才能讓他繼續為台灣解放而努力。所以在拷問中謝氏承擔所有責任，說他提供印刷費用，只給彭君看宣言，並要求魏君幫忙。牢房雖提供食物，但在連續拷問中，又失望又疲憊之下，無力進食。在拷問中他傾盡餘力保護彭君。

謝氏經連續拷問四個月，再被轉送到軍事法庭。謝氏抗議，他不是軍人，應當送到民間法庭。即使以國民黨的憲法，這也是違憲的。然而，當時所有政治案件都在軍事法院審理，當局對謝君的訴求不予理會。謝君被判十年徒刑，如此重刑，連獄吏也感到驚訝。

謝君瞭解大部分的囚犯都是無辜的。接下來幾年，他研究人權問題來幫助那些無辜入獄者。很多人，只因與嫌疑犯在同一張照片上，就被送進監牢。

為防止謝氏與其他囚犯來往，他被關在隔離牢房。但是他還是設法與他人聯繫。他發現在獄中有兩種網絡，第一種

網絡是由官方的獄吏與軍事官兵所組成，另一種網絡則是由服勞役的囚犯所組成，他們負責分配食物和牢房清潔等工作。後一種網絡是謝君可利用的。比如打掃各牢房時，以廢紙片和垃圾桶傳遞訊息。如此，謝氏收集到獄中其他囚犯的案情資料。

1969 年，謝氏出獄。輿論逼使謝案由十年減到五年。謝君設法在某家公司找到工作。但數月後，彭明敏在軟禁中逃離台灣。秘密警察震怒，對彭氏的家人和曾經一同入獄的人進行報復，因此謝君遭軟禁。

在軟禁時，謝君見到了來自倫敦的國際人權特赦組織執行長（Secretary General），謝君提供了囚犯名單和案情。大部分的資料是謝君在獄期間所收集而來的。資料收集的過程中，他也從台北外的其他政治監獄得到了協助。

軟禁期間，警察在他家放置偽證，栽贓於他。這些資料僅僅是美國國會議員言論的拷貝。這些偽證加上謝君對外提供的政治犯資料的報告，成為謝君第二次入獄的理由。在出獄加上軟禁共一年的時間之後，謝君又再度入獄，這次被定刑九年九個月。

【第二次入獄：重刑與決志】

第二次入獄，折磨更甚。起初八天，身體被扭轉，完全無法睡覺；雙臂被反綁在背後，一手戴著手銬向上，另一手戴著手銬向下，使雙臂構成一直線，好像他在背後背了一把

劍似的。之後這些拷問者更進一步旋轉他的雙臂，讓他的雙臂宛如車輪的輪輻，以致雙手幾乎被折斷。他的脊椎被扭轉成 S 形，最終被折斷。他也被打針，這種針的用意是要「幫助」他恢復記憶以便回答拷問。

在一次週末，幾位拷問者進入他的牢房，對他說他們是來陪他過一個快樂週末的。在寒冬，他們故意開冷氣，穿著大衣外套保護自己免於寒凍，而謝君被迫幾乎裸身，只穿短褲。他們撞擊他的臉，又打他的腿，把他當做拳擊袋。拷打者嘲弄他，問他是否玩得愉快。他後來有機會看自己的腿，他發現雙腿或是瘀傷青腫、或是皮開肉綻，傷口與短褲間血肉模糊，難以分辨。他想他可能再也無法走路[3]。

在這一次不愉快的週末折磨之後，謝氏的雙腳被上鐐十個月。因此他必須每天帶著腳鐐重新學習走動。在無燈光又潮濕的牢房中，蟑螂和小蟲亂爬，老鼠跑過頭部。呼吸困難、又開始嚴重胃痛，無法進食。進食又加劇胃痛。家人雖送來雞湯，用以減緩胃痛，但他仍然無法食用。謝君要求看醫生診治胃病。他被送進軍醫院，醫生說沒有問題。醫生說，人一旦喪失心智，就會經歷想像的疼痛。

3　今天，謝氏可以走路，但只能走一會兒。他至今仍會背痛，移動腳時也有問題。他已不能提重的行李。他也不能從事乒乓球這類過去喜愛的運動。在玩撲克或橋牌時，即使發牌、洗牌對他來說也是困難的。所以，即使乍看之下謝氏很健康，但實際上他的身體是處在極大的痛苦當中。

　　然而，請願書送到倫敦的國際特赦組織，該會派請一位諾貝爾得獎醫生來檢查謝君的胃部，這嚴重激怒中國國民黨政府，不讓這個外國醫生來。謝氏被送到民間醫院——臺大醫院，醫生發現了膽結石。

　　謝氏被送到軍事醫院開刀。打開胃部區域，醫生發現謝氏的小腸也有問題。疼痛來自膽囊和小腸。他被告知若沒有在這兩個器官開刀將會死亡。謝氏感到幸運，醫生因為開胃部進而發現小腸的問題。這是救他一命的發現。

　　重回牢房，謝君收到 Viktor Frankl（佛蘭克爾）所著的《從集中營說到存在主義》（*Man's Search for Meaning*）一書。是他的支持者送來的。像 Frankl 在納粹集中營一樣，謝氏瞭解政治犯的悲慘，就像 Victor Hugo（雨果）所著的《悲慘世界》（*Les Miserable*）文中的普羅大眾一樣。謝君明白在這種情況下要存活只有尋求意義。謝君感到當下一無所有，只有與上主同在。在他第一次入獄時，由於另一囚犯有一本基督信仰的聖經，他才認識聖經。第二次入獄，有一位支持者給他一本聖經。上主的概念給他支持的力量。

　　事實上，對比第一次入獄審理的過程，第二次軍事法庭完全拒絕對外開放。六位來自美國的新聞記者被拒於法庭之外。偽稱案件事關軍事機密，拒絕採訪。外籍記者的關心，也許對中國國民黨有壓力，於是縮短三分之一的刑期。

　　1977 年，謝君出獄又遭軟禁，被二十四小時跟監。警方在他住宅另建房屋，隨時向上呈報謝君的動靜；凡與謝氏

見過面、談過話或握過手的人都拍照存證，事後都受到盤查。

【放逐美國：攻擊、自由與隔離】

軟禁生活不能有效從事政治活動，謝君為擺脫嚴格監控，而尋求美國政府庇護。即使他在美國能比在台灣軟禁時更為自由，但國民黨仍然在他美國的住家放炸彈，放火燒他的房子。這兩次攻擊和爆炸，顯然不符合美國利益，聯邦調查局有來作筆錄。

在美國，謝君了解到民主，除了是一種政治制度，也是一種生活方式，可以由自己來決定自己的命運。例如：台灣在謝君的年代，父母可以決定子女的命運，包括結婚的對象。但今日，在民主化的台灣，這種想法已經是不可思議。謝君在紐約期間，認識了他的太太，兩人在婆家反對的情形下結婚。

在美期間，謝父仙逝。生未晤談，遑論奔喪，情何以堪。不敢通訊，唯恐禍及骨肉鄉親。國民黨戒嚴惡令，一日未除，謝君不可回台，否則他必然再度入獄，而且不得離台。

1987 年，戒嚴令廢除，謝君回到台灣。警備部隊的威脅仍瀰漫人心。歷經極權統治一世代的台灣人已長大，但要台灣人們瞭解自由的真諦，還需要一些時間。

【回到台灣：轉型正義與禁忌】

回到台灣後，謝君一直為轉型正義工作。做為國會議員和公民，他一直為政治犯賠償問題和拉法葉艦案而努力。此案疑雲重重，牽涉大批官員貪腐和謀殺。

然而，前政治犯的禁忌仍然遺留在台灣社會。由於政治活動，諸多謝君舊交，無不避之唯恐不及，親友還不能諒解他的政治活動。不管是在台灣民主出現之前或之後，很多親朋好友都阻止他不要再為使台灣更公平正義而努力。有人質疑，既然台灣已成民主社會，為何他還要尋求社會對政治犯的認同。

其實，仍有一些 1960 年代的政治犯，他們不能過著正常人的生活，他們的心智退化，已到親友無法接受的地步。這些前政治犯，在精神醫院度日。如果他們曾犯過罪，他們唯一的罪就是：他們曾經有足夠的勇氣為台灣的自由挺身對抗高壓統治。在台灣人享受民主果實的時候，這些前政治犯卻被遺忘。

謝君本人，仍然背負身心折磨的創傷，折磨的夢魘連連。午夜夢迴，床上尖叫、夢裡拳擊拷問者的場景一再浮現。

只要痛苦的記憶存留，謝君就不會懈怠，繼續為理想奮鬥。在謝君小學生活的年代，台灣沒有言論自由；今日台灣不但有言論自由，還可彈劾民選總統。

　　有人說：自由與人權，和東方文化不相容。但謝君願意告訴其他人，台灣是可以獲得自由的。腳踏在台灣土地上的任何人，都可親眼目睹自由的果實。當初謝君為民主自由努力奮鬥時，少有人想像台灣會得到自由，成為民主政體。今天這已成為事實。

4 / 心理世界的分析

【政治活動：集體和個人歷史】

　　謝君涉入台灣解放運動是有跡可循的。在日治台灣，他的親友能站出來第一次罷工，必定對謝君有相當的影響。在白色恐怖時期，眼看他的校友入獄，反對聲浪坐監。謝君依稀感覺到，他需要為台灣人民作一些事，他首先研讀法學，繼而研究政治，他課外博覽群籍，以充實政治制度的學養。

　　值得一提的是，先有 1925 年期間，日本律師來台為台灣人辯護，對抗日本帝國，後有翟君，密商要幫助台灣人爭取自由。翟君是中國退休將軍，是要在台灣訓練中國國民黨軍隊的。謝君遭遇到的這兩種經驗，都是來自外籍在台統治者，先是日本人，後是中國國民黨人。他們都認為台灣人的處境不公平，必須反抗不義政權。翟君傳達的訊息很清楚，這是謝君的政治活動開始蓄勢待發之時。此時謝君必然自問，如果外國人認為不公不義的台灣不可忍受，那自認為台灣人的他，當作何感想？

【蹲牢：保持積極】

謝君在坐牢期間，即使是受折磨，他也一定保持積極的身心狀態。謝君能設法與其他囚犯聯繫，並從事人權工作，也能閱讀一些激勵思想的書刊。這也是在殘酷的情況下，還能保持心智活躍、靈性充實之不二法門，以致不被打敗、能重新振作。

【政治犯的禁忌：集體歷史的個人否認】

顯然值得注意的是，在 1925 年發生二林事件時，當時人們不會將與前政治犯往來視為禁忌。但在 2006 年的台灣，卻還有一些人視與前政治犯有所往來為禁忌。雖然我們不能將二林事件政治犯完全等同於白色恐怖下的政治犯，但我們可以注意到，在 1920 年與 2006 年之間，所發生的就是中國國民黨政權屠殺 28,000 台灣人，以及緊接而來嚴禁言論的高壓體制。今天，雖然台灣人已取得想說什麼就說什麼的權利，但一些在白色恐怖噤聲年代長大的人，還是寧願選擇保持沉默。因此，像與前政治犯往來這類激進的舉措，便成為一些台灣人的禁忌。

這些現象，似乎就發生在那些不願意與謝君聯繫的人身上，而且還繼續為謝君的政治活動而生氣。但是，正是謝氏的活動，幫助實現了今日台灣的民主。當今台灣應該不會有人真心想要回到專制體制吧！因此，那些把前政治犯當成禁

忌看待的人，他們的態度是直接來自對台灣集體歷史的個人
否認。

5 / 結語

　　謝君舉出數卷書刊，是有關他發展政治立場和人生態度
的作品[4]。值得一提的是，我發現這是意志力量的顯著例
子；而且，由此可見觀念也可在沒有言論自由的政治體制下
流傳。

　　謝君的經驗提供一個特例，亦即，肉體可毀，精神不可
滅。謝君手腳、背部、小腸膽囊都經過傷殘或切除，但他仍
保持精神強壯。

　　最後，本研究顯示臨床心理學可扮演和平工具的角色。
不知道過去黑暗時代所發生的事，就不可能建構永續的和
平。在這些故事尚未被人知曉之處，臨床心理學可提供空
間，以揭曉這些歷史的重要時刻。

4　以下是影響謝氏的一些重要著作：
(1)《聖經・約伯記》、(2)《林肯傳記》、(3)《共產主義者宣言》(卡爾・馬
克斯)、(4)《安娜・法蘭克日記》(安娜・法蘭克)、(5)《西方哲學史》
(羅素)、(6)《從集中營說到存在主義》(佛蘭克爾)、(7)《悲慘世界》(雨
果)、(8)《自由論》(密勒氏)、(9)《開放的社會及其敵人》(巴柏)、(10)
《社約論》(盧梭)、(11)《無花果》(吳濁流)、(12)《亞細亞的孤兒》(吳
濁流)、(13)《革命論》(Lerner)。

國家圖書館出版品預行編目資料

談景美軍法看守所 / 謝聰敏著. -- 三版. --
臺北市：前衛, 2007[民96]
352面；21×15公分
ISBN 978-957-801-535-7（精裝）
1. 看守所　2. 政治迫害 - 台灣
589.87　　　　　　　　　　　　96009164

談景美軍法看守所

著　　　者　謝聰敏

責任編輯　周俊男

電腦排版　葳豐企業

出 版 者　前衛出版社

　　　　　11261 台北市關渡立功街 79 巷 9 號
　　　　　Tel: 02-28978119　Fax: 02-28930462
　　　　　郵撥帳號：05625551
　　　　　E-mail: a4791@ms15.hinet.net
　　　　　http://www.avanguard.com.tw

出版總監　林文欽

總 編 輯　廖國禎

法律顧問　南國春秋法律事務所　林峰正律師

出版日期　2007 年 6 月三版一刷

總 經 銷　紅螞蟻圖書有限公司

　　　　　台北市內湖舊宗路二段 121 巷 28.32 號 4 樓
　　　　　Tel: 02-27953656　Fax: 02-27954100

定　價　新台幣 350 元